WEN LIAN

本书系国家社会科学基金一般项目"日本近现代美学研究"（07BZX068）研究成果

日本四大美学家

李心峰 / 著

中国文联出版社

图书在版编目（CIP）数据

日本四大美学家 / 李心峰著. -- 北京：中国文联出版社，2021.3（2025.3重印）
　　ISBN 978-7-5190-4516-6

Ⅰ．①日… Ⅱ．①李… Ⅲ．①美学－人物研究－日本 Ⅳ．①K833.135.7

中国版本图书馆CIP数据核字（2021）第037024号

著　　者　李心峰
责任编辑　冯　巍
责任校对　李　英
封面设计　赵　迪

出版发行　中国文联出版社有限公司
社　　址　北京市朝阳区农展馆南里10号　　邮编　100125
电　　话　010-85923025（发行部）　010-85923092（总编室）
经　　销　全国新华书店等
印　　刷　三河市龙大印装有限公司

开　　本　880毫米×1230毫米　　1/32
印　　张　13.75
字　　数　201千字
版　　次　2021年3月第1版第1次印刷　　2025年3月第2次印刷
定　　价　76.00元

版权所有·侵权必究
如有印装质量问题，请与本社发行部联系调换

目　录

引　言　研究日本近现代美学的意义……………001

第一章　日本近现代美学历程与代表性美学家
第一节　日本近现代美学的四个时期…………004
第二节　日本近现代美学研究概况……………021
第三节　中心问题、主要内容和研究方法……030

第二章　大西克礼：回归东方
第一节　日本大正及昭和前期成就最大的美学家…038
第二节　日本传统美的范畴的现代阐释………041
第三节　自然感情及其类型……………………058
第四节　东方艺术精神与神话意识……………066
第五节　东方艺术精神与美的文化的展开……074
第六节　美学上的"文化的国家主义"…………091

001

第三章　植田寿藏：东西方的对话

第一节　日本京都学派美学的代表人物·········· 097

第二节　关于"艺术的理念"················· 100

第三节　关于"表象性"··················· 108

第四节　尊重"差异"···················· 118

第五节　东西方艺术理论的对话··············· 129

第六节　"弱理论"的强度·················· 137

第四章　日本战后（昭和后期）美学研究概况

第一节　战后日本美学的繁荣················ 144

第二节　昭和后期日本的哲学美学研究············ 149

第三节　昭和后期日本的科学美学研究············ 158

第四节　昭和后期日本的艺术学研究············· 164

第五节　昭和后期日本的东方美学研究············ 171

第五章　竹内敏雄：聚焦"技术"

第一节　竹内敏雄与战后日本美学的复兴·········· 178

第二节　技术时代的美学思索················ 182

第三节　美学与技术哲学·················· 193

　　　　——为艺术哲学确立新的基础

第四节 作为美的技术的艺术……………… 201
　　　　——艺术本质的新探索
第五节 技术美的美学…………………… 214
第六节 关于美的存在论………………… 223
第七节 美学的元理论思考……………… 233

第六章　今道友信："超越"的美学
第一节 日本当代具有国际影响的美学家…… 249
第二节 "技术关联"的现代及其影响 ……… 251
第三节 美学现代课题的思索…………… 267
第四节 美学的现代课题与"美学的将来"… 275
第五节 东方美学的意义………………… 283
第六节 超存在论的形而上学美学构想…… 293

第七章　日本平成时代美学研究的新动向
第一节 世纪之交对"近代"的反思………… 314
第二节 作为"感性论"的美学研究………… 324
第三节 "病"的感性论 ……………………… 328
　　　　——"精神病理学"的美学研究

第四节 "楼上"与"楼下" ················ 334
　　　　——"和"与"洋"两难之间
第五节 自我与他者 ···················· 339
　　　　——文化"认同"的困惑
第六节 "弱理论"与"强理论" ············ 348
　　　　——植田寿藏的再评价

结语　直面东方与西方、传统与现代的矛盾
一、从"日本桥"到"日本镜" ············· 356
二、两难选择与理论张力 ················ 363

参考文献 ························· 375

后　记 ··························· 392

引　言　研究日本近现代美学的意义

日本是中国的东亚近邻。作为东亚乃至整个东方世界最早向西方学习、最早走上现代化轨道的国家，日本在人文社会科学领域，包括在美学、艺术理论领域，也较早出现了由传统的古典形态向现代形态的转型。日本在迈向现代化的过程中，经过了一个由维新变革到军国主义化、疯狂对外侵略扩张直至战败无条件投降、在战后走上和平建设道路的曲折过程。日本的美学也同其他人文社会科学领域一样，不能不受到其国家意识形态的影响。在日本近现代美学的发展过程中，美学研究者不能不在东方与西方、传统与现代、国家与个体等矛盾关系中左冲右突，不断做出迎合或拒绝、折中或对立等艰难的抉择。正是在这种复杂的现实面前，在各种观念的激烈冲突中，日本近现代美学取得了相当可观的研究成果，出现了一些值得今天认真反思、深刻批判的理论倾向。在这一过程中，出现了一批具有一定学术成就的美学研究者，其中，还产生了几位著作等身、有独特理论体系的美学大家。

通过对日本近现代美学的研究，我认为，日本近现代美学，特别是一些有独特理论贡献的美学大家的理论探索及其走过的道路，对于中国美学界，具有难得的参照与借鉴价值。这是因为：首先，中、日两国都是东亚国家、东方国家，必然面临着相同或相近的文化课题，包括审美与艺术方面的理论与实践问题；其次，日本的现代化，它的包括美学在内的人文社会科学的现代转型早于中国等其他东方国家，它在面对传统与现代的冲突时所面临的两难处境及其做出的各种各样的选择态度，它在社会、文化的方方面面包括美学艺术理论上所获得的经验与走过的弯路，是一面不可多得的镜子；第三，现代的日本是身处东方的"西方国家"，或者说是"西方国家"中的东方国家，"东方"与"西方"的冲突、碰撞必然深深地烙印在他们的文化思考与建构的每一个层面，这种特殊的、充满矛盾的身份与语境，必然带来许许多多文化上、美学上的崭新的矛盾与课题，而他们对此的思索与所产生的困惑可以给我们以宝贵的启示；第四，至少在20世纪80年代之前，日本对西方各种美学理论的翻译介绍、研究批判比我们更及时、全面、深入，并且必然体现了他们立足于自身独特语境而做出的取舍、选择、阐释、评价，这对于我们是一个难得的参照；第五，日本在侵华战争、第二次世界大战期间，其法西斯的国家主义意识形态一时甚嚣尘上，面对这种国家主义，包括美学家在内的人文学者，有积极的迎合，有不自觉的适应，也有消极的抵抗甚至是自觉的抵抗（尽管自始至终持有这种立场和态度的人少之又少，却真正体现了日本少数知识分子应有的真知与良心），而对美学家们在当时的历史语境下所选择的不同文化态度的反思、批判、分析、评价，也是中日两国学者不可推卸的历史责任。总之，对日本近现代美学的研究，具有重要的学术意义和现实意义。

第一章　日本近现代美学历程与代表性美学家

第一节　日本近现代美学的四个时期

日本文化学术自古深受中国影响。汉字的大量使用，更使其与中国同属一个"汉字文化圈"。但自明治维新以来，日本在东亚国家中率先向西方学习，以"脱亚入欧"作为基本国策，较早走上了现代化的轨道。在文化学术领域，也率先开始移植西方文化学术，建构包括哲学、美学、艺术学、文艺学（文学学）等在内的现代人文社会科学体系，使日本在中国古典文化学术影响之下形成的日本古代文化学术，逐渐实现了由传统的古典形态向现代形态的转型。

日本的现代美学学科，产生于明治初期。明治五年（1872），日本现代著名启蒙思想家西周（Nishi

第一章　日本近现代美学历程与代表性美学家

Amane，1829—1897）的皇室演说草稿《美妙学说》[①]，是日本现代第一篇美学文献，也是日本现代美学学科诞生的标志。

日本近现代的美学，自明治元年（1868）到现在（令和二年即2020年）已经走过了一个半世纪以上的途程。这一个半世纪以上的时间，从日本近现代美学的发展过程来看，可以大体上划分为如下四个历史时期：

第一个时期为明治时期（1868—1912）；

第二个时期为大正时期（1912—1926）和昭和前期（1926—1945）；

第三个时期为昭和后期（1945—1989）；

第四个时期为后昭和时期，或者平成时期（1989—2019）。

第一个时期即明治维新开始一直到明治时期结束，是日本近现代美学的形成期。不少日本哲学家、思想家、作家翻译西方美学、艺术理论著作，发表美学、

[①] 西周：《美妙学说》，大久保利谦编：《西周全集》第一卷，日本东京：日本评论社，1945年。该文还被收入青木茂、酒井忠康编：《日本近代思想大系17　美术》，日本东京：岩波书店，1989年，第3—14页。

艺术理论方面的研究著作和论文。如启蒙思想家中江兆民翻译的《维氏美学》①，哲学家大西祝的美学论文，作家坪内逍遥的《小说神髓》②、《美是什么》③，作

---

① 维论（E. Veron）：《维氏美学》，中江兆民译，最初出版于明治十六年（上册，1883）和明治十七年（下册，与野村泰亨共同翻译，1884），均由日本文部省印行；后作为《明治文化全集》补卷（一），合为一卷，于1970年由日本东京的日本评论社出版。较新的版本有《中江兆民全集》第二卷（《维氏美学》上册）、第三卷（《维氏美学》下册），日本东京：岩波书店，1984年。井田进也为该版《维氏美学》撰写了较详细的"解题"，对该书的版本、由来、影响、著者、该书的主要内容、学术价值等均有所论述，可供参考。"维论"系中江兆民用来翻译 E. Veron 时所用的汉字译名，这位法国美学家在今日中文语境中也被译为"维隆"或"维龙"。需要指出的是，日本最早以"美学"这一汉字词汇来翻译和命名由德国哲学家鲍姆嘉通创立的 Aesthetica 这一学科，就是始于中江兆民翻译的维论《维氏美学》一书。在中江兆民创造了"美学"这一汉字词语之前，启蒙思想家西周曾使用"善美学""佳趣论""美妙学"这几个汉字词语来翻译 Aesthetica 这一学科；在《维氏美学》出版之后，作家森鸥外等也曾试图用"审美学"这一汉字词语来翻译 Aesthetica 这一学科。但是，除了"美学"一词之外，其他几个翻译词语都没能流行开来。大约到了明治三十年（1897）以后，"美学"这一学科名称已基本上在日本学术界固定下来。后来，"美学"这一用汉字创造的学科名称又被引进到中国、朝鲜等使用汉字的东亚其他国家，成为东亚各国命名 Aesthetica 这一学科的共同的学科术语。根据目前的资料，康有为编于1897年的《日本书目志》中，已出现中江兆民译《维氏美学》这一书名（参见姜义华编校：《康有为全集》第三集，上海：上海古籍出版社，1992年）。这大概是在汉语中较早出现"美学"这一学科名称的实例。

② 坪内逍遥：《小说神髓》，明治十八年（1885）分册刊载，明治十九年（1886）分上下册，由日本东京松月堂出版。

③ 坪内逍遥：《美是什么》，陆续发表于明治十九年（1886）《学艺杂志》第二、四、五、六号。该文也被收入青木茂、酒井忠康编：《日本近代思想大系17美术》，日本东京：岩波书店，1989年，第15—34页。

第一章　日本近现代美学历程与代表性美学家

家森鸥外的《审美论》[①]，文学评论家高山林次郎（樗牛）的《近世美学》[②]，哲学家阿部次郎的《美学》[③]，等等，都是这一时期产生很大影响的美学译著、论著或论文。但是，日本明治前后共45年以及大正共15年，除日本东京帝国大学美学讲座教授大塚保治（Otsuka Yasuji，1868—1931）和京都帝国大学美学讲座教授深田康算（Fukada Yasukazu，1878—1928）外，没有出现几位专门的美学家。

明治三十三年（1900），大塚保治成为东京帝国大学的美学讲座教授；明治四十三年（1910），深田康算

[①] 森鸥外:《审美论》，最初发表于《栅草纸》明治二十五年（1892）10月号、11月号，明治二十六年（1893）1月号、2月号、6月号。另见土方定一编:《明治艺术·文学论集》，《明治文学全集》第79卷，日本东京：筑摩书房，1975年，第219—245页；《鸥外全集》第21卷，日本东京：岩波书店，1973年，第3—57页。

[②] 高山林次郎:《近世美学》，日本东京：博文馆，明治三十二年（1899）初版。该书至少有三种中译本问世：一为侯毅译本，刊载于1907年10月《震旦学报》创刊号；一为刘仁航译本，上海：商务印书馆，1920年初版；一为绍虞（郭绍虞）译本，《时事新报·学灯》1920年3月2日开始连载。

[③] 阿部次郎:《美学》，日本东京：岩波书店，大正六年（1917）初版。后有劲草书房1950年新版问世。这是一部以里普斯的"移情"美学为蓝本写成的美学小册子。在日本现代思想史上，阿部次郎主要以《三太郎日记》《伦理学的根本问题》《人格主义》等伦理学著作，对"大正人格主义"的形成产生了巨大影响。

007

被任命为京都帝国大学文科大学美学美术史讲座教授。日本现代美学在大学教育体制中开始确立了独立的学科地位，大塚保治和深田康算也成为日本现代最早的专职从事美学教学与研究的学院派美学家。不过，这两位日本现代学院美学的奠基人和开拓者，有一个共同的特点：他们都没有写出系统的美学专著，只是发表了一定数量的美学论文或留下了一些美学讲义。其中，大塚保治的美学讲义，在他去世后，被编为《美学及艺术论——大塚博士讲义集（一）》和《文艺思潮论——大塚博士讲义集（二）》共两卷，由岩波书店于昭和八年（1933）出版；深田康算的美学论文和讲义，在他去世后，被编为《深田康算全集》共四卷，由岩波书店于昭和五年至六年（1930—1931）出版。后又在此四卷本基础上作了若干增补，重新编为三卷本，由玉川大学出版部于昭和四十八年（1973）出版。他们虽可称为日本作为独立学科的美学研究的开山人物，也可称为日本现代最初的学院派的美学家，但毕竟没有写出系统的美学论著，没有形成独立的美学理论体系。

第二个时期即日本大正时期和昭和前期，日本的

第一章　日本近现代美学历程与代表性美学家

近现代美学开始进入一个深化、发展的时期。在现代日本，真正能够称得上具有数量可观的美学著作和独立的美学理论体系的美学大家，要从东京大学的大西克礼（Onishi Yoshinori，1888—1959）和京都大学的植田寿藏（Ueda Juzo，1886—1973）算起。他们二人均著作等身，在美学上也各自形成了自己独特的理论体系。他们的美学活动均始于昭和之前的大正时期，在昭和后期即战后仍在继续着各自的美学研究，但他们二人从事美学研究与教学的活动主要是在大正时期和昭和前期即1912—1945年，因此，我们把他们作为大正时期和昭和前期日本现代美学的主要代表。

大西克礼一生著述甚丰，主要美学著作有《美学》（上卷　基础论）、《美学》（下卷　美的范畴论），以及《幽玄（yugan）与哀（aware）》《风雅论——"寂"（sabi）的研究》《万叶集的自然感情》《自然感情的类型》《东方的艺术精神》《浪漫主义的美学与艺术观》等。早期著作还有《美学原论》《现代美学的问题》《康德〈判断力批判〉研究》《美意识论史》《现象学派的美学》等。主要美学译著有居约《从社会学见地来看艺术》、席美尔《伦勃朗——艺术哲学试论》、康德

《判断力批判》（上、下卷）。大西克礼在日本昭和时期的美学研究中有重要地位和学术影响，在日本现代美学由明治、大正时期向昭和前期以及由昭和前期向昭和后期即战后的过渡和转型过程中，均发挥了独特而重要的作用，是一个重要的中介。同时，他本身也是一个巨大的存在，是一位有自己系统的美学理论体系和重要美学贡献的美学大家。他的《美学》上下卷篇幅浩大，体系严密，被公认为日本近现代美学中的重头之作。尤其是他在《东方的艺术精神》中对东亚艺术精神的研究，体现了他在面对传统与现代、东方与西方的冲突时，立足于自己特殊的语境反观东方、回归东方的艰难的思索和不懈的努力。他对东方艺术精神的分析，代表着一种相当典型的研究范式（从今天看来，也许并不是最好的范式，但历史地看，却是一种产生了深刻影响的有代表性的学说），不只对于东方美学与艺术精神的研究，而且对于整个东方文化、东方精神、东方思维的研究，均具有批判、借鉴、启发意义。

植田寿藏同样是一位著作等身的著名美学家，主要美学著作有《艺术哲学》《艺术史的课题》《视觉构

第一章　日本近现代美学历程与代表性美学家

造》《日本的美的精神》《美之极致》《美的批判》《艺术的逻辑》《绘画的逻辑》《日本的美的逻辑》等。植田寿藏的理论贡献主要体现在通过自己的一系列著作，构筑了一个以"表象性"为核心范畴的艺术哲学体系。这一独特的艺术哲学体系受到被称为现代日本最具独创性的哲学家、日本京都学派主要代表人物西田几多郎哲学思想的影响，是一种既具有现代性、又具有浓厚的东方思维特点的艺术哲学体系。特别是他与日本一般美学研究者对于西方美学的强势话语不加分析照抄照搬的态度迥然不同的"东西方的对话"的立场和"弱理论"的品格，在今天得到了新的关注和高度的历史评价。[1]

大西克礼于昭和四年（1929）继大塚保治之后开始担任东京大学美学讲座教授；植田寿藏则于昭和五年（1930）继深田康算之后开始担任京都大学美学讲座教授。他们二人相继在当时日本的关东、关西最重

---

[1] 参见岩城见一编：《植田寿藏〈艺术论撰集——东西方的对话〉》，日本京都：灯影舍，2001年。岩城见一专门在书中为该文集撰写了"解说"《植田寿藏的艺术论——东西方的对话》。岩城见一，日本当代美学家，原为日本京都大学美学教授、日本京都国立近代美术馆馆长、日本美学会会长，现为京都大学名誉教授。

要的高等学府和最具代表性的美学研究机构——东京大学文学部美学研究室、京都大学文学部美学美术史研究室执掌美学讲座的教鞭，开启了日本的近现代美学研究以大西克礼和植田寿藏为代表的新的历史阶段。他们二人也成为昭和前期（1926—1945）日本美学研究领域成就最大、影响最深、最具代表性的美学家。

在昭和前期，取得较大成就、产生显著影响的美学家、艺术理论家，还可以举出以下两位：一是藏原惟人（Kurahara Korehito，1902—1991），一是中井正一（Nakai Masakazu，1900—1952）。

藏原惟人是日本昭和时期著名的马克思主义艺术理论家、文学评论家。在昭和前期，他在"全日本无产者艺术联盟"（1928年成立，简称"纳普"）和"日本无产阶级文化联盟"（1931年成立，简称"考普"）的成立过程中发挥了重要作用，并成为其最重要的理论家。他积极参与"艺术大众化论争""形式主义论争""艺术价值论争"等艺术理论论争，发表了《通往无产阶级现实主义的道路》《无产阶级艺术的内容与形式》《关于艺术方法的感想》《为艺术理论上的列宁主义而斗争》等产生巨大影响的马克思主义艺术理论文章。1932年出版的文集《艺术论》，代表着当时日本马克思主义艺术理论的最高水平。他的理论探讨与理论活动对同一时期中国的左翼文学运动及马克思主义艺术理论研究产生很大影响。也是在1932年，藏原惟人被捕入狱，直到1940年因患严重肺结核获得假释。他与宫本显治是当时日本仅有的两位在法西斯军警残酷迫害面前没有"转向"的左翼作家。日本战败后，藏原惟人积极参加战后的民主主义文学运动，致力于民主主义文化艺术理论的建设，出版了《文化革命》《文学论》《小林多喜二与宫本百和子》《国民的文化与文学》等著作和文集。《藏原惟人评论集》（共十卷）于1966—1979年出版。

中井正一是日本昭和时期具有马克思主义思想倾向的美学家，其思想深受海德格尔和马克思主义影响，倡导集体（集团）的逻辑，努力在理论上阐明美学和人的集体（集团）的主体性及实践的关联。其美学论文《委员会的逻辑》《艺术的人类学的考察》《现代美的各种性格》《机能概念对于美学的期待》《机械美的构造》《艺术中的媒介问题》等，曾在当时的思想界产生很大影响。他于1937年11月被日本统治当局以"违反治安维持法"的罪名逮捕入狱，直到日本战败后才获释。战后，他积极参加民主主义文化运动，曾任日本国立国会图书馆副馆长。其主要美学著作有《美与集团的逻辑》《近代美的研究》《美学入门》《美学的空间》（它们大部分为美学论文集）等。《中井正一全集》（共四卷）于1964—1981年出版。

　　藏原惟人与中井正一的美学、艺术理论活动均跨越昭和前后两个时期，但他们在理论上最活跃并产生显著影响的时期，主要还是在昭和前期。这两位美学、艺术理论家有一个共同的特点，即他们均不同于大西克礼、植田寿藏这些学院派、体制内的教授、学者，而主要是作为文学评论家、文化批评家积极参与当时的文化、艺术运动，回答现实所提出的美学与艺术理论的问题。也正由于这一原因，他们在昭和前期一般都没有系统的美学、艺术理论著作问世，而主要以他们敏锐、前沿的思考和足以引领美学、艺术理论风气的一篇篇论文而引人注目。

　　第三个时期即昭和后期。1945年8月15日，日本宣布无条件投降，日本发动的侵华战争及整个第二次世界大战宣告结束，日本现代历史进入一个新的历

第一章 日本近现代美学历程与代表性美学家

史时段——昭和后期。日本美学也像其他人文社会科学一样，经历了新的转型、复兴和发展，1950年日本全国性的美学学术团体"美学会"的成立，标志着战后日本美学的新的复兴。在战后日本美学研究中，出现了一大批以大学讲坛为主要阵地、取得累累学术成果的学院美学家，如竹内敏雄、井岛勉、山本正男、今道友信、吉冈健二郎、木村重信、川野洋、高阶秀尔、利光功、佐佐木健一、岩城见一、神林恒道等等。其中，如果从他们在美学研究上所取得的成就、美学体系的系统性和独特性，以及在日本国内和国际上所产生的影响等因素来看，我们可以从中选出两位美学大家，以作为昭和后期日本美学的主要代表。在这些美学家中，从中国的研究视角出发，我认为最有资格的人选，一位是竹内敏雄（Takeuchi Toshio，1905—1982），一位是今道友信（Imamichi Tomonobu，1922—2012）。

竹内敏雄的主要美学著作有《文艺学序说》《文艺的体裁》[①]、《亚里士多德的艺术理论》《现代艺术的美

[①] 这里的"文艺"即"文学"。

学》《塔与桥——技术的美学》《美学总论》，主编《美学事典》（增补版）及《美学新思潮》（全五卷）等，翻译黑格尔《美学》（全三卷）等。竹内敏雄战后长期担任东京大学美学讲座主任教授。他不仅是成立于1950年的日本美学会的主要发起人和领导者，担任该学会的第一任会长达32年之久，而且他在《美学总论》等著作中所建构的美学体系，是日本现代美学中最宏大也最有价值的美学体系之一。他以亚里士多德和康德的艺术理论为依据、以现代"技术时代"作为语境而提出的"作为美的技术的艺术"的艺术本质论、有关"技术美的美学"思考，以及相当系统独特的艺术类型学体系等，放在同时代整个世界美学、艺术理论中也是毫不逊色的极富价值的理论贡献。他的美学，是一种深深地烙上了"技术时代"印记的独特的现代美学体系。在他这里，如何将传统理论的资源与现代美学课题加以沟通，建构一种现代形态的美学体系，是他思考的中心；而东方与西方这一对矛盾关系，则被他搁置起来。

今道友信是日本战后另一位重要的美学家。其主要哲学、美学著作有《同一性的自己塑性》《美的相位与艺术》《东西的哲学》《东方的美学》《关于美》《关于爱》，主编《美的本质与样态》及《讲座美学》（全五卷）等。今道友信在竹内敏雄退休后，担任东京大学美学主任教授，同时长期在国际哲学会、国际美学会中担任重要职务。在美学研究上，则在综合东西方美学成果的基础上，形成了深具东方思维特点的、形而上学的、超存在论的现代美学体系。从与中国美学界的关系上看，今道友信可以说是迄今我国美学界了解最多、谈论最多的一位日本现代美学家。今道友信美学思考的中心问题有两个：一是试图超越现代的"技术关联"的统治，进行一种独特的"现代的美学"乃至"美学的将来"的思考；二是将"美学的将来"与东方传统美学资源相结合而进行的"东方的美学"的思考。而他已把有关传统美学与现代美学的关系的思考同他有关东方美学与西方美学关系的思考两个问题汇合为一，做了统一的思索和独到的探索。今道友信的多部美学论著如《美的位相与艺术》《东西的哲学》《东方的美学》《关于美》《关于爱》，以及由他主编的《美学的方法》《美学的将来》等，均已有中译本问世，对新时期以来的中国美学研究产生了一定的影响。至今，今道友信的著作、观点仍常为中国学者有关论文和论著所引用。总之，竹内敏雄和今道友信两位美学家，可以视为昭和后期日本美学的两位最具代表性的人物。

在日本昭和后期的美学家中，成就比较突出的还可以提到以下三位：井岛勉（Ijima Tsutomu，1908—1978）、山本正男（Yamamoto Masao，1912—2007）、吉冈健二郎（Yoshioka Kenjiro，1926—2005）等。

井岛勉在战后不久接替植田寿藏任京都大学文学部美学美术史讲座教授。1972年以后，曾任京都市美术馆馆长、日本美术教育学会会长等。主要著作有《艺术史的哲学》《艺术的创造与历史》《美学》《艺术是什么》《艺术的世界》《美术教育的理念》《书法美学与书法教育》等。井岛勉在美术史、美术教育研究等方面成果丰富，在哲学美学上也有系统的、富有启示意义的学术贡献。

山本正男曾任日本东京艺术大学教授、校长，在1982年10月竹内敏雄从美学会会长位置上退下来后，接任代会长，次年被选为会长，到1994年引退时，任职共13年。他的主要著作有《美的思索》《艺术史哲学》《感性的论理（逻辑）》《东西艺术精神的传统与交流》《在艺术的森林中》《通往美学的道路》《通往美术教育学的道路》《艺术的美与类型》，主编《比较艺术学》（全六卷）、《艺术学研究丛书》（全四卷）、《美术教育学研究》（全四卷）等。他在竹内敏雄之后的十多年的时间内，在日本美学界发挥了领导者、组织者的作用。他对作为感性学的美学的研究，对艺术史哲学、艺术教育学、比较美学和比较艺术学的研究，以及对日本传统美学、艺术论的基本范畴的研究等等，做出了相当大的贡献。

吉冈健二郎在井岛勉之后，任京都大学美学教授。他一生出版的美学著作数量不多，主要有《近代艺术学的成立与课题》和由他主编的《为了学习美学的人》，译著有 D. 弗莱的《比较艺术学》等。不过，由于他发表了大量很有分量的美学研究论文，培养了不少在后来日本美学研究中发挥骨干作用的美学人才，他在这几方面的贡献，仍确立了他在日本现代美学中不容忽视的重要地位。

不过，如果要在日本现代美学家中选择四大美学家作为日本现代美学的最重要的代表人物，我认为还是选择昭和前期的大西克礼、植田寿藏和昭和后期的竹内敏雄、今道友信这四位超一流的美学家最具代表性。

第四个时期即后昭和时期，或者平成时期。日本自1989年进入一个新的历史时期即平成时期。这也可以称为"后昭和时期"或一个新的"世纪转换期"。在美学上，像今道友信、山本正男、吉冈健二郎等美学前辈尽管仍在继续着各自的美学研究，但大都已退休，离开了美学研究与教学的前沿。日本现代美学进入一个众声喧哗、流行着解构与反思的风气的"繁荣"时代，却也是一个缺少大家、建构力下降的时代。

本书采用点面结合的叙述方式，一方面注重对上述各个时期日本美学研究的总体情况予以简明的概括性的叙述；另一方面，将着重在各个时期（主要是第二和第三个时期）挑选出几位具有典型性、代表性的美学大家进行个案的深入研究和评析，由此对日本近现代的美学发展的总体情况获得一个有详有略的整体把握和较为清晰细致的具体了解。

我认为，在对日本近代以来各个时期的美学研究的总体情况进行概要的梳理、简明的把握的基础上，从日本现代美学研究成果比较显著的昭和前期和昭和后期分别选出两位美学家，即昭和前期的大西克礼和植田寿藏、昭和后期的竹内敏雄和今道友信，总共四位美学家，以之作为日本近现代美学的代表性人物，分别将他们作为典型的范本进行解剖，通过对这四位美学大家的深入研究，透视日本现代美学的历史境遇，剖析日本现代美学面临的问题、难题，分析日本现代美学对这些问题和难题是如何解决的，取得了哪些成就，遇到了怎样的挫折，特别是要探讨他们究竟是如何思考美学研究中传统与现代、东方与西方的关系这一难题，深入思考他们的美学研究能给中国美学研究提供怎样的借鉴、启示与教训，这样的研究可以为我们 21 世纪美学研究提供不可多得的参照和镜鉴。

第二节 日本近现代美学研究概况

对于日本明治以来的日本近现代美学的研究，应该说即使在日本也比较薄弱。在以追随西方学术为荣的整个日本现代人文社会科学领域，普遍存在着重西方轻日本的风气。与及时跟踪、介绍、翻译、研究西方现代美学成果的热闹景象相比，对于日本近现代美学的研究可谓是门庭冷落，问津者少。在少量有关日本近现代美学的研究成果中，又以对日本现代化进程起步阶段的明治时期这一美学刚刚诞生及初步发展阶段的研究成果稍多一些，而对明治以后的大正时期及昭和前、后期日本美学的关注与研究则少之又少。比如，金田民夫曾出版过一部《日本近代美学序说》[1]，但仅写到明治时代结束的明治四十五年为止，基本上是日本明治时期美学史的研究，对此后的大正（1912—1926）、昭和（1926—1989）时期的日本美学尚未涉及。山本正男《东西艺术精神的传统与交流》[2]中有一篇专论《明治时代的美学思想》，也未谈及大正、昭和时代的美学。迄今为止，笔者尚未看到日本学术界对于明治以后的日本现代美学的系统的研究专著，也未见对于日本现代美学家个人的研究评传或研究专著出版。

虽然没有专门的研究著作问世，但我们还是能够看到一些日本学者对于日本近现代美学的回顾与研究的文章，包括他们对一些成就较大的日本现代美学家

---

[1] 金田民夫：《日本近代美学序说》，日本京都：法律文化社，1990年。
[2] 山本正男：《东西艺术精神的传统与交流》，日本东京：理想社，1965年。

的美学贡献的研究论文。比如，明治、大正时代对于日本近现代美学做出重要贡献的西周、中江兆民、冈仓天心、费诺洛萨、大西祝、大塚保治、深田康算等人的美学业绩，均有人做过总结和研究；昭和前期的美学家如大西克礼的美学思想，曾得到竹内敏雄、山本正男等人的总结和概括。藏原惟人、中井正一等人的理论贡献，也得到了较多的研究。特别是长达六十四年的昭和时代于1989年结束、新的平成时代（1989—2019）到来之后，随着新旧世纪的交替的临近和遍布整个世界的世纪回顾与反思思潮的影响，日本美学界在20世纪90年代逐渐开始重视对日本近现代美学所走过的道路的反思与研究，包括昭和时期的一些美学家，开始走进一些人的研究视野，出现了一批研究日本近现代美学进程的研究论文。如对大西克礼的美学的反思，小田部胤久的论文《大西克礼与"文化的国家主义"——东西方比较研究的陷阱》[1]引人注目。关于植田寿藏的美学，岩城见一的两篇专论颇有

---

[1] 小田部胤久:《大西克礼与"文化的国家主义"——东西方比较研究的陷阱》，日本美学会第49届全国大会报告书:《美学、艺术学的今日的课题》，日本美学会，1999年。

深度。①对于竹内敏雄的美学贡献,日本美学界普遍给予了相当高的评价,如山本正男、吉冈健二郎、今道友信等都曾赞扬过竹内敏雄《美学总论》的综合性美学体系的价值。但迄今为止,笔者还未读到对竹内敏雄的研究专论。今道友信是我们所选定的四位美学家中直到进入平成时代仍在继续进行着美学研究的美学家,直到2012年才驾鹤西归,他的美学思想在日本乃至西方,均有人进行研究。一些博士学位论文便选择他作为研究对象。但公开发表的研究今道友信的美学成就的论文,还是较难看到。

就中国学术界而言,我国在1949年以前曾对日本20世纪二三十年代以藏原惟人、青野季吉等人为代表的马克思主义文学艺术理论和批评有所移译和介绍,并在相当程度上受到其影响。在一般美学和文学、艺术理论方面,也曾翻译过高山林次郎、金子筑水、本间久雄、厨川白村、黑田鹏信等人的有关著作,其中,

---

① 岩城见一:《植田寿藏〈艺术论撰集〉解说》,植田寿藏:《艺术论撰集——东西方的对话》,岩城见一编,日本京都:灯影舍,2001年;《视觉的逻辑——植田寿藏》,常俊宗三郎编:《为了学习日本哲学的人》,日本京都:世界思想社,1998年。

第一章　日本近现代美学历程与代表性美学家

后面三位的著作对中国文学艺术理论界的影响较大。[①]
与此相比，日本的讲坛美学的几位最重要的人物，如
明治后期和大正时期的大塚保治、深田康算，昭和前
期的大西克礼、植田寿藏，几乎没有翻译和介绍。从
1945年抗战结束，直到20世纪70年代末，中日两国
美学界几乎处于隔绝状态，也就更谈不上对日本美学
的翻译与介绍了。

20世纪80年代初，我国兴起一股美学热。一时
间，翻译、介绍、研究外国美学蔚然成风。在大量介
绍、移译欧美、俄苏美学成果的同时，日本现代美学

[①] 我国1949年以前翻译出版的日本现代美学、艺术理论著作，主要有高山樗牛：《近世美学》，刘仁航译，上海：商务印书馆，1920年；黑田鹏信：《美学纲要》，俞寄凡译，上海：商务印书馆，1922年；黑田鹏信：《艺术学纲要》，俞寄凡译，上海：商务印书馆，1922年；本间久雄：《新文学概论》，章锡琛译，上海：商务印书馆，1925年；厨川白村：《苦闷的象征》，鲁迅译，北京：北新书局，1925年；黑田鹏信：《艺术概论》，丰子恺译，上海：开明书店，1928年；青野季吉：《艺术简论》，陈望道译，上海：大江书铺，1928年；平林初之辅：《文学与艺术之技术革命》，陈望道译，上海：大江书铺，1928年；金子筑水（马治）：《艺术论》，蒋径三译，上海：明日书店，1929年；本间久雄：《文学概论》，章锡琛译，上海：开明书店，1930年；藏原惟人：《新写实主义》，之本译，上海：现代书局，1930年；藏原惟人等：《新兴艺术概论》，冯宪章译，上海：现代书局，1930年；青野季吉等：《新兴艺术概论》，王集丛译，上海：辛垦书店，1933年；甘粕石介：《艺术学新论》，谭吉华译，上海：辛垦书店，1936年；高瀬、甘粕等：《艺术史的问题》，辛苑译，上海：质文社，1937年；等等。当时在期刊杂志上发表的日本现代美学、艺术理论译文更多，兹不一一列举。

也开始进入我们的视野。其中，今道友信便是较早引起我国美学界关注的美学家之一。由中国社会科学院美学研究室编辑出版的《美学译丛》于1980年出版第一辑。在这一辑里，便翻译了今道友信的论文《美学的现代课题》。这可能是国内第一次翻译今道友信的美学论文。1982年出版的《美学译丛》第二辑，发表了今道友信的两篇美学论文的译文《孔子的艺术哲学》和《研究东方美学的现代的意义》。两篇均译自今道友信的《东方的美学》一书（这一辑还发表了日本美学家增成隆士的论文《美学应该追求体系吗？——作为系统的艺术品、作为系统的美学》）。1984年出版的《美学译丛》第三辑，也发表了两篇日本美学译文。其中一篇便是今道友信的《人的存在及其可能性——人与技术》（另一篇为笠原仲二的论文《"美"字在〈说文〉中的本义及审美意识的起源》）。此后，今道友信的一些美学著作、哲学著作如《美的相位与艺术》《关于美》《关于爱》《东方的美学》《东西的哲学》和由他主编的《美学的方法》《美学的将来》等逐渐被翻译为中文出版，今道友信也因此而成为我国美学界最熟悉的日本现代美学家。

第一章　日本近现代美学历程与代表性美学家

竹内敏雄在中国的知名度似乎没有今道友信的名字响亮，但在1985年，他的美学著作便已进入中国美学研究的视野，其部分美学成果被翻译、介绍过来，并产生了一定的影响。这便是由笔者从竹内敏雄《美学总论》一书的"绪论"中选取第三节而翻译的《美学方法论的确定》，收入《马克思主义文艺理论研究》编辑部编选的《美学文艺学方法论》上册。[①]《美学文艺学方法论》（上、下册）是《马克思主义文艺理论研究》编辑部为配合当时的美学文艺学的"方法论论争"而选编的一部译文集。该译文集收录了欧美、苏联和日本一些著名美学家、文艺理论家探讨美学、艺术学、文艺学方法论的论文或论著片段，竹内敏雄的《美学方法论的确定》被视为该译文集中的一篇重要译文。陆梅林先生在为该译文集撰写的"前言"中，用了两页多的篇幅，重点介绍和评述了竹内敏雄的《美学方法论的确定》中的观点。[②]20世纪80年代末，竹

[①]《美学文艺学方法论》上册，北京：文化艺术出版社，1985年。
[②]《美学文艺学方法论》上册，北京：文化艺术出版社，1985年，第5—7页。

027

内敏雄主编的《美学事典》，分别有两种中译本出版。[①]竹内敏雄《美学总论》，迄今仍未见中文全译本问世，但该书中的"续篇"《艺术理论》部分已经翻译出版。[②]对于《美学总论》一书的基本内容，笔者曾应《文艺研究》杂志之约，在该刊的1986年第5期的"研究之窗"栏目中，以《竹内敏雄的〈美学总论〉》为题做了介绍。此外，竹内敏雄有关艺术本质、艺术类型、艺术与技术的关系、文学思潮等方面的学术观点，也在国内学术界产生一定反响。不过，迄今未见到一篇全面系统研究竹内敏雄美学思想的学术成果问世，这与竹内敏雄在美学上的贡献是很不相称的。

大西克礼与植田寿藏，对于中国学术界来说，至今仍是相当陌生的名字。虽然笔者在有关论文中曾附带介绍过他们的美学著作和美学上的成就、地位，但一直未见到对他们的美学的专门的研究论文和深入具体的介绍，也不见对他们著作的翻译。

[①] 这两个中译本，一为池学镇译，哈尔滨：黑龙江人民出版社，1987年；一为刘晓路等译，长沙：湖南人民出版社，1988年。它们的中文书名均改为《美学百科辞典》。

[②] 竹内敏雄：《艺术理论》，卞崇道等译，北京：中国人民大学出版社，1990年。竹内敏雄《美学总论》即是由本篇"美学基础论"和续篇"艺术理论"两部分构成。

第一章　日本近现代美学历程与代表性美学家

应该说，在本书所选择的四位日本现代美学家中，对今道友信的美学著作的翻译介绍比较多，对竹内敏雄也做了一些翻译介绍，但是，即使是对今道友信的了解与研究，我们在材料掌握的完整性和文本理解的准确性上，都还存在着很大的空间。对竹内敏雄的美学成就，我们仅粗略地了解其美学体系的大致轮廓，而对其在日本现代美学上的贡献和地位，以及其美学体系的内在结构和逻辑，还有待于深入介绍和阐释。至于对大西克礼和植田寿藏两位重要美学家的研究，在国内更显薄弱，成果较少。

总体来看，我们对日本近现代美学和艺术理论的研究，包括对上述四大美学家这些最主要的代表人物的研究，都是比较零散、比较表面化的。尤其是把日本四大美学家放在一起，在相互参照、相互比较中，看看他们有哪些共同的问题意识，有哪些各不相同的理论取向和独特贡献，这样的研究还付之阙如，而实际上这样的研究是最有启示意义的。比如，笔者注意到，这四位日本现代美学的代表人物，都曾面临着如何处理西方美学与东方特别是日本美学的矛盾关系的问题，也都曾遭遇如何建构"现代美学"和如何对待与美学的历史传统的冲突的问题。美学家们的思维旅程之艰难、几近于挣扎的不懈努力，使他们屡屡以西西弗斯神话来比喻自己的艰难探索。而他们经过各自艰苦的探索，都提供了对这些美学难题的人各不相同的回答，从不同的视角、层面给人以启发。

第三节　中心问题、主要内容和研究方法

本书除了用一定的篇幅对日本近现代以来各个历史时期的美学发展概况进行粗线条的轮廓式的勾勒、概括之外，我们重点选取的日本现代四大美学家，均是著作等身的美学大家，他们从事美学研究的时间跨度一般都很大，每个人所涉及的研究领域都比较广泛，各自的美学理论和思想都有不同程度的发展和变化，因此，这四位美学家，每一位都可以独立作为一项课题的研究对象，每一位都可写出一部篇幅可观的研究专著。在我们这项篇幅有限的研究课题中，显然不可能面面俱到地对每位美学家的美学研究成果进行全面、系统的解析，甚至对他们所涉及的许多颇有价值的研究领域、颇为重要的研究著作都不能不有所割舍，因

而只能集中笔墨，聚焦于某些既十分重要、同时又是他们共同关心的美学问题，在某种大致相近的问题阈内，分别对四位日本美学家的美学成就进行探讨。

这一大致相近的问题阈，就是日本现代美学发展进程中几乎每位美学家都无可回避的东方与西方、传统与现代的关系问题。[①]东方与西方的关系和传统与现代的关系，也可以说是两个问题，但是，在作为现代东亚国家的日本的现代美学发展过程中，这两个问题却时常纠结在一起，彼此无法完全切割开来，甚至可以说，有时，它们会夹缠在一起，成为同一个问题。

通过我们的研究，我们注意到，日本明治以来近现代美学建构过程中最有代表性的四位美学大家——大西克礼、植田寿藏、竹内敏雄、今道友信，都通过各自的研究和著述，从不同的立场、视角，涉及美学

---

① 传统与现代的关系问题，是西方近代以来美学、艺术理论、文学理论中一直挥之不去的主题之一，甚至在有关"后现代"的讨论乃至有关"后现代之后"的建构设想中，仍然是一个无法回避的问题。在东方世界遭遇西方近代文明、引入西方"现代性"话语之后，传统与现代的关系问题，也成了东方世界无法摆脱的思考主题。与此同时，在东方世界，还不得不思考另一个与此相关的问题，即东方与西方的关系问题。这一问题意识，不只存在于日本学者的头脑之中，同样也存在于中国学者的意识之中。正是在这个意义上，日本美学界有关东方与西方、传统与现代的关系的种种思考、探索，对于中国的美学研究，具有不言自明的重要借鉴意义。

中的上述两大矛盾关系。甚至可以说，有关东方与西方、传统与现代的关系的思考，正是这四位美学家思考的中心所在，或者说，关于这两个问题的思考、抉择，构成了推动他们的美学研究、体系建构的内在动力。只不过他们各自所处的语境不同、面对的问题不同、理论的目标不同、侧重点不同、所得出的结论各不相同罢了。而这种同（问题阈的相同或相近）中有异（具体表现形式各不相同）、异中有同的辨析，正是本书的重点所在。

本书分为七章及引言、结语共九个部分，对日本近现代美学尤其是现代最有代表性的四位美学家——大西克礼、植田寿藏、竹内敏雄、今道友信的美学成就进行研究，并将重点置于东方与西方、传统与现代两大坐标轴上，观察、分析四位美学家的理论取向、学术贡献及局限。

"引言"部分简明叙述了我们今天研究日本近现代美学的学术意义。

第一章的主要内容是概述日本近现代美学的发展历程、其四个发展的历史时期以及各个时期的代表性美学家，从中选出大西克礼、植田寿藏、竹内敏雄和今道友信这四大美学家，将他们放在日本明治以来的近现代美学谱系之中，勾勒四大美学家得以出现的学术背景，彰显四大美学家的美学业绩与学术地位。

第二章着重探讨大西克礼的美学成果。主要以其《美学》（上、下卷）、《东方的艺术精神》等著作为中心，着重分析大西克礼有关日本的美的范畴论、东方的自然感情、东方的艺术精神的研究成果，透视大西克礼美学中体现的"回归东方"的立场，以及其中所包含的"文化的国家主义"的问题。

第三章主要探讨植田寿藏的美学、艺术哲学贡献。主要以《艺术哲学》《视觉构造》《日本的美的精神》等为其代表性论著，参考岩城见一选编的植田寿藏《艺术论撰集——东西方的对话》，分析植田寿藏以"表象性"为核心范畴的有关美与艺术的逻辑的论述，他对于审美、艺术现象的特殊性、差异性的尊重，其美学研究中体现的东西方对话的精神，以及植田寿藏美学的阐释者、解说者岩城见一关于他的思想是"弱理论"的评价。

第四章从整体上阐述日本战后（昭和后期）美学研究的概况，其哲学美学与科学美学、东方美学与比较美学等方面的主要成就及影响。

第五章以战后日本最重要的美学家竹内敏雄为研究对象,主要以他的总结性美学巨著《美学总论》以及《现代艺术的美学》等为范本,重点探讨竹内敏雄有关"技术时代"的现代美学思考,他关于艺术作为一种"美的技术"的艺术本质学说,以及对艺术类型理论等现代美学与艺术理论重要问题的思考。

第六章探讨今道友信的美学成就,重点探讨今道友信的极富东方思维特点的"超越论"的现代美学体系即超存在论的、形而上学美学体系(他自己命名为"卡罗诺罗伽"),以及他关于美的相位、东方美学、比较美学、美学的未来等问题的思索。着重关注在今道友信这里,传统与现代的关系问题和东方与西方的关系问题,是如何被他作为同一个问题进行其独具特色的统一的思考的。

第七章对日本后昭和(平成)时代即世纪之交日本美学艺术学最新发展动态进行简要的概括与分析。

最后为"结语"部分,简要地对本书的主要观点进行概括,并对四大美学家各自的成就、局限等等进行总体的概括与比较,做出应有的评价和展望。

第一章 日本近现代美学历程与代表性美学家

关于本书的研究方法，也在这里略做说明。本书作为对于日本近现代美学发展过程尤其是对其中四位最具代表性的美学家的概括性的研究，属于美学史、学术史的研究范畴，因此，遵循史学研究的客观性、历史材料的准确性、丰富性是其基本的要求。但本书又不同于一般的美学史的写法，不是严格按照历史的时序对日本四大美学家做全面细致的探讨，而是在一种共同的问题意识的框架之内，在东方与西方、传统与现代的关系中，有重点地分析探讨四位美学家对这两大关系各自所做的思考与探索、所取得的成就与不足，总之，是要努力做到史与论的较好的结合。一方面，努力做到"论"从"史"出，从历史的实际发展中提炼出共同的问题意识；另一方面，努力做到用这种从历史的实际发展过程中概括出来的共同的问题意识来统领各章的写作，使整个课题的研究成为一个有机的整体，亦即努力做到"以论带史"，同时尽量避免那种不顾史实、空谈理论的"以论代史"。

作为以研究日本近现代美学历程尤其是日本现代四大美学家的美学成就为主要任务的研究成果，尽量使用日文原著和第一手资料，依靠准确的文本分析来推进自己的研究，也是本书追求的目标之一。因此，在本书中，除很少部分利用了已有的中译本外，与日本四大美学家相关的大部分引用材料均由笔者直接译自日文原著。即使是利用已有的中译本的译文，一般也都与日文原著进行了核对；在核对后觉得现有译文比较准确可靠，才予以直接引用。凡是认为译文存在不确切之处或尚可商榷之处的，均以日语原著为准，重新进行了翻译，并在注释中注明原著的版本。这样做的目的只有一个，就是保证文本引用的准确可靠和文本分析的切实可信。

作为一种美学史的研究，以清醒的历史意识，严格地把研究对象放在其特定的历史语境之中进行历史主义的分析评价，是唯物史观的根本要求。这也是本书所努力践行的一个基本原则。

作为一种辅助性的研究方法，本书还注意运用相互比较、相互参照的方法，注意把各章的研究对象放在与同时代其他日本美学家的相互关系中，放在与西方美学的关系中，放在日本现代美学发展的完整的链条中进行对比，分析四大美学家各自的美学理论的源流关系，突出四大美学家各自不同的美学特色和理论成就，以及他们共同具有的问题意识。与中国现代美学相互对比、相互参照，以把日本现代美学进程作为反观中国现代美学进程的一面镜子，也是本书试图达到的一个目标。当然，对中、日现代美学进程做全面、深入、系统的比较研究，这已超出了本书的研究范围，也不是本书所能胜任的任务。但是，在一些重要问题上提示性地做一些相互的对比、相互的比较，仍是富有理论意义的。

第二章　大西克礼：回归东方

第一节　日本大正及昭和前期成就最大的美学家

大西克礼（Onishi Yoshinori，1888—1959）可以说是日本自明治时期近代美学发生以来至20世纪50年代成就最大的美学家。他的美学研究，历经大正时期（1912—1926）、昭和前期（1926—1945）和昭和后期（1945—1989）三个时段。其一生的美学生涯，也大体上可以划分为以下三个时期。

第一个时期可以从他1913年完成大学毕业论文《美的意识起源论》算起，直到1937年。这一时期，大西克礼以西方现代美学的研究为主，主要美学著作有《美学原论》（1917）、《现代美学的问题》（1927）、《康德〈判断力批判〉研究》（1931）、《美意识论史》（1933）和《现象学派的美学》（1937）。他还出版了几部译著，如法国美学家居约的《从社会学见地来看艺术》（1914）、德

第二章 大西克礼：回归东方

国美学家席美尔的《伦勃朗——艺术哲学试论》（1927）、德国美学家康德的《判断力批判》（1932）等。

第二个时期是1937年至1948年。这一时期，大西克礼以日本传统美学研究为主，主要美学著作有《幽玄与哀》（1939）、《风雅论——"寂"的研究》（1940）、《万叶集的自然感情》（1943）和《自然感情的类型》（1948）。

第三个时期是1949年退休至1959年去世。这一时期，大西克礼完成了他一生中最重要的三部美学巨著——《美学》（上、下卷）、《浪漫主义的美学与艺术观》和《东方的艺术精神》。因此，这一时期可视为其总结性的美学体系的建构时期。[①]

尽管大西克礼在战后的最初几年仍坚持在美学研究及教学的第一线，直到1949年才退休，并在退休后的十

---

① 日本当代美学家小田部胤久曾认为，大西克礼的美学研究，以1937年为界，可以分为前后两个时期。前期是西方美学研究时期，后期则回归日本的或东方的传统的美的意识与艺术精神的研究。参见小田部胤久：《大西克礼与"文化的国家主义"——东西方比较研究的陷阱》，日本美学会编：《美学、艺术学的今日的课题》，日本美学会，1999年。小田部胤久这种划分方法自有其道理。不过，我觉得，大西克礼自退休到他去世的大约十年时间即1949—1959年，实际上是属于一个把前两个时期的研究成果予以综合、总结，以构筑自己的美学体系的时期，与1937—1949年期间主要研究日本传统美学的倾向还是有所区别的。因此，我在此处以小田部胤久的分期为基础，但稍微作了点修正，把大西克礼的美学研究划分为三个时期，以便更清晰地反映大西克礼美学的发展过程。

年间完成了三部重要的美学著作，但他主要应被视为日本大正及昭和前期（1926—1945）的有代表性的美学家。这不仅是因为他的绝大多数美学著作及译著均出版于这一时期，而且是因为他的主要美学思想的形成并在日本美学界发生影响，也主要是在这一时期。因此，可以说大西克礼是日本大正及昭和前期成就最大的美学家。

大西克礼美学研究的第一个时期（1913—1937），关注过德国古典美学的奠基之作康德的《判断力批判》，亲自翻译了这部难译的著作，还出版了专著《康德〈判断力批判〉研究》；也关注过西方近代美学中的社会学美学思潮，翻译过法国美学家居约的代表作《从社会学见地来看艺术》，发表过《近代文艺中的社会学兴趣的发展》《文艺上的民本主义》等论文。不过，这一时期，大西克礼用力最多的还是对西方自黑格尔以后的现代美学特别是现象学派美学的研究。这种研究对于大西克礼一生的美学研究，具有重要的意义，既是其美学的起点，又是其后来美学研究的前提和基础。不过，这里对大西克礼美学成就的探讨，并不打算以此为重点，而是着重研究大西克礼是如何在西方美学研究的基础上回归日本及东方传统美学，进

第二章　大西克礼：回归东方

行日本传统美的范畴的现代阐释和日本自然感情及东方艺术精神的系统探索的。

第二节　日本传统美的范畴的现代阐释

如上所述，大西克礼在其美学研究的第二个时期（1937—1948），开始回归日本的或东方的传统的美的意识与艺术精神的研究。其中，一个重要内容是对日本传统的美的范畴的研究。从1939年至1940年这两年间，他接连出版了两部重要的日本传统美学范畴论的著作。一是《幽玄与哀》①（1939），一是《风雅论——"寂"②的研究》（1940）。这两部著作对于日本传统美学中三个重要的美的范畴即幽玄、哀和寂的研究成果，又被大西克礼概括进其晚年的总结性美学体

---

① 幽玄，日语读作yugan，是日本古典文学及美学中的一个重要概念；哀，日语读作aware，是"物之哀"或"物哀"的简称，与汉语中的"哀"的含义不尽相同。前者往往指某种幽深、渺远、玄妙莫测、难以言喻的观照对象及其给人带来的感受；后者也是日本古典文学、美学中的一个特有的概念，指人对于对象客体所产生的一种主观的赞叹或喜爱、怜悯、哀伤、忧愁等情绪或情趣。

② 寂，日语读作sabi，与汉语中的"寂"字的含义不尽相同。这也是日本古典文学、美学中的一个特有的概念，指艺术中的一种闲寂、洗练、枯淡的纯艺术化的风雅情趣。

系著作《美学》的下卷"美的范畴论"中,成为该书的一个有机构成部分。①

需要指出的是,大西克礼所重点探讨的三个日本传统的美的范畴"幽玄""哀""寂"以及《风雅论》所谓"风雅"的概念,都可以在中国古代文献中找到其渊源。其中,"幽玄"与"风雅"两个汉字词语的日文读音方式为"音读",表明它们是直接来源于汉语的语汇。"哀"与"寂"原写作「あわれ」和「さび」,分别读作"aware"和"sabi"。这两个词语也可以用汉字"哀"和"寂"来表示,表明它们与汉语中的这两个词语在语义上有同构关系,但其读音方式与前两个词不同,为"训读"方式,即按日本固有的读音来读,表明其日本民族自身的特色更浓一些。关于这几个词语与中国传统文献的关联,大西克礼也做了一些考证。比如对于"风雅"一词,他明确指出:

"风雅"一词就其起源而言,不用说,是来自《诗经》的"风雅颂"。即本来指的是《诗经》中

---

① 大西克礼:《美学》下卷"美的范畴论",日本东京:弘文堂,1960年。

第二章 大西克礼：回归东方

的国风以及小雅、大雅，扩而大之，也可以包括颂，意指诗经的全部诗作。其含义进一步扩大，一般以"风雅"一词来代表诗歌文章之道。《文选序》所谓"诗者，盖志之所之也。……故风雅之道灿然可视"，只能是这种广义的用法。①

在下文中，他还讨论了汉文献中"风雅"与"风流"等相近词语的联系与区别。对于其他几个概念，他也有类似的源流考证。总而言之，一方面，这几个美学范畴，均与中国古代文献中曾经出现的相同概念具有渊源关系；另一方面，这几个词语在引入日语后，也与日本民族固有的美的意识、艺术经验和日本民族所特有的艺术形态如俳句、和歌、能乐等相结合，形成了日本传统美学理论自身的一些特色，成为日本传统美学中的重要范畴。

大西克礼对日本三大主要美的范畴（幽玄、哀和寂）的研究，是以他有关美的基本范畴的体系和西方美的范畴体系的认识为前提的。所以，我们先概述一

---

① 大西克礼：《风雅论——"寂"的研究》，日本东京：弘文堂，1940年，第128页。

下他在这方面的基本看法。

大西克礼认为,在美学研究中,用来表示美的不同形态、不同类别的美的概念、美的范畴丰富多样,但是在这众多的美的概念和范畴中,有一些美的范畴是最为重要的,可以称为"美的基本范畴"。这种美的基本范畴,他认为有三个,即美、崇高和幽默。[1]那么,这三大范畴是怎么产生的?它们的相互关系应如何建立起来?在这里,他试图以"美的体验"的先验结构来"演绎"这三大范畴。[2]大西克礼所谓的"美的体验"由"艺术感的契机"与"自然感的契机"的统一所构成,由此可以演绎出三大美的基本范畴。他按照美的意识结构中两种契机的"优先关系"的区别,推导出三大美的范畴的美的意识的不同结构:"美"的范畴——自然感的契机与艺术感的契机比较完美地

---

[1] 在各种美的范畴中找出美的基本范畴,并且按正反合的辩证法确定三个美的基本范畴,以及把美、崇高和幽默确立为这三大美的基本范畴,这一思想及方法明显地受到黑格尔主义者费歇尔以及新康德学派美学家柯亨的美学范畴论的影响。参见大西克礼:《美学》下卷"美的范畴论",日本东京:弘文堂,1960年,第一章"美的体验与美的范畴"。

[2] 大西克礼的这一做法,是仿照柯亨和谢林的美的范畴的演绎方法进行的。参见大西克礼:《美学》下卷"美的范畴论",日本东京:弘文堂,1960年,第一章"美的体验与美的范畴"。

第二章 大西克礼：回归东方

保持"均衡"、相互达成微妙的"和谐","崇高"范畴——自然感的契机占优势地位,"幽默"范畴——艺术感的契机占优势地位。美、崇高与幽默这三大美的范畴,之所以被认定为"基本的"美的范畴,是因为它们都是从构成"美的体验"的先验的原理演绎出来的。

可是,日本的美的范畴——幽玄、哀与寂——能够从上述美的意识的先验结构中演绎推导出来吗?显然,这三大日本的美的范畴是无法直接从美的意识的先验结构中演绎出来的。那么,它们与上述美学的三大基本范畴——美、崇高与幽默——的关系如何建立起来?为了解决这一问题,大西克礼又提出了一个"东西方美的意识的根本对立"的原理,对"西方的美的意识"与"东方的美的意识"做了对比。他仍然是以美的意识中的"自然感的契机"与"艺术感的契机"的不同的"强调关系"来区别东方美的意识与西方美的意识。他认为,在东方的乃至日本的民族中获得发展的"美的意识"中,所谓"自然感的契机"在各种意义上得到显著的发展或被强调;可是,希腊以来的西方的美的意识,则主要强调了"艺术感的契机"。也就是说,按大西克礼的看法,东西方的美的意识的对比,应该放在"自然感的契机"与"艺术感的契机"的不同的侧重关系这种体系性关联中来讨论。从这一理论前提出发，大西克礼认为，"美、崇高、幽默"三大基本的美的范畴，在"西方"语境下，特别地接受了来自"人的精神方面"的"变异"，其"艺术感的契机"占有优势地位，因此，便形成了一组西方所特有的"派生的"美的范畴，即"优美、悲壮和滑稽"。与之相对，在"东方"语境下，特别地接受了来自"自然体验方面"的"变异"，其"自然感的契机"占有优势地位，因此，便形成了一组日本所特有的"派生的"美的范畴，它们分别是"哀、幽玄和寂"。如此一来，东方美的意识与西方美的意识、日本的美的范畴与西方的美的范畴构成一种左右对称的格局，它们都可以从美的基本范畴中以"派生的"形态被推导演绎出来。①

关于西方派生的美的范畴与日本派生的美的范畴，

---

① 参见大西克礼：《风雅论——"寂"的研究》第八章"作为美的范畴，'寂'（三）"，日本东京：岩波书店，1993年第5次印刷；《美学》下卷"美的范畴论"，日本东京：弘文堂，1960年。《美学》下卷分为两篇。第一篇为"基本的美的范畴"，有三章，分别讨论美、崇高和幽默这三大基本的美的范畴；第二篇为"派生的美的范畴"，有六章，分别讨论悲壮、优美、滑稽这三种西方的"派生的"美的范畴，以及幽玄、哀、寂这三种日本的"派生的"美的范畴。

第二章 大西克礼：回归东方

以及它们二者与基本的美的范畴的关系，可以图示如下：

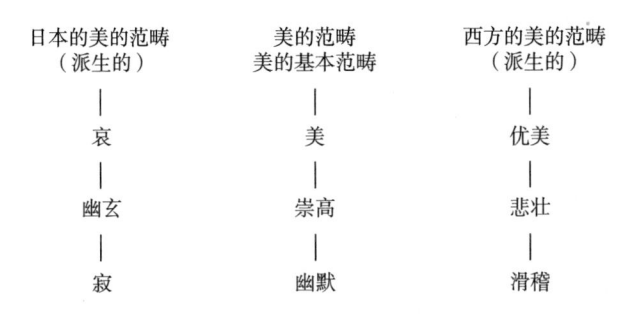

日本的美的范畴 （派生的）	美的范畴 美的基本范畴	西方的美的范畴 （派生的）
|	|	|
哀	美	优美
|	|	|
幽玄	崇高	悲壮
|	|	|
寂	幽默	滑稽

需要指出的是，无论是"幽玄""哀"，还是"寂"，都是从日本古代诗论中的"歌论"（和歌理论）和"俳论"（俳句理论）及其他门类艺术（如能乐、茶道等）理论中丰富众多的表示艺术美的价值与风格的概念中挑选出来的。这三个概念在古代的漫长的历史发展中，在不同的文学家、艺术家、诗论家、艺术评论家的具体的运用中，在不同的艺术门类中，其含义也都是千差万别的。对此，大西克礼有充分的体认。他对"幽玄""哀"和"寂"这三个日本特有的美的范畴，都分别依据日本古代文学研究和日本古代诗论、文论及艺术理论研究的已有成果，以及他本人的文献学的考证和历史学的梳理，进行了相当全面系统的研究。可是，大西克礼为什么从日本古代诗论、文论以

及其他门类艺术理论中的众多表现美的价值的概念中，独独选中这三个概念作为体现日本的、东方的美的意识的特点的关键概念呢？这三个在古代各种具体的运用场合中意义千差万别的概念，又如何能够与西方的"派生的"美的范畴中的"优美、悲壮和滑稽"一一对应，并且能够共同作为"派生的"范畴与"美的基本范畴"（美、崇高和幽默）相对应呢？

我们可以认为，这里有两方面的因素。首先，是大西克礼美学的体系性的需要。大西克礼一向是以"美学体系的创建者"自许的。正如小田部胤久所指出的，先验的、演绎的美学体系的思考与建构，的确是大西克礼美学研究的主要特征之一。① 大西克礼在美的范畴的研究方面，亦是如此。他受西方现代美学范畴论的影响，按黑格尔式的正反合的辩证法的思维方式，把美、崇高和幽默作为三大美的基本范畴。他又根据美的意识结构中自然感的契机与艺术感的契机的不同的强调关系，建立起东方与西方的美的意识的对比关系，为西方美的意识建立起优美、悲壮和滑稽三

---

① 参见小田部胤久：《在"日本的特性"与先验主义的夹缝之中》，日本美学会编：《美学》季刊第195号（1998年冬季号）。

第二章 大西克礼：回归东方

大派生的美的范畴，他自然也要在日本的美的概念中选择三个美的概念，作为与西方派生的美的范畴相对应的日本的派生的美的范畴。"如果把这些范畴放在一起统一地进行考察，那就不只是结合、统一，更重要的是按统一的原理使它们分化。换言之，必须把'幽玄''哀''寂'这几个概念（关于这几个概念的选择是否合适又当别论）的各自的美的本质，从美学的理论的统一的根据出发，在体系上使之分化，以此为根据，在理论上为它们各自的特殊性提供基础。"①

其次，是大西克礼对日本传统的幽玄、哀和寂三大范畴深入研究的结果。在丰富众多的日本传统的美的概念中特别选择了幽玄、哀和寂这三个概念进行集中的专门的研究，这对于大西克礼来说，无疑是经过了对于各种传统的美的概念的充分的调查、深入的思考、细致的比较和认真的选择取舍的工夫才得以实现的。而在选定了这三大概念之后，他花费了极大的精力，分别对这三大概念进行了深入细致的探讨。《幽玄与哀》是对幽玄和哀这两大概念的系统研究。《风雅论——"寂"的研

---

① 大西克礼：《风雅论——"寂"的研究》，日本东京：岩波书店，1993年第5次印刷，第8页。

究》则在前著的基础上，对"寂"这一日本传统的美的概念进行了更周详系统的研究。仅以该书为例，这一今天已成为日本近代美学名著的美学范畴论著作，正文部分有长达331页的篇幅，除第一章"序论"外，还有八章。其中，用了两章讨论"俳论中的美学的问题"；一章讨论"俳谐的艺术的本质与风雅的概念"；一章讨论"'寂'的一般的意义与特殊的意义"；此后又用了三章的篇幅讨论"作为美的范畴的'寂'"，最后一章讨论"'寂'的美的界限与茶室的美的价值"。我们仅从该书各章的内容的安排，已不难窥见大西克礼对这一范畴所下功夫之深厚。他对另外两大范畴的研究亦与此相类。正如他自己所说："在从美学的立场对这些概念进行这种统一的概括的观察之前，重要的是首先要对各种问题、各种现象的各自的本质进行充分的探讨。必须'幽玄'作为'幽玄'，'哀'作为'哀'，'寂'作为'寂'，阐明它们作为美的各自的本质特性。"[1]假如没有对这三大概念的深入研究，他是不可能提炼出幽玄、哀和寂是日本的三大派生的美的范畴这一体系化的、演绎的美学范

---

[1] 大西克礼:《风雅论——"寂"的研究》，日本东京：岩波书店，1993年第5次印刷，第8页。

第二章　大西克礼：回归东方

畴理论的。①

大西克礼通过对幽玄、哀和寂的美学范畴论的研

---

① 幽玄、哀和寂，这三个日本传统美学概念在日本古代众多的传统美学概念、术语中的确具有突出的重要性。近现代以来，不只大西克礼把它们置于日本传统美学范畴中最重要的位置，还有不少学者对这几个概念给予了特别的重视，进行了深入研究。如山本正男在《感性的逻辑》（日本东京：理想社，1981）的"日本民族的美意识"一章中对"日本的美意识在范畴上的展开"的研究及"日本传统的艺术论"一章中对"日本的艺术论的展开"的研究，都着重描述和分析了这三个概念在日本传统美学概念和艺术理论中的发生、演变及其意义。植田寿藏、今道友信等美学家也曾对这几个美学概念进行过深入研究。值得一提的是，这几个日本传统的美的概念，也受到西方现代美学家的注意。如美国著名美学家托马斯·门罗在《东方美学》（该书中译本译作托马斯·芒罗）这本小册子的第一部分"引论与探究"中，专设一节介绍和探讨"日本传统的美学概念"。其中，便重点介绍了哀（aware）、幽玄（yugan）和寂（sabi）。只不过该书的中译本的译者按照其日文读音分别把哀（aware）译作"阿瓦雷"，幽玄（yugan）译作"玉干"，寂（sabi）译作"萨比"。门罗对于这三个概念的含义的概括（他显然是根据日本学界所得出的比较流行的一般认识而进行的概括），也许会有助于我们理解大西克礼有关这三大美学范畴的阐释。他说："'哀'（中译本按日语读音译作'阿瓦雷'——引者），它被译作'思乡之情'、'淡淡的忧郁'或'对事物那优美的哀伤之敏感'。它尤其指的是那种在外在事物中找到的特征，而非那种纯粹内在的感情。""物之哀"（中译本按日语读音译作"莫诺·诺·阿瓦雷"——引者）"即'对事物的敏感'，如对飘零的落花或无人同情的眼泪的敏感"。"在中世纪时期有个叫'寂'（中译本按日语读音译作'萨比'——引者）的老词儿带上了某种特殊的审美内涵。它与某种特定的旧的、凋谢的、弱不禁风的或孤苦伶仃的事物相联系。""日本艺术理论中的另一个颇有影响的概念是'幽玄'（中译本按日语读音译作'玉干'——引者）。它归纳了镰仓时代的诸种审美理想，并被用来'描述那些深不见底、遥不可及、神秘莫测、难以捕捉或言喻的东西'。它提出了某种朦胧而不确定的象征性。""玉干"（幽玄——引者）"综合了典雅的美和忧伤的屈从，后者来自承认人类在宇宙的威力和变化无常面前无能为力。'玉干'的这层意思也被称为崇高，如同旧时代那种寂静而压抑的美"。参见托马斯·芒罗：《东方美学》，欧建平译，北京：中国人民大学出版社，1990年，第34—35页。

究，应该说实现了对于这几个日本传统美的概念的现代转型。而有关这种现代转型的机制，即他究竟是通过怎样的途径来实现这种现代的转型的，这正是我们所应特别予以关心的问题。

如果深入分析其现代转型的机制，可以发现有这样几种因素发挥着关键性的作用。一是以西方的美的范畴理论、逻辑演绎方法、美的概念术语作为前提和参照的依据，以西方的美学理论阐释东方（日本）的美学概念。同时，用西方的理论体系来重新"组合、结构"东方的传统的美的概念。二是把日本传统的美的概念的种种丰富具体的、历史的规定舍弃掉，抽象为现代的、共时的概念，使传统的、在今天已丧失了可通约性、无法普遍交流和正常使用的概念被赋予现代的活的内涵，得以合理化、正当化、一般化，成为可以普遍交流、广泛使用的理论范畴，融入现代的美学理论体系。三是用东方的、日本的"派生的"美的范畴体系去补充、修正和完善西方的学说。

大西克礼通过自己不乏艰辛的概念史、文献学的研究和西方式的演绎思维相结合，对日本传统的三个最重要的美的概念即幽玄、哀和寂做了迄今为止最为

第二章 大西克礼：回归东方

深入系统的研究，并构建了一个有内在逻辑联系、与西方三大"派生的"美的范畴体系相对应并与美的三大基本范畴相对应的东方的、日本的三大美的范畴体系，这不能不说是日本现代重要的美学研究成果。

不过，大西克礼的日本的美的范畴论研究，也留下了一连串值得深刻反思、质疑与探讨的问题。比如，他所概括的由美、崇高、幽默三大美学概念构成的"美的基本范畴"体系似乎是超越了东方与西方的，也超越了传统与现代的人类普遍适用的美的范畴体系，是不具有时代的、历史的、地域的、民族的限定的一般的美的范畴体系。可是，我们从这几个美学概念的来源及对其内涵、相互关系的界定等方面来看，仍不难发现它们来自西方美学理论的"西方的"印记。以这样明显带有西方色彩的概念及体系为前提和基础来"选择""组装"东方的、日本的美的概念、美的范畴体系，并试图以这种东方的、日本的美的范畴体系去补充、完善那种所谓的美的基本范畴体系，这是否仍然摆脱不掉"西方中心主义"的框架？这是否仍然是一种西方的理论体系？此外，他为了使日本传统的幽玄、哀和寂这几个美的概念能够符合其"日本的派生的美的范畴"体系的要求，就不得不对这些概念的种种历史的、具体的、千差万别的用法和含义加以"有选择的阐释"甚至是"过度阐释"，进行高度纯化的抽象，这也不能不在重新建构这些概念的意义及其相互关系的体系的过程中，留下逻辑与历史、抽象与具体之间的深刻矛盾甚至是难以填平的鸿沟。这种无法愈合的矛盾，源自大西克礼建构美的范畴体系时所运用的先验的、演绎的方法，使其过于忽视历史与具体，一味地牺牲历史而成全体系，牺牲具体以达至抽象。

在体系的建构过程中应努力实现逻辑与历史的统一、抽象与具体的统一这种辩证思维的根本要求，他是完全没有意识到的，也是根本实现不了的。就这一点来说，他甚至与黑格尔的客观唯心主义的理论逻辑体系相比，都是一种倒退。因为在黑格尔那里，至少能够在一种头足倒置的世界观的基础上追求一种逻辑与历史、抽象与具体的统一。当然，大西克礼的日本的美的范畴论所存在的诸如对传统概念的选择性阐释、过度阐释，以及逻辑与历史相脱节、抽象与具体相分离等问题，并不是他一个人的问题，在日本、中国许多试图对传统美学、艺术理论和概念进行所谓"现代转换"的努力或进行体系化建构的尝试中，往往都不同程度地存在这种问题。作为半个世纪以前的一位日本美学家，其研究成果存在上述问题是不难理解的。重要的是，这一成果及缺陷是否能够给我们提供有益的借鉴与启示。

由此，笔者联想到 21 世纪以来在中国文论界所展开的有关"中国古代文论的现代转换"讨论中一位学者提出的"语境法"与"超语境法"的问题。这位学者说：

> 传统与创新不是简单的二元对立的关系，而是相互转化与生成的关系。这里，我想借用新历史主义批评的语境法、吉登斯的脱域法与抽象法，格尔兹的"深描法"以及乔姆斯基的"深层转换法"和皮亚杰的"结构转换法"等思想方法，引申性地提出：中国古代文论的现代转换和现代阐释，尤其要注意综合运用"语境法"与"超语境法"。所谓"语境法"，指我们今人在对古代文论作出现代阐释时，一定要首先进入古代文论当时的具体历史语境，以期对古代文论有真切之了解

和深切之同情。所谓"超语境法",亦可表述为"去语境法"或"换语境法",指的是,我们今人在研究古代文论时,还应当超越古人及古代文论所处的特定历史语境,将某一特定的具体的古代文论范畴、命题和理论体系置于更大范围更长时段的中国历史语境,甚至是置于世界文论的语境来审视,尤其要注意转换为我们今天所处的语境,这样,我们就能发现古代文论在中国整个文论的历史长河中,在与西方文论的比较中,在我们今天的文学批评实践中,一言以蔽之,在新的语境中,可能具有什么现代性价值。

没有"语境法",古代文论的现代阐释就没有依据、缘由和对象,也就会失去学术研究的客观性;没有"超语境法",古代文论的历史局限性与普遍性价值也就无从显现。我们在研究古代文论传统时,应当深入探求古代文论的原貌和本义,剥离和析取其中蕴含的普遍性和现代性的美学价值,并使之在适应现实时获得新的意义。尤其要彰显古代文论囿于特定历史语境而未能彰显的潜

第二章 大西克礼：回归东方

在的意义，把古代文论重新置于今天的新的历史语境之下，激活其可能生成的现代性意义。①

如果用这位学者所提出的"语境法"与"超语境法"这两个标准来分析大西克礼有关日本三大传统美的范畴的研究，可以说，这两个方面他做得都相当充分和深入。当他对这些美的范畴进行语源学、语义学的回顾与挖掘时，他遵循的便是"语境法"，即把这些范畴放在特定的历史语境中去分析它的本来的意义；而当他把这些美的范畴作为美的基本范畴的"派生的"范畴建构美的范畴体系时，他遵循的便是"超语境法"，即完全离开了特定的历史语境，进入一个先验的、抽象的逻辑演绎的话语体系中。可是，虽然他既充分地遵循了"语境法"，又彻底地实践了"超语境法"，却仍然留下了未能得到解决的问题，这就是逻辑与历史的脱节、抽象与具体的分离问题。可见，如果把"语境法"与"超语境法"作为两个相互分离的阐释阶段而不能实现某种统一，就仍然会留下理论的缺

---

① 陶水平：《中国文论现代性的反思与重构——关于近十年"古代文论现代转换"学术讨论的思考》，《东方丛刊》2007年第1辑，第137—138页。

憾。因此，我们在这里仍然要思考如何遵循辩证思维的方法，努力实现逻辑与历史、抽象与具体的统一，不要让古代文论、传统美学的所谓"现代转换"走入完全脱离历史、摆脱传统的"现代性转换"的误区。

第三节　自然感情及其类型

在人的美的意识中，人的自然美意识、人对于自然的情感态度无疑是一个重要的内容。尤其是在东方传统的美的意识中，其地位更加重要。大西克礼在对日本传统的美的范畴的研究取得一定成果之后，开始在与西方自然感情的比较中，对日本的自然感情进行深入研究。在大西克礼美学研究的第二个时期中的1943年和1948年，他继《幽玄与哀》和《风雅论——"寂"的研究》这两部日本传统美的范畴论研究著作之后，又发表了两部研究"自然感情"的著作。前一部是《万叶集的自然感情》，另一部是《自然感情的类型》。这两部著作研究的重点，是日本的美的自然感情，以及东西方自然感情类型的比较。

大西克礼所说的"自然感情"指的是人的精神对

第二章 大西克礼：回归东方

于自然的态度，主要是指美的意识中人对于自然的感情态度。《万叶集的自然感情》①，是以日本古代最早的歌集《万叶集》②为范本探讨日本特有的自然感情的著作。在这部著作中，著者在与西欧的自然感情的对比中，突出了日本自然感情的类型特点。《自然感情的类型》一书则是在《万叶集的自然感情》有关日本与西方自然感情的类型的比较基础上，试图从体系上更全面地把握各种自然感情类型的著作，其系统化的取向更加明显。这里，我们先以《万叶集的自然感情》为依据，了解一下大西克礼是如何在与西方的自然感情的比较中概括日本自然感情的特点的。

在大西克礼看来，日本原始民族精神的一个特点，是比较缺乏对于自然的知性的、静观的态度。③表现在美的意识上，也不同于所谓美的静观态度，即在美学上预想主观与客观、自我与对象保持一定距离、理性客观地观照对象的精神态度。正是在否定或抵除这种"距

---

① 大西克礼：《万叶集的自然感情》，日本东京：岩波书店，1943年。
②《万叶集》形成于8世纪，收入前后约350年间的各种和歌约4500首，是现存日本最古老的歌集。其主要审美特点是以丰富的人性为基础，率真地表现对于现实对象、自然景物的内心感动。
③ 参见大西克礼：《万叶集的自然感情》，日本东京：岩波书店，1943年，第13页。

离"、让精神与自然密切交融这一点上，的确表现出日本民族精神的一种本质的倾向。[①]而那种静观的，主观与客观、精神与自然保持一定距离的态度，是希腊乃至西欧古代自然感情的基本倾向。

大西克礼进一步认为，在美的文化领域，日本古代的美的文化与古希腊所代表的西欧美的文化也形成鲜明的对比。比较而言，希腊的美的文化，是以艺术为中心的美的文化；日本古代的美的文化则是以自然美为中心的美的文化。[②]大西克礼把希腊的民族意识或文化精神称为"奥林匹亚主义"（希腊的理想主义），这也就是一种"人类中心主义"；对于日本古代的民族意识或文化精神，则称之为"自然主义"（自然本位主义）或"宇宙中心主义"。[③]在这种不同的文化精神基础上形成的自然感情，在大西克礼看来有"基本的

[①] 参见大西克礼:《万叶集的自然感情》，日本东京：岩波书店，1943年，第18页。
[②] 参见大西克礼:《万叶集的自然感情》，日本东京：岩波书店，1943年，第68页。
[③] 参见大西克礼:《万叶集的自然感情》，日本东京：岩波书店，1943年，第73—76页。

第二章 大西克礼：回归东方

类型论的区别"。[①]他把古代希腊的自然感情看作是一种客观的自然感情类型的典型表现，把日本《万叶集》所体现的自然感情看作是一种交感的自然感情类型的典型表现。

值得注意的是，大西克礼还认为，日本古代的交感的自然感情与希腊的、西方古代的客观的自然感情在类型上的区别，并不是固定不变的，它们各自均有一个历史的发展过程，分别发展出新的历史类型。

就西方的自然感情的发展过程来说，古代希腊的客观的自然感情，在近代西欧感伤主义特别是浪漫主义产生以来，逐渐演化为一种带有强烈主观色彩并具有泛神论思想倾向的、主客合一的交感的自然感情。歌德的创作代表着这种自然感情的最高成就。而日本的自然感情，在后来的历史发展过程中，也导致一种客观的、静观的自然感情的类型的出现。它以俳谐的自然感情为典型代表。大西克礼把这种现象称作各自的自然感情的"逆方向的展开"。[②]

[①] 参见大西克礼：《万叶集的自然感情》，日本东京：岩波书店，1943年，第104页。

[②] 大西克礼：《万叶集的自然感情》，日本东京：岩波书店，1943年，第149页。

《自然感情的类型》[①]这部著作，大西克礼是在《万叶集的自然感情》一书有关日本与西方自然感情的比较研究的基础上，把自己对于自然感情的种种复杂具体的民族的、历史的类型的研究进一步条理化、系统化了。

在这里，大西克礼讨论了六种自然感情的类型，即交感的自然感情、客观的自然感情、宗教的自然感情、感伤的自然感情、浪漫的自然感情和俳偕的自然感情。不过，我们应该看到，这六种自然感情类型并不是处于同一个层面上的并列关系，而是具有这样一种逻辑关系，即在大西克礼看来，人类的自然感情从总体上说可以划分为两大类：一类属于交感的自然感情（他有时也把这一类称为"主观的"或"主观主义

[①] 大西克礼:《自然感情的类型》,日本东京：要书房，1948年。这部著作共分为序论和七章，其内容分别为：
序　论　自然感情的历史的类型与民族的类型；
第一章　交感的自然感情的两种形式；
第二章　客观的自然感情的类型；
第三章　宗教的自然感情的类型；
第四章　感伤的自然感情的类型；
第五章　浪漫的自然感情的类型（一）；
第六章　浪漫的自然感情的类型（二）；
第七章　俳偕的自然感情的类型。

第二章 大西克礼：回归东方

的自然感情"），另一类属于客观的自然感情。其中，在他看来，交感的自然感情类型（或称主观的自然感情的类型）包括两种有所区别的形式：一是"素朴的-交感的自然感情"，另一个是"浪漫的-交感的自然感情"。从全书的结构安排来看，第一、二两章是从宏观上、整体上、逻辑上将人类的自然感情的基本类型一分为二，一类是主观的或交感的自然感情（第一章），一类是客观的自然感情（第二章）。而第三至第七章所讨论的各种自然感情的类型，实际上都是属于"自然感情的历史的类型与民族的类型"。也可以说，它们分别都是第一、二两章所讨论的那两种自然感情的基本类型在一定民族、一定历史阶段的具体呈现。

具体地说，第三章讨论的"宗教的自然感情的类型"，指的是西欧古代客观自然感情向近代浪漫自然感情过渡的过程中产生的一种特殊的历史类型，大体上相当于西欧中世纪神学统治时期在宗教领域体现的自然感情。这种自然感情开始呈现出由客观方向朝着主观方向的倾斜的趋势。

第四、五、六章讨论的所谓"感伤的"与"浪漫的"自然感情类型，实际上，在大西克礼看来，都属

063

于近代的自然感情的范畴；从基本类型上说，都属于第一章所指出的那种"交感的（主观的）自然感情"的类型。可是，大西克礼为何又在这里区分出"感伤的自然感情"与"浪漫的自然感情"呢？这主要是为了体现历史类型的差异。他指出，虽然二者从总体倾向上说，都属于浪漫的自然感情类型，但是，从具体的历史精神上看，第四章所讨论的"感伤的自然感情"指的是西欧 18 世纪感伤主义时代经常出现于各种文学艺术作品中的那种通过自然的观察和描写所表现出来的主观的、异常的，有时甚至是病态的、悲哀的、厌世的、精神失衡的情绪。其突出的代表是那些牧歌的、哀诗的感伤主义。而第五章所讨论的"浪漫的自然感情"，主要指西欧近代与"感伤主义"相对立的、"本来意义上的""浪漫主义"文学艺术所体现的自然感情。[1]这种自然感情是那种主观的、精神的自然体验的进一步深化和发展，达到一种世界观的层次。它对于自然的深深的眷爱，已在其意识背景中伴生出泛神论

---

[1] 大西克礼这里所说的"感伤主义"与"浪漫主义"之间的区别，与中、苏文论界经常讨论的所谓"消极浪漫主义"与"积极浪漫主义"之间的区别颇为接近。

的思想倾向。英国的华兹华斯、拜伦、雪莱和德国的歌德等，是其典型的代表。

第六章所讨论的虽然同样是"浪漫的自然感情的类型"，但却是不同于西欧近代浪漫主义的自然感情的类型，而是特指日本的、东方的自然感情的类型。在这里，大西克礼把老子的"道法自然"、中国古代"天"的思想视为东方自然感情的最深层的世界观的根源。他认为，中国、日本等东方民族对于自然的体验、感受和表现，有一种"诗化的泛神论"的倾向，追求一种"情趣的象征""气氛的象征"的意境。其中，浪漫的主观性与审美的客观性同时得到较充分的实现。

最后一章"俳谐的自然感情"，讨论的是第二章所说的那种"客观的自然感情类型"在东方日本古代发展出来的一种具体的、新的民族的、历史的类型。大西克礼认为，这是一种东方特有的、更高层次上的静观性、客观性，一种物我一如的直观，一种扬弃了主观的、浪漫的自然感情所达到的更高层次上的静观性、客观性。

综观大西克礼有关"自然感情"的这两部美学著作，我们能够看到它们共同贯穿着一种"比较类型学"

的研究方法，把日本的自然感情与西方的自然感情放在相互对比甚至是对立的关系中予以考察，分别彰显各自的自然感情的独特之处。此外，还有一点值得我们注意的是，这两部著作中提出了自然感情的"历史的、民族的类型"的命题，并且把讨论的重心由对于自然感情的交感的（主观的）与客观的二分法的基本类型的划分，移向了对于自然感情的各种具体的"民族的、历史的类型"的探讨。因此应该说，大西克礼有关自然感情的类型的这两部专著，与他此前有关日本的美的范畴论的两部著作相比，体现出更显著的历史感和具体性。尤其是后一部著作《自然感情的类型》，不完全是先验的、演绎的体系的构建，而是常常能够从具体的、历史的实际出发进行概括。虽然大西克礼对各种自然感情的类型的研究不像他对美的基本范畴与派生范畴的体系的建构那样严整，却因为具有了更多的具体感、历史感而保证了它们的学术价值。

第四节　东方艺术精神与神话意识

经过对日本传统的美的范畴如幽玄、哀和寂的深

第二章　大西克礼：回归东方

入研究，以及对日本的自然感情的系统研究，到了晚年，大西克礼完成了一部规模相当可观的著作《东方的艺术精神》，展开了他对东方艺术精神的全面、系统的研究。①

关于日本或东方艺术精神的研究，是日本近代以来美学研究中的一个重要主题。不少美学家对此倾注了自己的心血，做出了自己的探索。②在中国，有关中国或东方艺术精神的研究，也出现了一些很有价值的

---

① 大西克礼：《东方的艺术精神》，日本东京：弘文堂，1988年初版。该书正文部分共481页。书前收有美学家山本正男为本书出版而写的论文《关于大西克礼先生的美学思想与〈东方的艺术精神〉》；书后收有专为本书制作的《人名索引》《事项索引》（实际为本书中所出现的若干关键词的索引）及《书名、作品名索引》。该书完成于著者1949年退休后至1959年逝世这一段时间，但到了1988年大西克礼一百周年诞辰之际方获出版。这也是大西克礼正式出版的最后一部著作。需要说明的是，该书名中的"东方"一词，日语原文为"東洋"。由于日本人所说的"東洋"与中国人所理解的"東洋"意义上有很大差别，因此，为避免误解，本书将日语中的"東洋"，根据其实际意义，一律译作"东方"。

② 比如，可视为大西克礼的学生和后辈的山本正男，就曾在德国慕尼黑大学发表过《我国（指日本——引者）艺术精神的类型的特性》的讲演（参见山本正男：《感性的逻辑》，日本东京：理想社，1981年），指出了日本传统艺术精神的三种主要的倾向，即自然中心性、美的特性、形式主义的特性。其"自然中心性"的观点，与大西克礼的看法是一致的。

研究成果。①不过，像大西克礼《东方的艺术精神》这样专门研究东方艺术精神的系统的、篇幅庞大的专著，目前还没有见到过第二部。由于有关中国或东方的美学特性或艺术精神的特性的问题，在今天全球化的语境下愈来愈引起人们的关注与思考，因此，在这里概括地分析一下大西克礼有关这方面的研究成果，是很有意义的。

"艺术精神"这一词语，在具体的使用中，其意义实际上是相当含混不明的，不同的人可能会在完全不同的意义上来使用这一词语。那么，大西克礼所说的"艺术精神"指的是什么？大西克礼在《东方的艺术精神》一书中开宗明义，首先对这一概念的意义做了明确的界定：

---

① 对于中国艺术精神，参见宗白华先生关于空灵与充实是艺术精神的两元的论述（参见《中国艺术表现里的虚和实》《论文艺的空灵与充实》）、关于中国艺术中体现的出水芙蓉的美与错彩镂金的美的学说（参见《中国美学史中重要问题的初步探索》）、关于中国各种艺术中共同体现出的音乐的（舞蹈的）精神的论述（参见《中国艺术意境之诞生》《中国诗画中所表现的空间意识》《中国书法里的美学思想》）等等，都是极有启示意义的见解（以上所提及的论文，均收入宗白华：《美学散步》，上海：上海人民出版社，1981年）。台湾学者徐复观《中国艺术的精神》（沈阳：春风文艺出版社，1987年）关于孔子所代表的儒家艺术精神及庄子所代表的道家艺术精神（他称之为"中国艺术精神主体之呈现"）的论述，也是一种重要的学说。

第二章 大西克礼：回归东方

　　我在这里，为了方便把这一概念解释为这样的意义：在总体上、根本上支配着某个民族乃至社会的"艺术"领域的文化活动的一定方向的"精神"。[①]

在他看来，这种艺术精神不仅贯穿于艺术品的创作、欣赏、评价的意识即普通所谓美的意识之中，而且贯穿于以之为核心或基础的有关艺术一般的本质、艺术与文化、艺术与社会或艺术与生活等各种问题的反省的思想和实践的态度之全部领域之中，甚至从自然地规定着艺术生产的根本动向的民族的先天的性格到那种在本源的世界观、人生观的方向上影响和规定着作为文化活动的"艺术"现象的精神方面的问题，也都应涵括在艺术精神的范畴之内。就此而言，有关艺术精神的研究，其问题的范围非常广泛，问题的性质相当复杂，甚难处理。但是，大西克礼认为，假如不是一般地就艺术精神本身所包括的所有问题进行考

---
　　① 参见大西克礼：《东方的艺术精神》，日本东京：弘文堂，1988年，第4页。

察，而是历史地对某个民族乃至社会的艺术现象中所包含的一定方向的艺术精神进行探讨，还是可以加以尝试的。《东方的艺术精神》一书便是对东方艺术精神的一般结构、性格、倾向等所做的系统研究。

那么，大西克礼所谓"东方的艺术精神"中的"东方"，所指为何？他对此也做了明确的说明：这里所使用的"东方的"（日语原文为"東洋的"）一词，是很不确切的词语，实际上，毋宁用"东亚的"一词也许更为确切。可是，在一定的文化的、历史的关系上，未必能够局限于东亚的范围之内，而且今天与欧美的西方文化相对比，代表东方文化的正是东亚文化。因此，大西克礼为了方便而使用了"东方的"概念。[1] 总之，他所谓"东方的"，指的是作为东方文化之代表的东亚文化，实际上主要是指中国、日本所代表的东方文化。

大西克礼在展开其有关"东方的艺术精神"的全面研究之前，在该书前面安排了一个"序论"——《艺术精神与神话意识》。众所周知，德国现代哲学家尼

---

[1] 参见大西克礼：《东方的艺术精神》，日本东京：弘文堂，1988年，第4页。

第二章 大西克礼：回归东方

采在《悲剧的诞生》这部名著中，由对希腊神话的分析，引申出希腊艺术精神的二元性即日神精神与酒神精神二者并立的著名学说。①大西克礼肯定尼采有关一定民族的艺术精神与该民族的神话意识具有深层的渊源关系的学说，不过，在他看来，尼采《悲剧的诞生》是从希腊人悲观主义的人生观的根源来思考希腊神话的产生，讨论它与希腊艺术精神之间的联系的。但是，就东方的日本神话这一特定场域而言，对于考察和阐明日本民族的艺术精神具有更为重大的意义的，并不是这种人生观和生活感情，而是主要体现在使这种人生观和生活感情得以形成的根本的条件即"精神"与"自然"之间的关联方式上。②

大西克礼认为，在神话意识中，就"精神"与"自然"的关系而言，可以发现两种初始意识：第一种是人的精神与外界的自然两极对立的意识，第二种是人的精神与外界的自然两者相互交融的意识。从第一种意识出发，精神对于自然的态度便主要呈现为"静

---

① 参见尼采：《悲剧的诞生》，周国平译，北京：生活·读书·新知三联书店，1986年。
② 参见大西克礼：《东方的艺术精神》，日本东京：弘文堂，1988年，第19页。

观的"态度。神话的拟人化的动机,主要兴趣在于人的精神如何去理解或观照与自己对立的自然世界。希腊的神话便是这种神话意识的典型。从第二种意识出发,神话的拟人化的动机方向主要体现在,无论是主体方面还是客体方面,都普遍或共同地流贯着使"精神"与"自然"融合统一的某种力,比如说"生命"之类,人类只是漠然地予以感应而已。日本古代的神话便是这种神话意识的最好的实例。①

大西克礼认为,这种神话意识的差异与一定民族的文化取向和民族精神的根本结构的差异密切相关。就第一种精神与自然两极对立的神话意识而言,它体现在文化活动中,便必然产生这样的文化形态,即人的精神对于自然常常具有一种优越意识,为了使人的生活向上发展,往往试图去支配自然、制服自然、驱使自然、利用自然。它在文化上片面地发展了知性文化,以希腊文化为源头的西方文化就是这样的文化。就第二种精神与自然相互交融的神话意识而言,它体现在文化活动中,便必然产生这样的文化形态,即属于"精神"方面的各种

---

① 参见大西克礼:《东方的艺术精神》,日本东京:弘文堂,1988年,第20—21页。

第二章 大西克礼：回归东方

因素对于"自然"方面的各种因素主要是采取一种顺应的、调和的或妥协的态度。它表现在文化上，主要不是体现为知性的发达，而是与人的肉体的生活直接相关的本能的、感情的方面成为中心。由于这方面的洗练陶冶，使人的感性的精神文化获得发展。它反映在人们的世界观上，便体现为"万物有灵论"之类的原始的自然观长期持续的现象。大西克礼把"这种特殊的文化精神的根源的倾向"称为"自然主义"（自然本位主义）。[1]与之相对立的西方的文化精神的倾向，大西克礼称为"人类中心主义"（人类本位主义）。

大西克礼认为，东西方神话意识的差异及其所导致的文化精神的差异，对于探讨东西方的艺术精神的基本倾向和结构构成具有重要启示意义，从根源上规定着东西方艺术精神发展的基调。

在"序论"从总体上讨论了艺术精神与神话意识的深层关系、概括出东方艺术精神不同于西欧艺术精神的文化精神基调的前提下，大西克礼把《东方的艺术精神》这部系统厚重的著作分为三篇，从三个方面

---

[1] 参见大西克礼：《东方的艺术精神》，日本东京：弘文堂，1988年，第26页。

来分析解释东方的艺术精神的主要倾向和基本特点：第一篇是"东方的艺术精神与美的文化的展开"；第二篇是"东方的艺术精神与美的意识的结构"；第三篇是"东方的艺术精神与浪漫主义"。其中，第一篇"东方的艺术精神与美的文化的展开"是全书讨论"东方的艺术精神"的理论前提和重点所在。因此，我们准备着重概括分析大西克礼有关东方艺术精神与美的文化的展开的系统的论述。

第五节　东方艺术精神与美的文化的展开

在东方美的文化的展开的宏阔背景下探讨东方艺术精神的特性与构成，是大西克礼东方艺术精神研究的最主要的，同时也是最有启发意义的内容。

大西克礼认为，所谓文化活动，只能是从"自然"的地基上按照人的"理想"创造人的生活的过程。这时，指导、制约着文化的观念即文化精神，如上一节讨论艺术精神与神化意识的关系时所指出的，大而别之有下述两种方向：一种方向是主要使"生活"从"自然"中分离开来的精神取向；另一种方向是主要是

第二章 大西克礼：回归东方

使"生活"与"自然"相互交融的精神取向，在这种独特的方向上，开掘"人生"，深化它的意义，或使之纯化。总之，文化的"理念"或精神，大体上可以区别为克服"自然"的方向与适应"自然"的方向两种情况。由这两种文化精神的基调引导出来的文化发展方式之间，可以发现明显的本质上的差异。就这两种文化发展方式的形式上的特征来说，前者的文化本质主要是分化的，就其整体来说，明显呈现出直线地向上发展的倾向；后者的特色则在于它的本质是综合的，就其整体来说，是螺旋式地运动，走向深化、精炼。[1]

为了从艺术与其文化语境的关系的角度，即究竟是什么因素规定着艺术的价值与发展方向的角度，来比较分析东西方艺术文化发展方式的区别，大西克礼引入了"他律性"、"自律性"和"泛律性"这样一组概念，分别对西欧的艺术文化的发展道路与东方艺术文化的发展道路进行了概括与比较。

在这里，所谓他律性和自律性，作为现代美学、艺术理论中的常用术语，其内涵并不难理解。自律性是指

---

[1] 参见大西克礼：《东方的艺术精神》，日本东京：弘文堂，1988年，第28—30页。

艺术发展的动力就在艺术本身的内部，艺术的价值由艺术本身所决定，艺术以自身为目的，而无须到艺术之外去寻找艺术的动力、价值或目的。与之相反，他律性是指在艺术之外的其他文化领域如宗教、道德、认知等领域寻找艺术的动力，以及规定艺术价值的原理或艺术为之服务的目的。简单地说，自律性也就是自我规定自我，他律性则是他者规定自我。

那么，所谓"泛律性"概念是怎样产生的？其含义如何？大西克礼用了一定的篇幅做了细致的介绍，指出这个词语源自德国哲学家约拿斯·柯恩。柯恩在1914年的《现代文化的意义》一书中，对这一概念的内容做了解释。[1]

按柯恩的说法，我们一般可以想象：在文化的初始阶段，生活的尚未分化的整体性统一地呈现出来。在那里，法律、习惯、道德等都尚未各自独立，未分

---

[1] 约拿斯·柯恩（Jonas Cohn，1868—1947），德国哲学家、美学家，从西南德意志学派的立场论述美学、认识论、教育学和文化论。1914年出版的《现代文化的意义》一书是其主要代表作之一，特别是其中提出的"泛律性"（Pantonomie）概念在美学上具有重要价值，在国际上产生较大反响，特别是在日本美学界产生巨大反响。大西克礼、竹内敏雄、山本正男、木村重信等日本重要美学家都曾把"泛律性"作为各自美学、艺术理论中的一个重要概念来使用。

别成为生活必须遵循的唯一规范。同样，以原始生活的整体本身为表现对象并被赋予统一的形态的文学（诗）、历史、演说等是合而为一的，演剧、祭典、舞蹈也是一个统一体，工业和造型美术也没有界限。就是说，这种原始的生活统一性，假使在完整的形式上来想象，其中只有共同的生活的表达，而分离的、独立的艺术之类的现象是完全不存在的。柯恩所说的"泛律性"，就是指原始文化形态中艺术受生活的整体性所支配的规律性现象。柯恩还认为，随着时代的发展，生活以及对于它的文化的表达的统一性必然面临着危机。这种危机，更是随着人们的知性的批判能力的提高、面对某种目的时最优手段的选择、生活领域的分离的发展等逐渐增大。于是，艺术从它的形成之地，乃至修饰之物中发生分离，产生出最初的职业的倾向，后来则出现本质分化的倾向。在艺术家工作室和流派中，开始形成独自的传统，并且在这种传统中与技术的手段和以往的习惯相结合，艺术生成本身的固有的规律性逐渐被意识到。可是，这种对于艺术本身的固有规律的探索必然经常受到干扰。知性对于艺术仍然在强调自己的权威，提出艺术为何而存在的问题，让艺术从属于功利的，或从属于道德的、劝诫的目的，以至于根据是否实现了那些目的来判定艺术的价值。在这样的阶段，艺术所遵从的评价方式，只能来自它自身以外的领域。艺术不再像原始的阶段那样由生活的整体性所制约，而是由某种特定的、与艺术无关的其他的命令制约着。总而言之，"从生活整体对于艺术以及其他各种生活领域的支配这种'泛律性'中，一种'他律性'即功利、宗教、民俗、道德、知识对于艺术的他律的支配已经确立"。艺术的评价意识由这一阶段进一步发展，出现了"自律性"的觉醒。可是，近代欧洲文化中的这种思想发展到极点，最终致使艺术与生活相乖离，或与生活基本的需要相矛盾，产生了弊端。现在以至将来的问题在于这一点：艺术再次在某种意义上，复归于统一的整体的生活之中，并且在保持艺术的自律性、独立性的同时将其扬弃，达到所谓"自觉的泛律性"。①

---

① 参见大西克礼：《东方的艺术精神》，日本东京：弘文堂，1988年，第30—32页。应该指出的是，柯恩在1914年《现代文化的意义》中提出的有关"泛律性"的学说，它对西方艺术文化的发展由泛律性到他律性、再到自律性的概括，以及现代或将来艺术将再次在某种意义上复归于统一的整体的生活之中，并且在保持它的自律性、独立性的同时将其扬弃，达到所谓"自觉的泛律性"的预言，是西方现代美学中一种具有重要学术价值的理论。

第二章　大西克礼：回归东方

大西克礼赞成柯恩的上述有关泛律性的理论及其对西欧艺术文化发展过程的描述，认为西欧艺术精神在美的文化的展开上，不论是从事实的观点还是从价值的观点来看，大体上遵循着这样一种直线向上的发展方式，经历了三个阶段：（1）泛律性阶段；（2）他律性阶段；（3）自律性阶段。但是，这样的描述对于东方的艺术精神的演化是否合适呢？如上所述，东方的艺术文化的根本的发展方式是遵循"自然"本位或强调"自然"的原则，它在民族的、社会的生活之中，作为具体的美的文化而展开，其发展过程有何特点？与西方有何不同？对此，大西克礼展开了自己的分析。

首先，大西克礼指出了东方艺术精神在美的文化的展开上所呈现出来的第一大特点，即"'泛律性'结构的持续"。他指出，东方的文化发展过程中，"自然""生活""理念"（文化）各种因素的相互关系及其发展，至少在其根本的方式上，不如说是相互保持着微妙的功能的关联，综合地、螺旋式地、向心地运动，实现作为整体的价值的发展，这是其一大特色。因而，很自然地，这种文化在美的乃至艺术的文化的形态上比较多地呈现出这样的倾向，即某种意义上的原始的综合性也就是所谓的"泛律性"的结构得以持续下来。①

其次,与东方艺术精神的"泛律性结构的持续"这一特点相表里,大西克礼指出了东方艺术精神在美的文化的展开上呈现出来的第二个特点,即"根源的本质性的深化"。他指出,在上述这种综合性、泛律性的持续的倾向中,由于自然-生活-理念的关系依靠精神的动力而螺旋式地、向心地运动,在其持续性的表面乃至停滞性的深层,这种艺术精神中的最根源性的东西、最本质性的东西,常常被深化、醇化、内在化。②大西克礼认为,这第二个特点即"根源的本质性的深化""与'泛律性'即艺术文化的本源的综合性的持续倾向相表里",二者具有极密切的关联。"如果前者即'泛律性'的持续与西欧艺术文化的发展上显著的分化的、特殊化的倾向相对立的话,那么,后者即这里作为第二种倾向来讨论的根源的本质性的深化则意味着,西欧艺术现象一般均与其文化的发展一

---

① 参见大西克礼:《东方的艺术精神》,日本东京:弘文堂,1988年,第32—33页。

② 参见大西克礼:《东方的艺术精神》,日本东京:弘文堂,1988年,第33页。

第二章 大西克礼：回归东方

起，主要在感觉的及知性的发达方面显示其显著的特长，东方艺术恰好与之形成对比，东方的艺术文化不如说以在其内在的情意方面的特殊的发达的形式，与之相对立。"① 这一特点主要是要说明东方艺术对于艺术的意味、内涵、内容、诗心、画意、内在的精神更加看重，而对于艺术的形式的、技术的、传达的、语言符号的因素，则往往放在次要的位置。这一点与西方艺术重形式、技法、传达媒介、艺术的体裁等倾向形成鲜明的对比。对此，大西克礼以"'诗'与'艺术'"和"感觉性与观念性"的对比的研究，来彰显东西方艺术精神的区别。②

再次，大西克礼探讨了东方艺术精神在美的文化发展上的第三个特点，即"消极的自律性的强调"。他指出，由于存在着上述两种倾向，在东方艺术精神的发展中，像西欧艺术文化发展过程中明显地表现出来的、在"泛律性"之后理应出现的"他律性"与"自

---

① 参见大西克礼：《东方的艺术精神》，日本东京：弘文堂，1988年，第82页。
② 大西克礼以整整一章的篇幅（第一篇第二章）深入地讨论了东方艺术精神的"根源的本质性的深化"的特点。该章共有两节：第一节 "诗"与"艺术"；第二节 感觉性与观念性。

081

律性"的对立关系,至少不会自觉地、有意识地表现出来。但是,正是由于这一原因,在这一场合,往往会唤起另一种倾向,即艺术的意识或艺术的活动排除由那种"泛律性"所结合起来的其他各种异质的精神要素,从而对所谓构成艺术的内容的各种文化价值要素(例如学问、宗教、道德等)敬而远之,予以放逐,或者艺术活动自身在某种意义上试图从现实生活中游离出来,从而呈现出某种"朝着消极的自律性发展的倾向"。大西克礼认为,我们应该承认,这也是其中所包含的一种主要的特性乃至倾向。[1]

第四,大西克礼指出了东方艺术精神的另一个特点,即"艺术与生活的深层融合"。他指出,东方的这种艺术文化,由于上述"消极的自律性的强调"的关系,在"泛律性"持续的同时,常常含有对于艺术的自律性的一种直接的反动。作为整体内向地发展的结果就是,东方艺术文化在表面上呈现为从现实的"人生"的游离,似乎无法蕴含更高的精神的文化的价值。

---

[1] 参见大西克礼:《东方的艺术精神》,日本东京:弘文堂,1988年,第33—34页。对于东方艺术精神的"消极的自律性的强调"这一特点,大西克礼在第一篇第三章中做了集中的探讨。

第二章　大西克礼：回归东方

其实，在东方艺术文化的另一面，却有这样的可能：使艺术与"人生"的深层的融合关系得以发展，并且使以此为基础的艺术的生活本身朝着特殊意义上的更高的文化的或精神的意义扩展。总之，伴随着这种美的文化所特有的"泛律性"持续的倾向与对它的反向作用二者之间的相互的强化过程，并且在开拓内向性价值发展道路的过程中，艺术与"人生"的独特的深层的融合关系产生了，因而从艺术的"价值"的观点来看，相对于西欧的美的文化而言，东方艺术文化也构成了别一种景观。大西克礼认为，东方艺术的这一特点，在东方艺术的一般的价值判断问题上，值得特别留意。[1]

以上从四个方面对于东方艺术精神在美的文化发展上呈现出的特色的概括，正是大西克礼在《东方的艺术精神》第一篇全部四章所讨论的内容。对于这四大特点，即"泛律性"结构的持续、根源的本质性的深化、消极的自律性的强调、艺术与生活的深层的融

---

[1] 参见大西克礼：《东方的艺术精神》，日本东京：弘文堂，1988年，第34页。对于东方艺术精神的"艺术与生活的深层融合"这一特点，大西克礼在第一篇第四章做了专门的探讨。

合，这里打算对于第一大特点再用一点篇幅作具体的分析。因为这部分的内容在全书中最为重要，同时也是大西克礼讨论其他问题的前提和理论基础。

对于东方艺术精神中的"'泛律性'结构的持续"倾向，大西克礼将其具体地区分为"外部的综合性"与"内部的综合性"两个方面进行探讨。

> 根据我们的想法，在此场合下的"泛律性"即本源性的综合性的意义，无疑首先包含着两层关系。一是外部的综合关系，一句话，即艺术一般与生活一般的综合——在内容上，在文化一般的构成方面，艺术以外的其他各领域或要素与艺术的现象之间的原始的、未分化的统一关系。二是它的内部的综合关系，它意味着作为整体的艺术的生活或艺术的现象在其自身内部的构成上所包含的各种形式或后来应该分化、发展的各种艺术形式相互之间尚未分化的乃至统合的关系。①

---

① 参见大西克礼：《东方的艺术精神》，日本东京：弘文堂，1988年，第36页。着重点均为引者所加，以下不再标注。

第二章　大西克礼：回归东方

对此，大西克礼做了这样的说明：上面所说的未分化或统一的情形，在实际上，几乎从一开始，就仅仅是在相对的、比较的意义上才可以理解。因为人类的生活从整体上讲，甚至在其最原始的阶段，便已包括非常异质的要素；就连在被称为艺术的现象的范围内，从一开始就含有根本不同的结构性质（譬如所谓空间艺术与时间艺术的区别）。不仅如此，以特殊的技能素质以及训练为必要条件的艺术的活动，实际上从很早便伴随着分化的、专门化的倾向。但是，尽管如此，一般而言，原始阶段的艺术文化，在比较的意义上显示出上述两种关系上的综合的、统一的性质，这是世界上每个民族几乎都可以看到的普遍性现象，并且在今天原始艺术的研究中也已得到充分的证明。大西克礼在这里是要针对东方特别是日本民族的艺术文化的各种现象，将这两种意义上的艺术文化的本源的综合性持续倾向进行更加具体的考察。

先看所谓"外部的综合性"。大西克礼认为，东方艺术文化所具有的这种外部的综合性，具体地体现在以下几个方面。

第一，东西方不论哪种文化在其原始的阶段，均

085

未出现"艺术"这种特殊领域的分化独立,"艺术"或相当于此的概念,从语源学的意义看,实际上包含着今天我们用这些词语所表达的意义以外的相当广泛的各种内容。大西克礼考察了西文中的"Kunst"(德语)及"Art"(英语、法语)的语源学意义的演变,指出它们最初均含有学问或技能、技艺等含义;希腊语"Techne"原来也是指各种工作的技能。到了18世纪以来,西欧出现了"美的艺术"的概念,"艺术"一词才有了专门指称文化的一个特殊领域的意义。但在东方或日本,像后来西欧的"Kunst"及"Art"那种在总括美的艺术的意义上被分化、特殊化的概念一直没有形成,而只有所谓"艺能"或"能艺"之类的含糊的概念,它们包含着狭义的"美的艺术",但更是作为总括其他许多种类的技能(如武术、游艺等)的概念而被运用。中、日古籍中均使用过"艺术"概念,中国古籍《列子》中有"术艺"一词,日本古籍中有"艺能""术道"等概念,它们都是广泛地包括各种技能的词语,但却一直没有形成现代意义上的"艺术"概念。这正是东方艺术的"'泛律性'结构的持续"特点的体现。

第二,东方艺术文化的"泛律性"倾向,还表现

第二章 大西克礼：回归东方

在其造型艺术的工艺性特别浓厚这一点上。大西克礼指出，在日本不曾出现过西方那样的美术与工艺的明确分化，这正是其艺术文化独有的综合性的一种体现。其实，这一点对于中国美术也是适用的。大西克礼分别以雕刻和绘画为例，用详尽的艺术史的材料，说明西欧雕刻、绘画是沿着一条泛律性、他律性和自律性的轨道发展的，而古代中国及日本的雕刻与绘画则始终保持着显著的工艺性特点，使艺术性与工艺性、装饰性统一在一起，保持着泛律性的品性，既无明显的他律性的现象，也没有明显的自律性的品格。

第三，与东方艺术文化的泛律性的结构的持续性相关联，还应该考虑到它总是显著强调"传统"与"范型"之类的意识这一倾向。一般而言，本源性的"泛律性"的艺术生产形式，总是以集团的、共同的东西为原则，因此，必然会从中引导出尊重和强调"传统"与"范型"的倾向。

第四，东方艺术文化的"泛律性"持续的倾向进而还表现在文学特别是诗歌方面的一种非专业的兴趣爱好主义格外发达这一点上。这种现象不只表现在诗歌的范围内，在绘画等艺术领域均有所体现。

再说所谓"内部的综合性"。

所谓泛律性的持续，在东方艺术文化中，还表现为"内部的综合性"的倾向。这里所说的"内部的综合性"倾向，是指随着文化的发展当然会分化或者说应该分化的艺术内部各种形式之间，基于其本源的关联性，某种程度上的综合性被保持或者被强调的倾向。一般而言，这样的现象，在原始的阶段，是不论东方还是西方，每个民族都能看到的共通的现象。就是说，在原始的阶段，各种时间的艺术相互之间，或者各种空间的艺术相互之间，总是具有密切的结合关系。在当时的历史条件下，这些艺术形式很少以各自独立分化的形式表现出来。不过，就西欧的情况来说，在古代文化发展过程中，艺术文化已经在某种程度上出现了内部的分化。到了近代，在艺术文化的内部关系即各种艺术门类的相互关系上，其艺术的发达与进步必然地伴随着各种艺术形式的分化、独立化的倾向。

与西方艺术文化在内部关系上明显的分化、各自走向独立的倾向不同，在东方，如日本艺术文化的内部关系即各种艺术形式的相互关系上，主导的倾向还是偏重于相互结合、相互渗透，更多地体现为综合性

第二章 大西克礼：回归东方

而不是各自的分化、独立。如中国艺术中强调诗中有画、画中有诗、诗画相通、书画同源、书画一体，以及中国画中融合了诗、书、画、印各种艺术元素等等，都是此种"内部的综合性"的突出体现。而东方艺术中这种诸门类艺术相通相融、相互结合的普遍现象，是西方艺术文化所根本无法比拟的。①

应该说，大西克礼对于东方艺术精神在美的文化发展上呈现出的特色的概括，即"泛律性"结构的持续、根源的本质性的深化、消极的自律性的强调、艺术与生活的深层的融合这四大特点，以及东方艺术所体现的"外部的综合性"与"内部的综合性"的特点，对于中国、日本这些东亚国家的传统艺术的基本精神、文化关系及艺术内部关系的总结概括，是相当深刻的，也基本符合东亚艺术发展历史的实际，是一种关于东方传统艺术精神的有价值的系统的理论研究成果，值得我们今天研究中国乃至整个东方传统艺术精神以及进行东西方传统艺术精神比较研究时予以重视和认真参考。

不过，我们也必须指出，大西克礼上述有关东方艺

---

① 参见大西克礼：《东方的艺术精神》，日本东京：弘文堂，1988年，第36—81页。

术精神的一系列重要特征的概括，至少对于中国传统艺术的整体情况而言，是并不全面的。中国漫长的原始艺术，其艺术精神应如何概括我们姑且不论，至少从新石器时代进入文明社会以来，已有四五千年的悠久历史。在这数千年文明史的进程中，中国艺术经历了许多不同的历史阶段，形成了极其丰富的艺术形态和艺术类别，其艺术精神的呈现也多姿多彩、丰富多样，并不是用某种统一的理论模式所能完全概括的。就大西克礼从德国现代学者柯恩那里接受而来的他律、自律、泛律几种艺术精神形态而言，中国古代艺术固然相当程度上体现为他所指出的"'泛律性'结构的持续"的特点，但是，我们也不能不看到，在中国古代艺术中，也不难找到典型的"他律"的艺术形态与"自律"的艺术形态。中国古代艺术中，一方面，长期存在着一种言志、载道，甚至服务于礼治、教化等功利目的的艺术形态，这便是典型的"他律"的艺术；另一方面，中国艺术在魏晋时期，也出现了如鲁迅所说的"文学的自觉时代，或如近代所说是为艺术而艺术的一派"[①]。后一种"自觉"的艺

[①] 鲁迅：《魏晋风度及文章与药及酒之关系》，《而已集》，北京：人民文学出版社，1980年，第100页。

术，像中国古代的山水诗、古琴曲、山水画、花鸟画等等作为纯粹的艺术形态，达到了极高的艺术成就，可以说是典型的"自律"的艺术形态。这两种艺术形态，它们所体现的艺术精神，显然不能用"'泛律性'结构的持续"这种单一的理论模式来界定和阐释。总之，大西克礼对于东方艺术精神的探索具有重要的参考价值，但却只能解释它的一部分现象，不能解释它的全部。如何更准确深刻、更全面系统地把握中国乃至东方的艺术精神，仍需今后学界的继续努力。

第六节 美学上的"文化的国家主义"

在研究大西克礼的美学时，还有一点必须引起我们的注意，这就是他从事美学活动最主要的时期所处的特殊的社会历史环境。我们这里所说的他从事美学活动的最主要时期指的就是他的美学研究的第二个时期，即1937—1948年。这一时期大西克礼所置身其中的特殊的社会历史环境，就是日本对外侵略扩张日益升级、所谓日本"民族精神"日益非理性地膨胀最终导致日本战败的时期。1937年"七七"卢沟桥事变，日本全面入侵中国；1941年12月，日本发动太平洋战争，对英美宣战；1945年8月15日，日本宣布无条件投降，日本发动的对外侵略扩张的法西斯战争以彻底失败而告终。正是在这个时期，大西克礼的美学研究从1937年开始，告别了他早期以西方现代美学研究为主要内容的"面向西方"的学术阶段，进入了"回归传统、回归日本"的阶段。从1937年到1943年，他接连出版了三部直接以日本传统的美学理论为对象的研究著作，即《幽玄与哀》（1939）、《风雅论——"寂"的研究》（1940）和《万叶集的自然感情》（1943）。因此，"面向日本"成为该时期大西克礼美学研究的突出特色，并与他的"面向西方"的第一个时期和"构筑体系"的第三个时期均形成鲜明的对照。①

大西克礼美学研究中的这一"面向日本"的时期，

---

① 这里关于大西克礼在他的美学研究的第二个时期以"回归传统、回归日本"为特色以及该时期他的美学所体现的"文化的国家主义"倾向的讨论，参见小田部胤久：《大西克礼与"文化的国家主义"——东西方比较研究的陷阱》，日本美学会编：《美学、艺术学的今日的课题》，日本美学会，1999年。与本书有所不同的是，小田部把这一时期一直延伸至1959年大西克礼去世为止，并将这一时期概括为大西美学研究的"体系期"。笔者则把这一时期划到1949年大西克礼退休之前为止，并把这一时期直接概括为"回归传统、回归日本"或"面向日本"（均为小田部的用语）的时期，而将第三个时期看作他的美学研究的"构筑体系"的时期。

第二章　大西克礼：回归东方

恰好与日本现代史上那段疯狂的自我膨胀、对外扩张时期相重合，难道只是一种巧合吗？这当然不是简单的巧合，而是受到了当时日本的民粹主义思想愈益高涨的影响。当时，在日本知识界，最赤裸裸地宣扬日本民族优越的国粹主义，公开为日本的侵华战争、对外扩张及太平洋战争张目的，无过于起劲鼓吹"世界史哲学"的京都学派第二代哲学家中的"右派"。他们阐发日本侵华战争的所谓"世界史的意义"，把日本发动的"大东亚战争"、太平洋战争看作是世界史由西方统治的时代转换到由日本统治的时代的"转折点"，宣扬日本民族是有权统治世界的优等民族，卖力地为激发、振奋当时日本的"民族精神"打气助威。由《中央公论》杂志组织、京都学派的"右派"哲学家高坂正显、高山岩男、西谷启治和历史学家铃木成高四人参加的三次臭名昭著的座谈会即"世界史的立场与日本"座谈会、"东亚共荣圈的伦理性与历史性"座谈会和"总力战的哲学"座谈会[1]，集中地反映了他们的这

---

[1] 这三次座谈会的纪要最初分别发表于《中央公论》杂志 1942 年 1 月号、4 月号及 1943 年 1 月号，后来合编为《世界史的立场与日本》一书，由日本东京的中央公论社于 1943 年 3 月出版。

种"世界史哲学"的理论。

应该说,大西克礼对于日本的美的范畴、日本的自然感情、日本的美的意识的研究,与上述那种极端的民粹主义思潮还是有所区别的。大西克礼甚至在他的研究日本传统的美的范畴的《风雅论——"寂"的研究》中还说过这样的话:"对于美学来说,所谓'日本的'特色本身完全不成为问题。这是因为所谓'日本的'也好,'西方的'也好,都不过是各自的历史的问题。所谓'日本美学'之类的说法,作为方便的假设的词语姑且不论,它在理论上应该说没有什么意义。"[①]细观大西克礼的这几部研究日本传统美学理论的著作,应该说,它们基本上采取了一种比较纯粹的学问的态度,与当时那种甚嚣尘上的极端民族主义的意识形态保持着一定的距离。但是,大西克礼在当时那种特殊的历史语境中,把自己的研究对象完全转向日本传统的美学理论这样一个在当时既比较"热门"又相对比较"安全"的研究领域,在对日本传统美的概念、美的意识、自然感情等的欣赏、赞叹以及有时不免有所

---

① 大西克礼:《风雅论——"寂"的研究》,日本东京:岩波书店,1940年版,第8—9页。

第二章　大西克礼：回归东方

拔高的价值评价和意义阐释中，表达着存在于其潜意识中的作为日本人的优越与自豪感，这在客观上不可避免地包含着民粹主义的思想因素，无可逃避地与当时的非理性的民族主义构成一种不自觉的"共谋"关系，从而在客观上成为当时的"文化的国家主义"思想潮流中的一个环节。[1]

假如离开大西克礼进行日本传统美学理论研究时所置身其中的特殊的历史环境，只要他的研究遵循着客观理性的准则而不是人为地拔高和夸大其研究对象的价值，那么，这样的研究是无可厚非的。每个人都有对自身民族传统文化、传统艺术、传统美学理论进行阐释研究的权利。然而，研究和评价任何一种理论，都必须放在特定的历史环境、时空背景之中，不能脱离其特殊的历史语境，这是历史主义的基本要求。从这一历史主义的原则来看，大西克礼在其第二个时期有关日本传统美学理论的研究中必然地存在着"文化

---

[1] 参见小田部胤久：《大西克礼与"文化的国家主义"——东西方比较研究的陷阱》，日本美学会编：《美学、艺术学的今日的课题》，日本美学会，1999年，第99页。这里的"国家主义"，日语原文为"ナショナリズム"，是英语"nationalism"一词的音译。该词也可译为"民族主义""民粹主义"。"文化的国家主义"则是指这种"国家主义""民族主义""民粹主义"在文化上、意识形态上的体现。

的国家主义"的思想元素，或者说在客观上起到了某种"文化的国家主义"的思想作用，这是不能否定的客观事实。日本今天的美学研究者如小田部胤久在探讨大西克礼这样的日本现代美学中的重量级人物时，能够做到不为狭隘的"民族意识"所局限，不为尊者"讳"，坦率地指出大西克礼美学中存在的"文化的国家主义"因素，是这些学者的学术良知的体现，值得我们尊重。

当然，指出大西克礼美学中客观上存在着"文化的国家主义"的因素，并不是要否定他的美学研究（包括对日本传统美学理论的研究）的学术价值，只是强调在肯定其应有的学术价值时，不要忘记历史主义的基本要求，不要让学术研究理应具备的反省与批判的意识缺席。

第三章　植田寿藏：东西方的对话

第一节　日本京都学派美学的代表人物

与大西克礼大约同时的植田寿藏（Ueda Juzo，1886—1973），是日本大正及昭和前期美学上的又一位重要代表人物。他一生著述颇丰，从1924年出版的《艺术哲学》到1972年出版的《绘画上的南欧与北欧》，共有二十余种，主要集中于美学（艺术哲学）和美术史两大领域。就其美学上的价值而言，比较重要的有《艺术哲学》（1924）、《艺术史的课题》（1935）、《视觉构造》（1941）、《日本的美的精神》（1944）、《美之极致》（1947）、《美的批判》（1948）、《艺术的逻辑》（1955）、《绘画的逻辑》（1967）、《日本的美的逻辑》（1970）等。

　　植田寿藏的美学（准确地说是"艺术哲学"）是一种以"表象性"为思索的核心的美学体系，也是一种颇能体现现代日本哲学思维特性的美学、艺术哲学的建构。1998年，日本世界思想社出版了一本主要研究昭和前期日本哲学的著作《为了学习日本哲学的人》。该书共选取了在日本昭和前半期最有代表性、最能体现日本现代哲学独创性的8位哲学家进行研究，其中，在美学、艺术哲学方面唯一被选中的人，就是植田寿藏。[①] 这也从一个方面说明了植田美学在日本昭和前期美学研究中，甚至在昭和前期日本整个哲学的建构中

[①] 参见常俊宗三郎编：《为了学习日本哲学的人》，日本京都：世界思想社，1998年。常俊宗三郎为该书所写的"序"，标题为《昭和前半期的我国（指日本——引者）的哲学》，表明该书的研究对象是昭和前期的日本的哲学。该书所讨论的八位哲学家，包括西田几多郎（绝对无及其体系）、田边元（种的逻辑）、和辻哲郎（作为关系的人的存在）、九鬼周造（邂逅的逻辑）、三木清（构想力的逻辑）、植田寿藏（视觉的逻辑）、西谷启治（根源的主体性的哲学）、波多野精一（时间与永恒）。在这八位哲学家中，虽然像西田几多郎、三木清等哲学家也曾探讨过艺术哲学或尝试过文艺批评并取得引人注目的成绩，但专门的美学家却只有植田寿藏一人。其中，《视觉的逻辑——植田寿藏》一章的作者为岩城见一。岩城见一曾任日本美学会会长、日本京都国立近代美术馆馆长，京都大学名誉教授。他一向十分重视植田寿藏美学的价值及其在今天的启示意义，著有多篇专论，论述植田美学的要义及意义。本章的某些观点参考、借鉴了岩城见一的有关研究成果，谨在此说明并志谢意。

第三章　植田寿藏：东西方的对话

的地位与成就。

植田寿藏的美学研究，大体上可以分为三个时期。第一个时期，从大正五年（1916）《哲学研究》杂志创办时期积极参与刊物的编辑并开始倾心于西田几多郎的哲学思想体系至大正十三年（1924）出版《艺术哲学》、大正十四年（1925）出版《近代绘画史论》为止，是植田美学的早期或探索期。第二个时期从昭和二年（1927）留学回国转任九州帝国大学美学美术史学教授、京都大学文学部讲师至昭和二十一年（1946）从京都大学美学美术史主任教授任上退休，是植田美学研究的中期或思想的成熟期。他的几部重要的美学代表作，如《艺术史的课题》（1935）、《视觉构造》（1941）、《日本的美的精神》（1944），以及他为《岩波哲学讲座》（上、下，1932）所撰写的《美学》等，都出自这一时期。第三个时期是从1946年退休至1973年去世，植田寿藏专心从事美学美术史的研究与著述，出版著作共15种，是他进行美学研究的后期，也是他的美学思想继续深化发展的时期。这也是他的一个高产时期。这一时期的15种著作，其中《美之极致》（1947）、《美的批判》（1948）、《艺术的逻辑》

（1955）、《绘画的逻辑》（1967）、《日本的美的逻辑》（1970）等5种是美学、艺术哲学的探讨，其余10种都是研究东西方美术史、绘画史的著作，如《佛教美术》（1947）、《米莱》（1949）、《塞尚以后》（1949）、《近代绘画的方向》（1951）、《西方美术史》（1953）、《杰作与凡作的逻辑》（1954）、《绘画上的南欧与北欧》（1972）等。尽管他在第三个时期即退休之后出版的著作数量比前两个时期的加起来还要多[①]，但由于他的基本思想成熟并定型于第二个时期，发生影响也主要在第二个时期，因此，我们认同于日本学界的一般看法，主要把他作为日本昭和前期美学领域的一位重要代表人物来研究。

第二节　关于"艺术的理念"

植田寿藏的美学研究，从1924年出版《艺术哲学》到1973年去世为止，前后长达半个世纪。如上所说，这五十年间，他的美学研究经历了三个发展阶段，

[①] 植田寿藏生前出版的著作共有22种，其中，前两个时期计有7种，而第三个时期则有15种。

第三章　植田寿藏：东西方的对话

其思想也经历了从初步形成到成熟和进一步深化、展开的演化过程。就是说，与任何思想家的思想发展过程一样，他的美学思想同样处于一个不断发展、变化的过程之中。但是，在植田寿藏的美学中，却自始至终贯穿着一种不变的、核心的思想，这种思想在五十年间得到了反复的论证、不断的深化与展开。这一思想核心，就是他关于艺术的理念或称之为"表象性"的思想，亦即他的关于美与艺术的"逻辑"的基本思想。而这一思想，植田寿藏是在他的《艺术哲学》这部美学处女作中首次加以系统论述的。可以说，《艺术哲学》是他的美学、艺术哲学思想的发源地，也是理解其美学思想的一把钥匙。因此，我们首先分析一下《艺术哲学》关于"艺术的理念"的论述。

"艺术的理念"是《艺术哲学》一书的中心概念。全书就是围绕有关"艺术的理念"而展开的。也可以说，作者的《艺术哲学》就是系统地讨论他所谓"艺术的理念"的著作。

植田寿藏对"艺术的理念"的探讨，首先是从对"视觉的理念""听觉的理念"的界定与分析开始的。特别是对"视觉的理念"（后又称为"视觉性"或"视觉的表象性"),他用了更充分的篇幅作了细致的探讨。

那么,什么是视觉的理念?说到底,就是使人的视觉作用、视觉活动得以成立的根本的原理。这种视觉的理念,是先验的、根源性的。植田寿藏说:

是我们看自然。但是,我们不能用脚看物体。要听声音,必须依靠耳朵。这说的是什么意思呢?反过来说,只要我们睁开眼睛、睁开健康的眼睛,即使下决心什么都不看,在其眼前,也不可能看不见某物的色彩与形状。……作为个人的我们的所谓自由意志,并不能左右以眼睛起作用的视觉作用。对此所能做的事情,唯有遵从它的本质而已。我们的自由并非说是无限的放肆。只存在适应目的、自由地选择各种感官这样的自由。是自己能够进一步遵从先验的两眼的作用的自由。并非由于我们要看就可以看,而是由于视觉的理念在起作用我们才要看。[1]

---

[1] 植田寿藏:《艺术哲学》,日本东京:改造社,1924年,第16—17页。

第三章 植田寿藏：东西方的对话

植田寿藏反复地申明："必须遵从视觉的作用"，"必须预想视觉的理念"。[1] 我们可以归纳一下作者有关"视觉的理念"的学说所包含的基本意思。

首先，人生而具有眼睛这样的感官，这是先验的、先天的。其次，人的眼睛只要是健康的眼睛，都必然地具有观看物体的作用，这也是先验的、先天的。正如植田寿藏所说，"只要我们睁开眼睛、睁开健康的眼睛，即使下决心什么都不看，在其眼前，也不可能看不见某物的色彩与形状"。再次，所有的人的眼睛能够观看对象，这既不是取决于个人的主观的意识、主观的能力，也不取决于对象的客观存在。其终极的根源就在于人先天地具有能看对象的眼睛或人的眼睛先天地能够观看对象。第四，人的视觉器官与视觉对象的先天的对应关系是一切视觉作用、视觉活动（看的活动、观照活动）得以成立的根本的条件和原因。第五，我们对于对象的观照，并不是我们要看就可以看，而不过是"理念自身的作用"。正如植田寿藏所说："必须认为，我们看外界，是视觉的理念自身在起作用。"[2]

---

[1] 植田寿藏：《艺术哲学》，日本东京：改造社，1924年，第17页。
[2] 植田寿藏：《艺术哲学》，日本东京：改造社，1924年，第18页。

正因为"视觉的理念"所具有的这种先验性、根源性，与其相比，人们的眼睛这一重要的感知器官，在植田寿藏看来，不过是那种先验的"视觉的理念"的"肉体化"。"我们的眼睛是肉体化了的视觉的理念。"①

接着，植田寿藏又把这种视觉的理念的学说推广到人的其他感官和感觉的领域。他认为，与视觉的理念一样，人的听觉活动，其背后也存在着"听觉的理念"，是它使人的听觉的活动得以成立。而人们的耳朵，则是"听觉的理念"的"肉体化"。②

眼睛、耳朵无疑是人的两种最重要的感知器官，人的视觉、听觉是人的两种最重要的感觉，但是，人的感知器官并不限于眼睛与耳朵这两种。因此，植田寿藏在这里又提出了无限的感觉的作用与无限的理念的概念。

我们的眼睛是肉体化了的视觉的理念。可是，假如一旦有一种理念被思考，那么，思考"甲"，

---

① 植田寿藏：《艺术哲学》，日本东京：改造社，1924年，第18页。
② 植田寿藏：《艺术哲学》，日本东京：改造社，1924年，第18页。

第三章 植田寿藏：东西方的对话

同时在另一方面就必须思考"非甲"。因此，必然地要思考其他的理念。必然地要预想无限的理念。目、耳、其他一切感官，是各种无限的视觉、听觉等的作用的统一。①

"无限的理念"就是要说明，除了视觉的理念、听觉的理念之外，还存在着使其他感官作用得以成立的各种理念。正像人的感官除了眼与耳之外，还有鼻、舌、身体；人的感觉在视觉、听觉之外还有嗅觉、味觉、触觉，相应地，也可以从这些感觉活动的背后，"预想"嗅觉的理念、味觉的理念和触觉的理念的存在。相应地，鼻子、舌头、身体等，也不过是嗅觉的理念、味觉的理念和触觉的理念的肉体化。"一切的感官，在这一意义上，都是肉体化了的各自的理念。"②

需要说明的是，《艺术哲学》作为植田寿藏美学研究中的最早的著作，不少观点和提法尚处于摸索的过程中，不免存在着表述上不够确切的地方或在后来的著作中被修正的地方。如他在这里关于无限的感官、

---

① 植田寿藏：《艺术哲学》，日本东京：改造社，1924年，第18页。
② 植田寿藏：《艺术哲学》，日本东京：改造社，1924年，第18页。

无限的感觉作用、无限的理念的提法，后来便做了修正。他在出版于1967年的《绘画的逻辑》中就明确地认为，人的感觉有五种外部感觉和一种与它们相关联的内部感觉："感觉的世界，可以区分为各种领域。存在一种感觉，从根源上可以预想存在其他的感觉。存在着五种外部感觉和与之相对应的内部感觉即内触觉。这些感觉当然都具有深刻的关联。感觉的世界就是作为这些东西而发展的。"①

尽管植田寿藏关于人的感官、感觉是无限的这一说法在后来得到了修正，但他的如下看法还是一以贯之的，即认为人的感官、感觉是多样的，而且各种感官在起作用时，并不是各自孤立的，而是相互结合的；人的各种感觉也是相互结合的。在多种多样的感官、感觉的背后，存在着多种多样的理念。就是说，理念也是多样的。在他看来，艺术的理念便是上述各种理念的统一。

艺术的理念，或者具体地说，视觉的理念、听觉的理念等等，有一种共同的本质，就是实现的意志。

---

① 植田寿藏：《绘画的逻辑》，日本东京：创文社，1967年，第6页。

第三章 植田寿藏：东西方的对话

"理念的本质，就是要作为某种特殊的东西予以实现的意志。理念只具有趋于实现的向度。所谓实现就是理念的实现，不存在非理念的实现。"[1] 这种趋于实现的意志是各种理念的共有的普遍性，植田寿藏又把它称为"理念的理念""绝对自由意志"。[2] 正是由于理念具有这样的本质，植田寿藏实现了从他的有关艺术的理念的先验性原理向其理论的另一个更有价值的侧面即"差异的理论"的转化。对此，我们将在第四节"尊重'差异'"中做进一步的探讨。

总起来说，植田寿藏在《艺术哲学》中构筑的以"艺术的理念"为中心概念的艺术理论，是比较晦涩的。特别是在术语的运用上，仍处于摸索的阶段，还没有找到属于他自己的、更确切的表述形式。但他的基本思想，已经初具形态。此后不久，植田寿藏便将《艺术哲学》中使用的"艺术的理念""视觉的理念""听觉的理念"这些核心的术语更新为一组更具他自己独特品格的概念，展开了新的理论探索。

---

[1] 植田寿藏：《艺术哲学》，日本东京：改造社，1967年，第29页。
[2] 植田寿藏：《艺术哲学》，日本东京：改造社，1967年，第19页。

第三节　关于"表象性"

如果说"艺术的理念"是植田寿藏在《艺术哲学》中使用的核心概念，那么，出版于1935年的《艺术史的课题》一书的核心概念就是"表象性""艺术性"。它们实际上是对上述"艺术的理念"概念的重新置换和更确切的表达。

那么，什么是"表象性"？植田寿藏仍是从视觉的事实的分析入手的。他以一朵正在开放的鲜花为例：

> 一朵花在开着。或小石块落在沙子上。我们用眼睛来看它。不看别的。不能用耳朵看那些东西。除了依靠眼睛之外，用任何办法都不能把握到它的色彩与形状。在这里，一种特殊的事实得以成立：即唯有依靠眼睛才能接受它，从而与依靠耳朵、鼻子、口舌、皮肤等任何感官去感知相区别。只有两眼，使其固有的色彩和形状的意识在我们身上得以成立。所谓特殊的事实得以成立，是指一物作为此物浮现于人们的心中。在非其自身之物面前，明确呈示自己。宣告自己的存在。

第三章 植田寿藏：东西方的对话

这就是说，我们可见此物。此可见之物以其可见之状态而存在。不能认为有不可见或未曾见之色彩与形状。因为色彩与形状意味着眼睛的对象，即可见之物。一个经验，作为人们的经验，是意识性的东西或主观性的东西。不过同时，该经验作为事实，直接就是一种明确的客观的存在。木棍放入水中，可以看到它是弯的，这是它的视觉的表象。与此同时，"可以看到笔直的木棍成了弯的"这种不可动摇的事实是存在的。

这样的事实成立或存在，正是由于它能够成立或能够存在而成立或存在。我不能在空中飞行。不可能有无法存在之物。在此意义上，一个事实的成立或存在必须建立在其必然"能够成立""能够存在"这一预想之上。我把这样的一种事实、一种表象成立的事实，叫作"表象性"。表象性不是表象本身，但也不是脱离表象、此外别有存在。存在之物皆为被表象之物。表象性不是一个表象之类的特殊的意识内容。是作为特殊的表象之根源被预想的东西，即其自身不能被表象的东西。对于所有的表象而言，都必须预想这种表象性。……表象性作为使表象得以存在之物，必然被预想。其自身却并非存在之物。它是"存在之物"所背负的命运。①

很显然，植田寿藏这里所谓"视觉的表象性"（亦简称为"视觉性"）就是他过去所说的"视觉的理念"。相应地，他把过去所说的"听觉的理念"改称为"听觉的表象性"（亦简称为"听觉性"）。在他看来，视觉性是绘画、雕刻、戏剧、电影等所有视觉的艺术的根源，听觉性是音乐及其他听觉的艺术的根源，"表象性"便是对包括视觉的表象性、听觉的表象性在内的各种特殊的表象性的总称。

那么，植田寿藏所说的"表象性"与"艺术性"关系如何呢？他说："表象性在其纯粹的形式上就是'艺术性'。"②实际上，他所说的"表象性"与"艺术性"基本上是同等意义上的概念，在很多场合可以互换使用。比如，他在其晚期的一部著作《美之极致》中就说过："表象性是一切艺术的根源，即是艺

---

① 植田寿藏：《艺术史的课题》，日本东京：弘文堂，1935年，第3—4页。
② 植田寿藏：《艺术史的课题》，日本东京：弘文堂，1935年，第12页。

第三章 植田寿藏：东西方的对话

术性。"①

就表象性与表象的关系而言，他认为，是表象性使表象得以成立。视觉的表象性作为表象性的一个方面，使视觉的事实得以成立。表象性必然地产生出表象。没有不予以表象的表象性，也没有不产生视觉的事实的视觉性。"所谓表象性是趋于表象即事实的意志。"②

值得注意的是，对于表象性与具体的表象的关系，植田寿藏在这里运用了非存在与存在的关系予以说明。就是说，具体的表象作为人的感觉器官与感觉对象的自然相接触时必然产生的表象，是客观存在；而作为使表象得以成立的背后的表象性，是趋于表象的意志，是使表象必然产生的背后的精神，它自身是一种"非存在"。

植田寿藏有关"艺术的理念"与"表象性""艺术性"的概念和理论有多方面的思想渊源。在这一概念中，我们多少能够看到黑格尔"美的理念说"③的影子，也隐约能够看到奥地利艺术学家李格尔的"艺术

---

① 植田寿藏：《美之极致》，日本东京：弘文堂，1947年，第3页。
② 植田寿藏：《艺术史的课题》，日本东京：弘文堂，1935年，第13页。
③ 黑格尔把美和艺术界定为"理念的感性显现"。参见黑格尔：《美学》第一卷，朱光潜译，北京：商务印书馆，1979年第二版，第142页。

111

意志说"①的影响，而其更直接的思想来源，则是被称为日本现代最具独创性的哲学家西田几多郎（Nishida Kitaro，1870—1945）的"西田哲学"。

关于西田几多郎在日本现代哲学中的地位，以及他的思想与东方传统思维的关系，日本哲学家竹内良知曾经这样概括道：

> 移植西欧哲学以后，最先在日本建立独创哲学的是西田几多郎。西田是日本近代最大的哲学家。被称为"西田哲学"的西田几多郎的哲学，是西欧传统意义上的真正"哲学"，并且已深深扎根在东方思维传统之中了。西田始终致力于通过从本质上把握西欧哲学传统，重新认识西欧思想中根本没有的、东方独特的思维原理的意义，并在哲学上赋予它以逻辑的根据。②

---

① 李格尔（A. Riegl, 1858—1905），奥地利艺术学家，"艺术意志"说的主要代表。他以"艺术意志"为中心概念，把美术的历史发展视为艺术现象背后的艺术意志所决定的自律的发展过程。

② 竹内良知：《西田几多郎》，铃木正、卞崇道等：《日本近代十大哲学家》，上海：上海人民出版社，1989年，第162页。

第三章 植田寿藏:东西方的对话

在西田几多郎的哲学中,有一个中心概念——"纯粹经验"。

> 在西田那里,所谓"纯粹经验"就是在一切经验的背后使经验("作用")得以成立的超越论的"作用"("作用的作用")。由于这种"作用的作用",作为特定的"实在"的客体和对于它的认识作用的"主体"的关系才成为可能。在这个意义上,正是"纯粹经验"作为一切实在的先行的条件,才是"真实在"。①

西田几多郎还常常把使经验得以成立的"纯粹经验""经验的经验"称为"自由意志""绝对意志""绝对自由意志""背后的意志",或者作为"作用的作用"的"背后的意义"和"绝对无"。尤其是他的所谓"绝对无"的思想,更是深深地烙上了东方传统思维的印记。正如竹内良知所说,"绝对无""就是所有个体、所有实在的有都存在于那里的场所,是把没有限定的

---

① 岩城见一:《视觉的逻辑——植田寿藏》,常俊宗三郎编:《为了学习日本哲学的人》,日本京都:世界思想社,1998年,第201页。

个体作为自我限定而限定的"根源性的存在、背后的存在。"在'无见者而见'——绝对无的场所思想中，西田实现了与东方传统思想相结合并赋予传统以哲学根据的愿望。"①

西田几多郎所谓"绝对无""作用的作用"，让人不禁想到中国古代道家哲学的"道"与"无"、佛教哲学和禅宗思想中的"空"与"无"的观念。《老子·第十一章》曾形象化地言及"无"与"有"的关系："三十辐，共一毂，当其无，有车之用。埏埴以为器，当其无，有器之用。凿户牖以为室，当其无，有室之用。故有之以为利，无之以为用。"在老子那里，"无"（"无"在《老子》中常常就是"道"的别名）不正是使种种"有"起到各自作用的"背后的意志""作用的作用"吗？西田几多郎早年曾有长达十年的虔诚的参禅经验。在他的哲学著作中，也常能看到"无""无见之见""无听之听"这样的表述。在他留下的墨迹中，也能看到写有"无""道""见无形之形、闻无声之声"

---

① 竹内良知：《西田几多郎》，铃木正、卞崇道等：《日本近代十大哲学家》，上海：上海人民出版社，1989年，第162页。

第三章 植田寿藏：东西方的对话

等充满了老庄和佛禅气息的墨宝。① 总之，西田几多郎的哲学的确体现了东方思维的特点以及西方现代哲学与东方传统思想的结合，是日本近代以来最具创造性、影响最大的哲学家。西田几多郎作为日本关西地区京都的哲学家，在昭和前期，以他为中心，在京都形成了一个阵容可观、成果累累的哲学学派。这一学派被人们称为"京都学派"，它也是日本近代以来成就最高、影响最大的哲学学派。②

假如把植田寿藏所使用的艺术的理念、理念的理念、表象性、艺术性等概念与西田几多郎的纯粹经验、经验的经验、作用的作用、绝对无等概念以及它们的理论的内在逻辑加以对比，就不难发现其间存在着明显的影响 - 接受关系。岩城见一对于植田寿藏的美学和

---

① 参见《西田哲学选集》第六卷（"艺术哲学"论文集），岩城见一编，日本京都：灯影舍，1998年。

② 在"京都学派"的哲学家中，最具独创性的是西田几多郎和以"种的逻辑"而闻名的田边元。以他们为轴心，产生了京都学派中的"左"与"右"的两种倾向。马克思主义哲学家户坂润和具有马克思主义思想因素的哲学家三木清等是京都学派中的"左派"；哲学家高坂正显、高山岩男、西谷启治和历史学家铃木成高这四位学者因参加刊载于1941年《中央公论》杂志上的题为《世界史的立场与日本》的臭名昭著的座谈会、对日本发动"大东亚战争"给予理论上的支持和逻辑上的论证而被看作京都学派中的"右派"。实际上，像京都的美学家植田寿藏、教育学家木村素卫等人，因他们的思想与西田哲学之间的渊源关系，也可视为广义的京都学派中的成员。

西田几多郎的哲学与美学都有着深入透辟的研究，他明确地指出了植田美学与西田的哲学和美学之间的关系："继承西田的美学必须解明西田未曾充分讨论的艺术经验的特有的结构。植田一生的努力便朝着这一方向。"①"以西田为'耕地'培育出来的植田的超越论的美学，把西田的超越论的'背后的意义'，针对艺术现象翻译为视觉经验的理论。"②

需要指出的是，西田几多郎的"西田哲学"本身便包含着一定的美学、艺术哲学的内容。③植田寿藏

---

① 岩城见一：《视觉的逻辑——植田寿藏》，常俊宗三郎编：《为了学习日本哲学的人》，日本京都：世界思想社，1998年，第207页。

② 岩城见一：《视觉的逻辑——植田寿藏》，常俊宗三郎编：《为了学习日本哲学的人》，日本京都：世界思想社，1998年，第227—228页。

③《西田哲学选集》第六卷（日本京都：灯影舍，1998年）便是集中了西田几多郎有关美学、艺术哲学研究的"'艺术哲学'论文集"。该卷编者岩城见一为该卷撰写的"解说"——《西田几多郎与艺术》，对西田的美学、艺术哲学思想进行了概括。西田几多郎的艺术哲学，在20世纪90年代引起了日本哲学界、美学界的广泛关注，相继有多篇相关论文发表。如吉冈健二郎：《西田几多郎的艺术观》，《京都造型艺术大学纪要》（GENESIS）创刊号，1974年；大桥良介：《西田哲学的艺术论》，大峰显编：《为了学习西田哲学的人》，日本京都：世界思想社，1996年；岩城见一：《费德勒在日本——围绕直观的现实的真相》，《世界思想》第22号，日本京都：世界思想社，2002年；高梨友宏：《作为"艺术论"的西田哲学——围绕西田几多郎与费德勒的关系》，日本美学会《美学》第186号，1996年；大熊治生：《关于睿智世界之美——关于西田哲学形成期普罗提诺的影响》，日本美学会《美学》第190号，1997年。

第三章　植田寿藏：东西方的对话

的美学、艺术哲学，是在西田哲学和西田美学的基础上形成的系统化、体系化的美学、艺术哲学，从审美现象和艺术经验的阐释方面充实和扩大了"京都学派"哲学的内容。西田哲学中所包含的美学内容以及植田寿藏创造的以"表象性"为中心的美学体系，早在20世纪30年代便被称为"西田-植田美学"；① 以西田、植田的美学为代表的昭和前期京都学派的美学，今天则被称为"京都学派美学"。② 就植田美学与西田哲学和美学的关系而言，这种关系也就是楼宇与地基、大树与耕地之间的关系，或者说是最后的完成图与最初的轮廓图之间的关系。没有地基和耕地，当然建不成楼宇、长不成大树，不过，地基对于楼宇、耕地对于大树虽然非常重要，但地基毕竟不等于楼宇，耕地也不等于大树。就是说，无论是对于西田-植田美学，还是对于京都学派美学来说，只有植田寿藏是其中真正

---

① 参见《现代哲学辞典》"美学及艺术学"词条（甘粕石介执笔，三木清责任编辑），日本东京：评论社，1936年。
② "京都学派的美学"这一提法，是岩城见一为其所编的木村素卫《美的实践》（日本京都：灯影舍，2000年）一书所写的"解说"中提出的。木村素卫（Kimura Motomori，1885—1946），日本昭和时期教育学家、美学家。按其基本思想倾向，也可归入京都学派。《美的实践》系木村素卫的美学论文集。

纯粹意义上的美学家，也可以说植田是这一派美学中真正具有代表性的人物。

从植田美学的中心概念"表象性"与他所说的具体的表象之间的关系是非存在与存在的关系来看，他的美学、艺术哲学也像西田哲学中的"绝对无"的思想一样，体现出鲜明的东方思维的特点，是西方现代美学、艺术理论与东方思想传统相结合的结晶。

第四节 尊重"差异"

如上所述，植田寿藏的美学被岩城见一概括为西田哲学在艺术领域的"翻译"。"翻译"一词作为一种比喻，形象地说明了西田哲学和美学与植田美学之间的源与流、影响与接受的关系。不过，对于"翻译"这种形象的比喻，决不能简单地理解为像用一种语言去一对一地翻译另一种语言那样机械、被动、缺乏独特性和创造性。实际上，植田寿藏在把西田哲学原理运用于美学、艺术理论领域时，并不是亦步亦趋地照搬西田哲学，而是能够充分尊重审美、艺术领域的复杂性、独特性，根据艺术领域的实际，对西田哲学进

第三章 植田寿藏：东西方的对话

行创造性的阐释和必要的矫正、改造，体现出自己独特的探索，形成自己美学理论的特色。

在植田寿藏的美学理论中，有一点应得到充分的肯定与高度的评价。这就是他对于艺术世界无限的多样性、差异性的充分体认与尊重。正是在这一点上，植田美学体现出与西田哲学在基本倾向上的重要区别。西田哲学在无与有、一与多、一般与个别、统一性与多样性的关系上，仍体现出一种"全体主义"、重视一般甚于重视个别的倾向。[①]但是，植田寿藏在美学上，却积极扬弃了这一倾向，表现出对于细节、差异、特殊、多样性的充分尊重。

可是，植田寿藏是如何从他的"表象性""艺术性""艺术的理念"这种艺术之"无"、艺术之"道"、艺术之"一"的先验的原理转向尊重个别、差异、特

---

① 西田几多郎哲学思想中的这一倾向，更为突出地体现在他的国家观与历史观中。正如日本当代哲学家竹内良知所指出的："西田的国家论本质上并没有超出黑格尔的国家论，并且在具体地论述日本国家时把天皇看成为'无的象征'。"参见竹内良知：《西田几多郎》，铃木正、卞崇道等：《日本近代十大哲学家》，上海：上海人民出版社，1989年，第194页。正因为西田几多郎把日本天皇看作"无的象征"，因此，他的哲学在客观上为日本当时的国家主义、皇国史观提供了理论上的根据和逻辑上的支持。他的思想因而不可避免地被当时的法西斯统治当局利用，作为宣扬专制主义的国家主义的理论工具，起到了负面的历史作用。对此，应予以正视和彻底的反省、批判。

殊性的立场的呢？其间的内在逻辑的转换是如何实现的呢？

植田寿藏在《艺术哲学》中讨论"艺术的理念"时曾经这样说过：

> 所谓理念在起作用，如以前所说，就是由于在其背后运动的深层的意志作为一特殊之物而自我限定。即甲作为甲予以限定。而甲作为甲予以限定，预想同时相对于甲来说非甲被限定。因此，理念的实现，也就是由于深层的意志把不是甲之物限定为非甲。于是，我们知道，任何事物作为无可改变之物予以呈现，这就是理念的根本性的要求。在理念的深处起作用的意志，就是作为与他物相区别之物予以呈现的意志，即特殊化或个性化的意志。理念的作用就是特殊化，作用的过程就是生命。个性化的过程就是生命。于是，理念的实现是无限地多样，更是在各自的所有的实现的瞬间特殊化。在一切的瞬间都与此前的瞬间相区别而呈现。生命是在所有的瞬间的新的生命。在理念实现之处，不存在"同一事物"的反复。

第三章 植田寿藏：东西方的对话

在生命之流中没有停滞，因而也不存在逆流。①

植田寿藏在后来将"艺术的理念"的概念置换为"表象性""艺术性"的概念之后，继续贯穿了这一思路，把各种具体的审美活动和艺术创造过程中产生的具体的表象、个别的艺术作品看作是在它们背后起作用的"表象性""艺术性"必然要实现的根本性的要求、绝对自由的意志，亦即"特殊化或个性化的意志"的实现。表象性、艺术性的具体实现形式，不仅因艺术的种类、材料而异，因不同的艺术家的主体而异，而且因时而异、因地而异。在表象性、艺术性的实现过程中，永远不存在"同一事物"的反复。

由于植田寿藏赋予了艺术的理念即"表象性""艺术性"以"特殊化""个性化"的根本性要求或必然的意志，他便为美与艺术的感性的多样性、丰富性、特殊性、个别性敞开了大门，同时也为他自己的艺术解释的个性化、特殊化的价值取向敞开了大门，并为之从根本上提供了理论上的根据。这也就彻底阻断了那

---

① 植田寿藏：《艺术哲学》，日本东京：改造社，1924 年，第 278—279 页。

种大而化之、笼统抽象、无视或轻视艺术的丰富性、多样性、特殊性、差异性、具体性、生动性的艺术解释的道路。

也正是由于植田寿藏赋予了艺术理念以"特殊化""个性化"的绝对意志或根本要求，我们才能够理解，为什么植田寿藏的艺术哲学，一方面在谈论艺术的理念或艺术的表象性时相当晦涩、抽象，具有鲜明的先验性、演绎性色彩，另一方面在解读各种具体的艺术现象时又是那么生动、具体，能够真正深入各种艺术最特殊、最鲜明、最富有不同于其他阐释对象的差异性之中，真切把握各种艺术的真正的独特规律与奥秘，给人以宝贵的艺术启示。

植田寿藏对于艺术的多样性、差异性的尊重，一个显著的表现就是，他并不是把作为一切艺术共同的总的根源的艺术的理念、表象性简单地推演到各个具体艺术领域就完事大吉，而是深入细致地将艺术的表象性具体地区分为视觉的表象性、听觉的表象性、触觉的表象性等等，进行深入细致的甄别与分析。其中，他对各种美术所赖以成立的视觉的表象性（视觉性）进行了更为深入细致的探讨。例如，同样是造型艺术，

第三章　植田寿藏：东西方的对话

作为平面艺术的绘画与作为立体艺术的雕刻，在植田寿藏看来，便存在着根本不同的视觉原理、视觉结构。植田寿藏的《视觉构造》一书，便是详细探讨视觉性在不同的造型艺术样式中的各不相同的实现方式、原理、结构、审美特性的一部名著。他在书中不仅细致分析绘画与雕刻不同的视觉原理，而且还具体而微地探讨诸如"某个庭石的视觉构造"以及"机智、机锋及洒脱的视觉构造"这些富有特殊性的审美、艺术现象。《日本的美的精神》一书，则分别探讨了"建筑的视觉""日本建筑——关于塔的高度""佛像的美的各种形态""绘卷——人与山水的统一""能乐中的美的各种形态""墨画的空间""山水画、花鸟画""庭园性"等视觉的审美与艺术现象。《绘画的逻辑》一书进一步探讨了"绘画的空间构造"（包括"东西绘画的空间构造的比较"和"东亚山水画的空间构造"两节），甚至还讨论了绘画中的"形为什么存在""结合点——眼睛聚焦之处""为什么要画暗"这样一些更为具体的绘画艺术的规律性的问题。正因为植田寿藏以对人们审美和艺术创造中的视觉经验的深入研究作为切入表象性、艺术性探讨的主要领域，所以，他的美学理论又被称为阐明"视觉的逻辑"的理论。[①]1967年，植田寿藏在82岁高龄回顾自己一生的学术经历时，也把自己的主要学术贡献锁定在"探索'视觉'的意义这一美术的根源"上。[②]不过，需要指出的是，说他的理论是对"视觉的逻辑"的探索，这只是表明他主要着力点在于有关视觉经验的解释，或者说其理论探讨中最为精彩的篇章集中于对视觉原理的分析，并不是说他的理论的范围或意义只局限于视觉经验的领域。应该说，植田寿藏仍是一位以思索整个艺术领域的"表象性""艺术性"即"艺术的理念"的先验原理及其无限多样的实现形态的美学家。他不仅深入探讨了视觉的表象性原理，也广泛地探讨了听觉艺术的表象性原理和文学这种语言艺术的表象性原理。例如，《绘画的逻辑》一书中的第四章"听觉的逻辑"就是专门讨论听觉的表象性及一切听觉艺术的根本原理的一章。《日本的美的精神》一书中的"短歌中的高、寂、幽玄""俳句之美"等章，以及《艺术的逻辑》中的"文艺（即文

[①] 参见岩城见一：《视觉的逻辑——植田寿藏》，常俊宗三郎编：《为了学习日本哲学的人》，日本京都：世界思想社，1998年。
[②] 植田寿藏：《代序——忆〈哲学研究〉之恩》，《绘画的逻辑》，日本东京：创文社，1967年。

第三章　植田寿藏：东西方的对话

学——引者）的超实践性"一章，则讨论了作为语言艺术的文学包括日本特有的文学形式短歌、俳句等等的语言的表象性原理。总之，植田寿藏的理论探讨广泛地涉及了视觉艺术、听觉艺术和语言艺术的广阔领域，而绝不限于视觉经验的分析。在对形态各异、千差万别的艺术现象的具体探讨中，他对艺术具体现象的差异性、特殊性的尊重可以说体现得淋漓尽致。

植田寿藏对于审美、艺术现象的多样性、差异性的尊重，还突出地表现在他坚守艺术的自律的价值，以及坚决抵抗一切将审美、艺术现象向其背后更一般、更宏观的文化环境"还原"的态度。

例如，关于艺术与环境的关系，泰纳的时代、环境、种族三要素制约着艺术的发展的"环境决定论"曾经产生很大反响。这便是一种典型的"还原论"，即将艺术现象还原为其背后的时代、环境、种族等因素的影响。[1]这种认为艺术必然受自然的与社会的、文化的环境的制约的观点曾为很多人所首肯，但是，植田寿藏却不赞同这样的看法。他认为，各种形态的自然

---

[1] 参见泰纳：《〈英国文学史〉序言》，杨烈译，伍蠡甫主编：《西方文论选》下卷，上海：上海译文出版社，1979年新一版，第233—241页。

环境，诸如"山川、平野、海港、都市，多么广阔无边、丰富多样的、映现于视觉的'环境'只是视觉性的产物。它具有无限的多样性，不用说，就是由于这种视觉性的意志是无限的"。① 各种社会的环境，在他看来也与各种自然环境一样："他所居住的社会，或者时代，他在周围所看到的人群，那些人所特有的服装、态度、当时的历史事件，这一切只要成为他的创作的对象，它就应像自然的环境一样被思考。"② 就是说，在植田寿藏看来，社会的环境也与自然环境一样，只要成为艺术创作的对象，就不过是视觉性、艺术性的产物，是无限的视觉性、艺术性的具体呈现。总之，并不是所谓环境决定视觉性、艺术性的进展，而是视觉性、艺术性本身的进展体现为进入艺术创作视野之中的无限多样的自然与社会的"环境"。

就艺术史的课题而言，植田寿藏反复强调："艺术史就是艺术性的历史。"③ 艺术史的课题即是认识艺术性本身的进展："通过每个艺术作品认识在它们的关联中

---

① 植田寿藏:《艺术史的课题》，日本东京：弘文堂，1935年，第236页。
② 植田寿藏:《艺术史的课题》，日本东京：弘文堂，1935年，第246页。
③ 植田寿藏:《艺术史的课题》，日本东京：弘文堂，1935年，第314页。

第三章 植田寿藏：东西方的对话

展现自己的形态的艺术性，这就是艺术史的课题。"[1] 在这个问题上，他对维也纳学派艺术史学家德沃扎克（Max Dvorak，1874—1921）的"作为精神史的艺术史"[2]在一般精神史的大背景下探讨艺术精神、艺术风格的演化的"还原"态度进行了批评，认为"艺术精神的历史并非直接就是一般精神史。精神史实际是连这种艺术性也作为自己的细部而产生出来的无限的精神的历史。……精神史并非是艺术、宗教、学问以及其他各种文化的各自的历史的单纯的总和"[3]。就是说，尽管艺术精神的历史是一般精神史的一个方面，或者说是它在艺术领域通过艺术性的具体实现方式呈现出来，但是，既然它是艺术精神的历史，那就绝不是一般精神史的简单直接的呈现，或以与其他精神领域相雷同的形态将一般精神史在艺术领域再演绎一遍，而是必然具有艺术精神自身的特殊性和独特的规律。在

---

[1] 植田寿藏：《艺术史的课题》，日本东京：弘文堂，1935年，第106页。
[2] 德沃扎克认为："美术的本质并不只是存在于形式上的课题和问题的解决与发展之中。它总是而且最主要的是支配人类的各种理念的表现。它的历史也与宗教、哲学、文学的历史同样，是一般精神史的一部分。"参见德沃扎克：《作为精神史的美术史》，中村茂夫译，日本东京：岩崎美术社，1986年，"译者序"。
[3] 植田寿藏：《艺术史的课题》，日本东京：弘文堂，1935年，第314页。

植田寿藏看来，并非艺术精神的历史与其他精神领域的历史是一般精神史在诸个别领域的分化、具体化，而是一般精神史就存在于艺术精神的历史，以及其他各特殊精神活动领域的历史之中。正如他自己所说："认为依靠全体来'认识'细部是没有意义的。并非是离开细部而别有全体存在。在细部中才能看到自己的形态的东西就是全体。在认识细部之前，无法认识全体。"[1]这样，植田寿藏便把自己尊重特殊、尊重差异的思想，贯穿于有关艺术精神的历史与一般精神史的关系的理解之中了。这种思想已超越了西田哲学中的重视一般甚于重视个别的观念论倾向。有关这一问题上植田寿藏与西田几多郎的联系与区别，岩城见一说得好："确实，作为'全体'的'时代精神'，这种'更高的文化意志''产生出'宗教和艺术这样的'细部'。在这种理解方面，植田是跟随西田的。"但是，"西田的侧重点毕竟在经验背后的'具体的一般者'。对此，植田的侧重点则在具体的经验的'细部'"。据此，岩城见一把植田寿藏的美学理论称作"守护'细部'的

---

[1] 植田寿藏：《艺术史的课题》，日本东京：弘文堂，1935年，第304页。

理论"①，可以说很好地概括了植田美学尊重差异、尊重特殊、尊重"细部"的理论特色。

第五节　东西方艺术理论的对话

植田寿藏的美学研究，还体现出一个鲜明的特色，这就是多重意义上的"对话"的姿态，尤其是东西方理论之间的"对话"的态度。

岩城见一为其所编的植田寿藏《艺术论撰集》一书加了一个副标题："东西方的对话"。《艺术论撰集》是岩城见一从植田寿藏思想成熟以后的《艺术史的课题》《视觉构造》《日本的美的精神》《绘画的逻辑》四部代表性著作中精心挑选出九篇内容，重新组合结构而成的植田寿藏的一部美学、艺术哲学论文集。这部论文集可以说浓缩了植田寿藏的美学、艺术哲学的思想。岩城见一为这部论文集写了一个长篇的"解说"《植田寿藏的艺术论》，又一次使用了"东西方的对话"这样的副标题。这表明，"东西方的对话"已成为岩城

---

① 岩城见一：《视觉的逻辑——植田寿藏》，常俊宗三郎编：《为了学习日本哲学的人》，日本京都：世界思想社，1998年，第230页。

见一对于植田寿藏美学特点的一个总体性的评价。可是，为什么他要说植田寿藏的美学体现了"东西方的对话"的精神呢？他做了这样的说明：

> 把本书的副题作为"东西方的对话"，是因为它呈示了植田思考的这样的特性。这一场合所说的"对话"是因为植田的艺术论并不只是先行思想的"应用"。植田首先参照先行的理论，但在把它运用于作品解释之际，总是批判地运用。总之，在他那里，先行理论与作品、先行理论与植田的理论，以及植田的理论与作品，这样的各种层次上的"对话"产生了，随着那样的"对话"的展开，植田的理论确立了自己的形态。在这一意义上，对植田而言，现行的理论仅仅是此后对作品进行考察、予以解释的暂定的框架，随着作品考察的深化，先行理论的缺陷也就会凸显出来。[1]

---

[1] 岩城见一：《解说·植田寿藏的艺术论——东西方的对话》，植田寿藏：《艺术论撰集——东西方的对话》（岩城见一编），日本京都：灯影舍，2001年，第371页。

第三章 植田寿藏：东西方的对话

西方近代以来，产生了形形色色的美学理论和艺术理论。对这些艺术理论应采取什么态度呢？这是现代东方国家，无论是中国还是日本的美学、艺术理论思索者都无法回避的问题。而面对这一问题所采取的态度却不是唯一的。一种常见的态度是，把西方的理论视为美学和艺术理论现代性的真正体现，看作是有关审美、艺术现象的先进的、优越的、最有效的"话语"，一种可以直接拿来"应用"的普适性理论，从而采取一种几乎是无批判的照抄照搬的态度。这可视为一种"搬用"模式，或者叫作一种只是倾听和运用西方理论、完全没有自己的话语的态度。尽管这种姿态，在今天看来无异于对西方理论采取教条主义、本本主义的态度，但在西学东渐的早期阶段乃至此后的很长时间里甚至在今天，仍不乏盲目地采取这一立场的实例。与此相反的另一种态度则是对西方的各种理论不予理会，或视而不见，采取一种你说你的、我说我的、互不相关、互不相扰的态度，也就是一种自说自话的态度。其实，在这两种比较极端的态度之间，当然还存在着另一种可能的姿态，这就是"对话"的态度。

植田寿藏的美学探索，应该说比较充分地体现了这样一种"对话"的态度。这种对话的态度，首先体现为他与各种西方现代美学理论之间的"对话"。我们前文曾涉及植田寿藏对于法国现代美学家泰纳的"种族、环境、时代"三要素说的批判，以及对于维也纳学派艺术史学家德沃扎克"作为精神史的艺术史"的理论的批判。这样的批判，实际上就是一种"对话"精神的体现。无论是对于泰纳的理论还是对于德沃扎克的理论，植田寿藏都不是盲目地全盘照搬、毫无保留地全盘接受，同时，也不是简单地全面否定，而是将对方的理论与自己的"表象性"的美学理论进行对话，吸收对方理论中的合理成分，同时，站在自己的观点和立场上，揭示对方理论中的不完备之处，从而对对方的理论提出批评与矫正。

实际上，在植田美学理论形成的过程中，与其构成"对话"关系的西方理论，绝不仅限于上面所提到的泰纳和德沃扎克的理论，而是拥有相当丰富的对话的资源。比如，在植田寿藏有关视觉的先验性原理的讨论中，实际上就批判地吸收了康德有关人的先天认识能力的思想；在他关于"艺术的理念"具有趋于实现的绝对意志、具有特殊化、个性化的意志的思想中，

第三章 植田寿藏：东西方的对话

则不难看出黑格尔关于美是理念的感性显现和李格尔"艺术意志"说的影响的印迹。而德国艺术学家 K. 费德勒的"艺术活动的根源"的理论、瑞士艺术史学家沃尔夫林的五对艺术风格类型理论等等，都是植田美学理论对话的对象，亦即其辩证扬弃、批判吸收的对象。①

当然，同样是采取对话的态度，仍然可能存在着源自具体立场、做法、侧重点等等方面的差异而导致的区别。例如，就中国美学与西方美学的对话而言，便可能存在着这样几种不同的"对话"模式：一是"以西释中"模式，二是"以中释西"模式，三是"中西互释"模式。就日本美学与西方美学的对话关系而言，当然也可能存在与中西美学对话相类似的三种模式，即"以西方阐释日本""以日本阐释西方"及"西方与日本相互阐释"。在东方美学与西方美学的对话中，究竟是否存在一种理想的或标准的对话模式？这恐怕是一个不能简单地下断语的难题，需要根据具体的语境、各自不同的理论需要以及各种主客观条件的

---

① 关于植田寿藏与沃尔夫林、费德勒的理论对话，参见植田寿藏：《艺术史的课题》第六章"艺术的环境"，日本东京：弘文堂，1935年。

具体差异做出不同的选择。

在美学研究中,怎样才能实现真正的对话?应该说,真正意义上的对话只能是对话双方的主体均"在场"的对话。假如只是"我"作为理论言说主体"在场",对话的对象仅仅是一个理论文本而并无实际的言说主体,那么,这样的对话仅仅是一种"准对话"或单向的对话。不过,我们也应该看到,在美学的理论研究和学术思考的进程中,那种真正意义上的、双方主体均在场的"对话"并不那么容易实现,大量存在的还是这种"准对话"的"对话"形式在推动着理论的发展。所以说,即使是这种主体与既有理论文本的对话,比起那种盲目照搬他人理论或自说自话的非对话的态度而言,也更值得肯定与提倡。

从这个意义上说,植田寿藏的美学探索中时时体现出来的与西方美学理论的对话,能否看作是日本现代美学与西方现代美学对话的理想模式,我们可以姑且不论,但我们至少对于其美学中所体现出的这种对话精神,应予以充分的肯定。

实际上,植田美学中的"对话"精神,不只体现为他自己的理论与西方各种理论的对话,还体现为更

第三章 植田寿藏：东西方的对话

多层次上的对话。例如，正像前文已经谈到的那样，植田美学与作为他的理论之"基础"和"耕地"的西田哲学之间，也构成了一种对话的关系。他对于西田哲学，既有接受、承继的一面，也有对它的扬弃和改造。此外，植田美学与那些成为其阐释对象的具体艺术作品、艺术现象之间，也构成了充满张力的对话关系。在每次对具体的艺术作品进行艺术阐释时，他自己的美学理论仅只是一个"暂定的框架"而不是一成不变的阐释模式。随着对作品的感受和认识的深入，他会根据作品本身的实际，去充实自己理论中的不完备之处，修正自己理论中不切合实际的地方。

当然，客观地说，一种美学理论在自身的形成过程中，必然要与自身之外的各种哲学理论、美学理论相碰撞、交流，在这种碰撞、交流的过程中，那种不包含任何对话因素的所谓"搬用"实际上是很少见的。就是说，一种理论在与其他理论的接触过程中，总是会或多或少地含有一定的对话因素。以日本近代美学为例，即便是启蒙思想家西周的第一篇美学论文《美妙学说》和中江兆民翻译的第一部西方美学著作《维氏美学》，也必然地存在一定的"对话"因素。作为有着深厚的东方传统文化修养的西周和中江兆民，在他们写作日本近代第一篇美学论文和翻译第一部西方美学著作时，必然会将他们在东方传统文化熏陶下形成的"前理解"带入他们的写作与翻译之中，并且会以其理论主体的能动性对产生于西方语境中的美学学科、美学著作予以自觉或不自觉的加工、改造。正如一些研究者已经指出的那样，西周将西方的 Aesthetics（感性论）尝试译为"美妙学"以及此前将之译为"善美学""佳趣论"，中江兆民又把它译为"美学"，实际上便是两位启蒙思想家与西方近代产生的美学学科对话的产物，也是他们的东方传统文化修养、有关美与艺术的东方式理解与西方近代美学理论对话的产物。[①] 就本书前一章所讨论的大西克礼以及后面两章将要讨论的竹内敏雄、今道友信等日本现代重要的美学家而言，当然也在不同的层面上不同程度地体现着东方与西方、现代与传统等各种层面上的对话的精神。不过，应该说，植田寿藏，在他那个时代，与其他日本美学艺术理论研究者相比，确实体现出更鲜明、更自觉的对话

[①] 参见今道友信：《序论·美学是什么》，今道友信编：《美学的历史》（《讲座 美学》第一卷），日本东京：东京大学出版会，1984年，第6—8页。

的品格。这一点在今天仍具有重要的启示意义。

第六节 "弱理论"的强度

植田寿藏的美学、艺术哲学，不仅体现出一种"对话"的品格，它还具有这样一个特点，就是岩城见一所指出的"弱理论"的品格。

岩城见一最早把植田寿藏的理论描述为一种"弱理论"，是在《视觉的逻辑——植田寿藏》这篇研究植田寿藏美学思想的专论中。在他看来，植田寿藏的美学理论是一种"弱理论"。而正由于其理论是一种"弱理论"，反倒具有一种特殊的"强度"，成为一种能够给今天的美学、艺术学研究以有益启示的宝贵的理论资源。

植田寿藏作为日本昭和前期的一位美学代表人物，他的美学、艺术理论研究有一点值得我们关注，这就是他的美学进入成熟时期，亦即他主持京都大学美学讲坛的时期，主要是在日本军国主义疯狂对外扩张、发动对中国和亚洲其他国家的侵略战争及太平洋战争的时期。就这一点而言，他所处的历史环境与大西克礼主持东京大学美学讲坛时的情况比较接近。然而，就植田美学与他所处的时代、历史语境的关系而言，却体现出与大西克礼有所不同的面貌。这种面貌，便是一种"弱理论"的品格。

众所周知，日本昭和前期，特别是从1931年"九一八"事变日本侵入中国东北直到1945年日本战败期间，随着日本军国主义对外侵略扩张逐步升级，日本军国主义统治当局在国内实行了愈益严厉的思想钳制和政治统治，对与帝国主义当局口径不一致的人实行极其残酷的镇压。在这种情形下，思想界知识界人士，很多人都自觉地为法西斯侵略制造舆论；有些曾经反战的人士在法西斯统治的高压下被迫"转向"，充当起战争的吹鼓手；只有极少数人在保持着难得的沉默。这时的植田寿藏态度如何？他没有沉默，但也没有站在法西斯主义的立场上鼓吹文化上的国家主义，没有为日本的对外侵略扩张政策寻找理论根据。他在这个时期继续着自己的著述，发表了自己的一些主要研究成果，如《艺术史的课题》（1935）、《视觉构造》（1941）、《日本的美的精神》（1944）等。尽管"这些在战争条件下发表的著作中给予了日本和东方的艺术

第三章 植田寿藏：东西方的对话

思想以相当的篇幅，可以看到当时的民族主义的风潮也以不可避免的方式对植田产生着影响"，但是，在这些著作中，努力阐明审美经验的固有性（差异性）的植田的理论"可以说呈示了植田的特异的立场，这就是对于时代的批判的距离"。就是说，植田寿藏的立场，完全不同于那些把艺术还原于文化、直接地将艺术与所谓的"日本精神"联系在一起并以此来鼓舞当时正处于狂热之中的所谓"大和民族精神"的立场。他的态度，如果从当时日本国内的时代趋势、从所谓日本"民族意识"的立场来看，似乎是一种没有担负起道德上的责任的理论。但是，正是由于植田理论所显示的与其时代之间的"批判的距离"，岩城见一从中读到了"弱理论"的征候。[1]他在这里所说的植田理论的"弱"，主要表现为植田美学不是以当时强大的政治的、道德的意志和国家的意识形态为依托，而是同他所处的那种疯狂的时代之间保持着一种难能可贵的距离。

另外，由于植田寿藏坚守着审美与艺术的自律的

---

[1] 参见岩城见一：《视觉的逻辑——植田寿藏》，常俊宗三郎编：《为了学习日本哲学的人》，日本京都：世界思想社，1998年，第198页。

价值，这使他的理论既不赞同把艺术简单地还原于一般的文化或所谓的"民族精神"，也反对把艺术还原于道德或宗教的真理。即使是出版于日本对外侵略扩张进入登峰造极的疯狂阶段即"太平洋战争"时期的1944年，题为《日本的美的精神》的这部著作，也没有将日本的美的精神、艺术精神归结为整体的、一般的"日本精神"的体现以迎合当时的时代风潮，而是具体而微地分析日本的艺术精神即日本艺术的独有的特性在各种艺术样式上的具体呈现。总之，植田寿藏强调艺术的特异性、艺术自身的存在根据，而不是在艺术的背后为它的存在寻找某种一般文化或一般民族精神上的根据。再比如，植田寿藏在《绘画的逻辑》一书的第七章《禅影响了美术吗》中，明确反对各种有关禅宗如何影响了艺术、禅乃是艺术之终极根据的观点，通过具体细致的作品分析，认为即使是表现了禅的内容的绘画，在作品中，禅的内容也不过是外在的，而艺术毕竟是艺术。最后，他得出结论说："认为禅影响了美术的看法是错误的。"[①]正如我们在前文曾

[①] 植田寿藏:《绘画的逻辑》，日本东京：创文社，1967年，第195页。

第三章 植田寿藏：东西方的对话

经指出的那样，他反对一切意义上的"还原主义"。与所有的更宏观更一般的根据（本质）的强大坚固相比，艺术自身的独异性显得要柔弱得多。这也是植田理论被称为"弱理论"的原因之一。

如上所述，植田美学对于审美经验、艺术现象的丰富性、差异性、生动性、特殊性给予了极大的关注。在理论与经验两者之间，植田寿藏对理论总是持有一种审视的、批判的态度。在用理论去解释经验和现象时，遇到一种理论、学说无法解释自己所面对的经验、现象，他不是采取鸵鸟政策将经验、现象置于自己的视野之外，而是对理论加以批判、修正。就是说，对于理论与经验，他更相信经验的强大有力，而将理论置于相对弱势的地位，使之具备应有的柔软的弹性，随时准备依据审美与艺术经验的具体情况对自己的理论加以修正。这也是植田理论被视为"弱"理论的又一个重要根据。

从这里，我们可以看到，几十年间几乎被世人遗忘了的植田寿藏的艺术理论遗产恰恰由于其"弱"的品格，得到了今天日本学术界的重新认识和评价，被视为今天进行美学、艺术理论研究时值得参考、借鉴的有价值的学术资源,显示了这种"弱理论"反倒拥有了某种"强度",即超越特定时代的影响力。应该说,日本美学界提出"弱理论"的命题,并运用这一尺度将植田的美学作为体现"弱理论"特征的范例进行重新评价,其意图主要在于反对用僵硬的理论学说、命题,特别是来自西方的既有的理论、学说,将丰富多样、千变万化的审美的、艺术的经验、现象强制性地、削足适履地纳入其中,进而提倡一种对话的、富有弹性的、柔弱的理论,体现了对那种抽象强硬僵直的理论学说的批判姿态。就是说,"弱理论"是与"强理论"相对而言的,是针对所谓的"强理论"的弊端而提出的一剂诊治药方,表明了一种注重经验与现象的学术取向。这一点对于我们来说,也具有一定的启示意义。一切美学、艺术理论批评上的教条主义,特别是那些奉西方各种美学、艺术理论批评学说为圭臬、食"洋"不化的"洋"教条主义,应该从中得到某种启发。

植田寿藏晚年曾表露过自己一生的治学理念,即"不是为了生活而学问,而是为了学问而生活"[1],表达

---

[1] 植田寿藏:《代序——忆〈哲学研究〉之恩》,《绘画的逻辑》,日本东京:创文社,1967年。

了他对于学问的纯粹性的坚守。实际上，在他的美学中，同样体现了他对于审美和艺术的自律价值、对它的纯粹性的坚守。这种自律的美学立场，在一般的情况下不免会招致脱离社会、轻视内容甚至形式主义之类的批评。客观地说，在植田寿藏的美学理论中，的确含有这样的倾向。但是，如果考虑到植田理论形成过程中的特殊历史语境，即我们上面所分析的那种历史环境，他所采取的这种超越的立场以及与他的时代的批判的距离，恰恰显示了他的理论的可贵的价值。

第四章　日本战后（昭和后期）美学研究概况

第一节　战后日本美学的繁荣

19世纪末，随着明治时期西方文化及学术思想的引进和输入，西方近代的美学思想也一并被介绍到了日本。早在明治初期，日本著名启蒙思想家、翻译家西周即已开始尝试用"善美学""佳趣论""美妙学"等汉字词汇来翻译西方的Aesthetik（美学）一词。当时日本的另一位著名哲学家中江兆民在明治十六、十七（即1883、1884）年翻译了19世纪末法国美学家Véron（中江兆民译作维论）的主要美学著作 *L'esthétigue*（1878），书名译作《维氏美学》。这部译作被认为是汉字文化圈中使用"美学"一词的最早

第四章 日本战后（昭和后期）美学研究概况

记录。① 不久，经过日本近代最初几位美学家的努力，特别是深田康算和大塚保治两位美学家的开拓性研究，在日本逐渐确立了近代的美学形态。此后，经过几代美学家们持续不断的探索研究②，到战后的昭和后期，已形成著述丰富、成就斐然、学派林立、多元并存的日本美学的繁盛景象。

日本战后的昭和后期美学，可以说有许多流派纷然杂陈。这有如下几个原因。一是对西方不断涌现的各种美学流派积极介绍，并运用其方法、概念进行美学研究。可以毫不夸张地说，只要西方出现了某种稍有些影响的美学流派，在日本就会有相应的流派追踪、引进、发扬之。二是现代各种美学流派互相影响、渗透，产生了种种不同的组合结构形态，形成了竹内敏

---

① 参见今道友信：《东方的美学·序》，日本TBS不列颠百科全书股份公司，1980年。该书中译本已由蒋寅、李心峰等翻译，生活·读书·新知三联书店1991年出版。
② 日本近代以来的美学研究者大体上可分为六代人。以每一代的代表人物为线索，可以将日本近代美学演化进程图式如下：第一代（西周、中江兆民、大西祝等）→第二代（深田康算、大塚保治等）→第三代（大西克礼、植田寿藏、藏原惟人、中井正一等）→第四代（竹内敏雄、山本正男等）→第五代（今道友信、吉冈健二郎、川野洋等）→第六代（岩城见一、佐佐木健一等）。进入21世纪，开始了第六代向第七代的过渡。这里的代际划分，不完全是根据美学家们年龄的长幼，而主要是根据美学思想演化的逻辑。

雄称之为"现代美学的多极化"[①]的态势。三是日本战后一些美学大家如竹内敏雄、今道友信、川野洋等，不满足于介绍、效仿西方美学，开展了独创性、系统性的美学研究，各自形成了自己独特的、富有一定世界意义的美学体系，成为日本昭和后期各种美学流派中成就最为显著的主力军。四是日本战后美学界十分重视对各种艺术门类的美学规律的探讨，注重对东方美学宝库的挖掘、阐释，注重对东西方美学思想的比较研究，同时高度重视艺术学的独立地位，因而使其美学的整体布局领域广阔，较少空白。

日本昭和后期美学的繁荣通过其丰富的学术成果、论文专著充分地显示出来。不仅日本美学界的领袖人物如大西克礼、竹内敏雄、今道友信、山本正男等都是著作等身的大家，分别写出了足以成为日本近现代美学经典的重要著作，而且日本出版界还经常出版其他美学家开拓新领域、富有新意的美学专著、专题论文汇编和丛书等等。最为引人注目的，是20世纪60

[①] 参见竹内敏雄：《美学总论》（日本东京：弘文堂，1979年）一书"绪论"部分的第三节《美学方法论的确定》。该节拙译《美学方法论的确定》刊于《美学文艺学方法论》上册（北京：文化艺术出版社，1985年），第118—142页。

年代以后日本美学界集体完成的几项巨大的美学工程。

一是竹内敏雄编修的《美学事典》。[①]全书分为美学艺术论史、美学体系、美术学、音乐学、文艺学(文学学)、演剧学、电影学、艺术教育等八个部分,对美学、艺术学中的主要事项(思潮、流派、主要范畴、概念等)予以专题介绍。它与其说是一种工具书,毋宁说更是一部专题学术论文的汇编,是当时整个世界范围内美学研究成果的集结。该书1961年由日本弘文堂初版发行,1974年又出了增补版,至今已印了十余次。可以说,该书即使在今天也是一部不可多得的美学参考书。

二是竹内敏雄主编的"美学新思潮"丛书。该丛书共有五卷,各卷的主题分别为《艺术的实存哲学》《艺术的解释》《艺术符号论》《艺术和技术》《艺术与社会》。[②]该丛书于1965—1966年由日本美术出版社出版,正如竹内敏雄在丛书总序中所说的,基本上抓住

[①]《美学事典》已有黑龙江人民出版社(池学镇译,1987年)和湖南人民出版社(刘晓路等译,1988年)分别出版的两种中译本,书名均改为《美学百科辞典》。

[②] 其中,《艺术的实存哲学》中译本已由辽宁人民出版社出版,书名改为《存在主义美学》(崔相录、王生平译,1987年)。

了当时世界美学领域中"正在开拓的新领域中不可忽略的重要问题"。

三是劲草书房20世纪80年代以来出版的"现代美学双书"丛书。该丛书既有美学专著，如浅沼圭司《象征与符号》、金田晋《美与结构》等，也有论文汇编，如川野洋《艺术·符号·信息》，还包括翻译的美学名著，如卢卡契《美学》（全四卷）、茵伽登《文学的艺术作品》等。这套丛书每年都要出版几种，现在仍在继续。

四是今道友信主编的"讲座美学"丛书。该丛书共分五卷，即《美学的历史》《美学的主题》《美学的方法》《艺术的诸相》《美学的将来》①，已在1984、1985年由东京大学出版会出版。该丛书邀请了几十位日本知名美学家和几位外国知名美学家担任撰稿人，使该丛书既成为美学研究工作者的入门向导，又有较高的学术价值，对于人们了解今天世界美学在各个领域发展、变化的过程、现状及趋势提供了极大方便。

---

① 《美学的方法》中译本已由文化艺术出版社1990年出版（李心峰等译），《美学的将来》中译本也已由广西教育出版社1997年出版（樊锦鑫等译）。

这套丛书比起"美学新思潮"丛书，篇幅容量更大，也更有系统性。

第二节　昭和后期日本的哲学美学研究

在日本现当代美学中，占主导地位的无疑是哲学美学。最富影响力的美学界领袖人物如大西克礼、植田寿藏、竹内敏雄、今道友信，都致力于哲学美学的研究，各自形成了自己的美学体系，并撰写了表现各自美学思想体系的皇皇巨著，如大西克礼的《美学》（上、下卷），植田寿藏的《艺术哲学》《艺术史的课题》《艺术的论理（逻辑）》，竹内敏雄的《美学总论》，今道友信的《美的相位与艺术》《同一性的自我塑性》《东方的美学》等。在这里，作为20世纪日本战后昭和后期哲学美学的代表，着重介绍一下竹内敏雄和今道友信两位美学大家的美学基本观点及独特贡献。

竹内敏雄曾经是东京大学名誉教授、日本学士院会员。他一生著述甚丰，出版了多种重要的美学、艺术理论著作，如《文艺学序说》《亚里士多德艺术论》《现代艺术美学》《塔与桥——技术美学》等，并译过黑格尔的《美学》(全三卷)。不过，最能充分地体现竹内敏雄美学思想体系的，是他在晚年倾注十多年心血撰写的总结性的《美学总论》一书。该书初版于1979年，出版后得到日本美学界的高度评价。今道友信认为："作为竹内敏雄的综合体系的《美学总论》"，"是卓越的研究著作"。[1]日本另一位美学家金田晋则认为，该书构建了20世纪后半叶整个世界范围内"最大的美学体系"。[2]

应该说，竹内敏雄对哲学美学和科学美学两大美学主潮是力图保持一种客观公允的态度的。这与他试图扬弃美学史上哲学方法与科学方法的对立，尤其是克服他所师事的大塚保治的经验科学立场和大西克礼的哲学立场的偏颇，创建一个崭新的美学体系的意图密不可分。正如竹内敏雄自己所述：

大塚先生站在把美学看作经验科学的立场上，把美学研究的课题限定在符合于这一立场的艺术

---

[1] 今道友信：《绪论 美学方法叙说》，今道友信主编：《美学的方法》，李心峰等译，北京：文化艺术出版社1990年版，第39页。

[2] 参见金田晋：《现象学》，今道友信主编：《美学的方法》，李心峰等译，北京：文化艺术出版社1990年版，第53页。

研究领域；大西先生主要从哲学见解出发，认为艺术的终归要归结为美的，坚持了正统美学的立场。我则站在这样的立场上，认为美与艺术虽然相互在本质上有必然的联系但却属于不同的层次，以此把美学与艺术学加以区别。①

竹内敏雄还指出："本来，哲学美学与科学美学的对立问题，在根本上可以归结为哲学与个别科学之间的关系问题，但在这两者之间……有一种不断的交互作用。因此，所谓哲学美学也必须顾及经验事实，来验证其演绎的原理；而所谓科学美学也必须依靠先验的批判，来确保它的认识判断的普适性。"不过，虽然竹内敏雄力图避免把哲学美学与科学美学决然对立，并不妨碍他的美学的理论品格从总的倾向上看仍属于哲学美学的范畴。因为他把美的本体论、现象学和价值论作为"阐明美学的中心问题的一般基础理论"，而把心理学、社会学、符号学等科学方法作为解决各种

---

① 竹内敏雄：《美学总论·序》，日本东京：弘文堂，1979年。

核心问题的"辅助性的手段"。①

从上述基本立场出发,《美学总论》的总体结构分两大部分,一是"本篇　美学基础论",二是"续篇　艺术理论"。在"本篇"中,核心问题是美的本体论即美的存在问题。竹内敏雄把美的存在分为"美存在于何处?""美如何存在?"这样两个问题分别予以讨论,并认为这是美学首先要解决的根本课题。关于美存在于何处,也就是要回答传统美学中的美在客观还是美在主观。竹内敏雄的回答是:

> 实际上,美不只是存在于客体和主体的某一方面,而是存在于二者之间的交互关系中。对象以其固有的性状作用于我们,我们则以自发的活动反作用于它,这样就可以找到美的根本所在。……在真正意义上的美的对象绝非存在于其自身,而只是相对于我们而存在,依赖于观照它的主体的作用才成为美的对象。②

---

① 参见竹内敏雄《美学总论》(日本东京:弘文堂,1979年)一书"绪论"部分的第三节《美学方法论的确定》。
② 竹内敏雄:《美学总论》,日本东京:弘文堂,1979年,第72页。

第四章　日本战后（昭和后期）美学研究概况

关于美如何存在，竹内敏雄论述了美的虹霓性、美的孤岛性和美的深渊性。美的虹霓性，指的是美像自然界的虹那样，既有耀眼的光彩，又具有虚幻性、假象性，还具有瞬间显现而又转瞬即逝的瞬间性。美的孤岛性，指的是美必须在隔绝了现实生活之流、不执着于现实生活的实际存在和现实生活的直接目的的静观状态中才能存在。美的深渊性，指的是美与人的根本的深层本质密切相关，它在人的精神的幽深微奥之处摇撼着人的灵魂，存在于人的根源性的深层。这三种属性就是美的具体存在方式。

竹内敏雄在续篇中对艺术本质的哲学规定也是很独特的。他给艺术下了这样一个简明的定义："艺术是一种生产美的价值、创造美的技术活动。"[①] 他指出：

> 艺术在把美的价值作为本来固有的内容来追求的同时，应该作为技术性活动的一种形式有效地实现它。因此，以探讨艺术本质为课题的学问，不仅要以美学为基础，还必须以由一般技术理论构成

[①] 竹内敏雄：《美学总论》，日本东京：弘文堂，1979年，第617页。

的技术哲学作为基础学，寻求其理论依据。①

日本昭和后期的另一位美学大家今道友信，中国读者已比较熟悉。他可以说是当今日本乃至整个东方具有国际影响的美学大家之一，长期以来一直担任国际美学会副会长，并在德国等国家的大学任客座教授，还用德语、英语等西方语言出版过数种美学著作。目前，中国已出版了今道友信数种美学著作，如《关于美》《关于爱》《美的相位与艺术》，以及由他主编的《美学的方法》、他与别人合著的《存在主义美学》等。此外，他的另外两部重要美学、哲学著作《东方的美学》《东西的哲学》②也都翻译过来，并已出版。可以说，他的美学思想体系已经引起国内美学界的注意，但由于人们对他的著作了解得不多，因而还难以全面、准确地把握他的美学体系的基本特色。例如，国内有的学者把今道友信的美学归诸存在主义美学③，有的学者则把他归诸现象学

---

① 竹内敏雄：《美学总论》，日本东京：弘文堂，1979年，第547页。
② 今道友信：《东西方哲学美学比较》，李心峰等译，北京：中国人民大学出版社，1991年。本书为今道友信《东西的哲学》一书的中译本。
③ 参见毛崇杰《存在主义美学与现代派艺术》（北京：社会科学文献出版社，1988年）第二编第三章"存在主义美学与孔教——今道友信"。

第四章　日本战后（昭和后期）美学研究概况

美学[1]，这些都有一定道理，但都不准确。

实际上，今道友信汲取了西方现代几种重要美学流派如现象学、存在主义、解释学的思维成果，又从古希腊的柏拉图、东方的庄子和孔子的美学思想中汲取智慧，还从同时代的苏里奥、贝林格、帕雷逊的形而上学美学中获得启示，[2]并用自己独特的"美学的哲学思考"将它们熔于一炉，形成了自己独特的美学方法、美学理论，以此将上述种种美学思想材料有机地统一在自己的美学体系之中。这种美学体系，今道友信自称为"卡罗诺罗伽"（Calonologia）。

"卡罗诺罗伽"是今道友信根据美、存在、理性、学问四个希腊词创造出来的术语，意为以理性研究美的存在的学问，用来命名美学这门学科。他曾自述道：

> 直到60年代中期，我仍然认为美与存在在最高的绝对的水平上是同一的。但是，从70年

---

[1] 参见今道友信《美的相位与艺术》（周浙平、王永丽译，北京：中国文联出版公司，1988年）"译者前言"。

[2] 今道友信在《美学的方法》"绪论"中自述道："在同时代的人中，使我受惠最大的是刚刚提到的三位（苏里奥、贝林格、帕雷逊——引者）……而学习古代西方的柏拉图和东方的庄子所受的影响也很大。"参见今道友信主编：《美学的方法》，日本东京：东京大学出版会，1984年，第19—22页。

> 代中期开始，我的思考有了深化，开始认为美是只有在对存在的否定中才能表现出来的价值。此后，我认为卡罗诺罗伽不是本体论，而是超本体论（超存在论）。用这一名称，兼顾欣赏、创造、思考三个方面，展开了新的美学构想。①

今道友信还曾指出他自己的美学是一种形而上学美学：

> 作为价值论，我把美作为最高的价值置于真和善之上；作为证明它的方法，我认为按照命题结构的逻辑分析围绕主辞与客辞的同一性考察是思维的核心，以此来探明这种同一性现象。……另外，我的美学是形而上学而不是本体论；就超越存在才能看到美的光辉这一点来说，可称之为卡罗诺罗伽或超本体论。关于它的证明，遵循着将有关死和自由的考察与艺术和审美经验结合起

---

① 参见今道友信主编《美学的方法》（日本东京：东京大学出版会，1984年）一书中的《绪论　美学方法叙说》（今道友信著）。

来的逻辑及解释的逻辑。[①]

这两段话可以说是理解今道友信基本美学观点及体系的钥匙。

为什么说今道友信的美学是一种超本体论的形而上学美学呢？因为以往的本体论美学一般都把美与存在放在同一层次，并认为美与真、善等精神价值处于同一个层面上；或者认为美不过是存在的一种属性或功能等等。而在今道友信看来，美不再是存在的附属物，而是只有超越了存在、否定了存在，才有美的诞生；美不再是与真和善平起平坐的、处于同一水平线上的人类精神价值，而是超越了真和善的、最高层次的人类精神价值。他认为，美的最典型的表现是在为自己所爱的人，或为公共事业、为艺术、为真理、为正义等人类价值做出牺牲，甚至牺牲自己的健康乃至生命，即否定自身的存在（健康、生命是人的存在形式），此时才能充分看到美的光辉。艺术是美的最典型、最集中的表现形态，今道友信也把他的上述美学

[①] 参见今道友信主编《美学的方法》（日本东京：东京大学出版会，1984年）一书中的《绪论 美学方法叙说》（今道友信著）。

观运用于艺术的解释之中。在《美学的方法》一书的"卡罗诺罗伽"一章中，今道友信通过对一首和歌的具体分析，对其"卡罗诺罗伽"的美学方法、美学体系作了示范性的操作应用。他遵循着从语音到语义学，再到意象的逐层分析的上升路线，认为这一完整过程尚属于艺术学的分析阶段，它仅仅构成美学即卡罗诺罗伽的解释的一个基础。要把握作品的美的价值，还必须超越作品的语义论和意象论的层次，使作品的意象多层化，对作品意蕴进行整体的透视，使精神飞升到作品所隐含着的美的价值层次。这就是所谓卡罗诺罗伽的解释，即美学的解释。

第三节　昭和后期日本的科学美学研究

日本战后的昭和后期美学思潮中的另一个重要流派是科学美学。

狭义的科学美学源于费希纳"自下而上的"实验美学。西方现当代带有实证性和科学主义倾向的美学流派，如分析美学、符号学美学、结构论的美学等，也是科学美学中的重要分支。当代的科学美学主要是在现代科学技术高度发达，人工智能、系统工程迅速发展的背景下，在现代系统论、控制论、信息论及计算机理论、传播理论的覆盖和影响下产生的新兴美学思潮。在这里，主要指20世纪60年代以后诞生的信息美学和后来出现于日本的计算美学。

日本美学界，在20世纪60年代以前，对西方的科学美学流派大多只限于翻译和介绍，独创性的研究成果较少。60年代以后，出版了一系列系统的科学美学著作，有些著作开始有了自己独特的理论建树，甚至在少数美学家那里，形成了独树一帜的崭新的日本科学美学理论体系。

日本当代有不少科学美学的研究者，比较有成就的有加藤茂、谷川渥、川野洋等。其中，影响最大、成就最为突出的，当首推川野洋的科学美学理论。

川野洋是日本当代倡导并研究科学美学的代表人物。自20世纪50年代以来，一直追踪世界科学美学的发展进程，并予以创造性的研究。到了70年代，他开始了自己独创性的"计算美学"的建设。其主要著作有《现代迪扎因理论的要旨》（1966）、《传播与艺术》（1968）、《艺术信息的理论》（1972）、《艺术的逻辑——信息美学的方法》(1983)、《电子计算机与美学》(1984)，以及与人合著的《艺术符号论》(1966)、《迪扎因文化》(1972)等。

川野洋的科学美学研究，大体上走过了四个阶段的路程：一是分析美学阶段，二是符号学美学阶段，三是信息美学阶段，四是计算美学阶段。

在前两个阶段，川野洋的工作还主要是介绍西方相应的美学学说，或尝试把西方兴起的分析哲学、一般符号学原理运用于自己的美学与艺术研究之中。在信息美学阶段，他虽然也花了相当大的力气致力于介绍西方信息美学的代表人物莫尔（A. Moles，又译莫尔斯）、本泽（M. Bense）、梅耶（L. Meyer）等人的理论，发表了许多著述，但已不限于简单的介绍和复述他人的观点，而是走上了把西方各家信息美学学说予以扬弃、综合的道路。与此同时，川野洋还把信息美学与符号学美学、分析美学已经取得的成果加以综合，初步形成了有自己特点的理论构想。到了第四个阶段，他基本上摆脱了上述西方几种美学理论框架的束缚，创建了他自己独特的科学美学体系。对于这一演进过程，川野洋曾有过这样的概括：

第四章　日本战后（昭和后期）美学研究概况

　　我试图在分析美学和符号美学的基础之上，以信息论和控制论为方法，把新的科学美学作为信息美学来建设。在此之前的道路上，还几乎体现不出我的独创力，可以说是在夜以继日地钻研欧美先进的学者的研究，同时予以追踪、消化，把它批判地介绍给相当落后的我国美学界。在这一过程中，我逐渐觉得总应该由自己来建设科学的美学，于是便形成了艺术的控制论模型的思考和依靠计算机进行的模拟实验而产生的所谓新的"自上而下的"科学美学构想。这样，我便把这种想法付诸实践，使用计算机，尝试音乐、造型艺术、文学等各种类的艺术模拟实验。这种实验由于再现了有关艺术的美学逻辑过程，这种美学的思考实验在产生了计算机艺术这种人工艺术作品的同时，在逻辑上扫除了纠缠于传统的观念论美学的不可避免的暧昧性；它在再次明晰地构成了作为学问的美学体系的同时，明示了应该牢牢抓住美学中的真这一问题。我把由计算机艺术实验所支撑的科学的美学理论研究命名为"计算美学"

161

（computational aesthetics）。我在科学的美学研究的道路上艰苦探索的只能是这样的计算美学。[1]

关于川野洋对符号美学和信息美学的研究，20世纪八九十年代国内已经译介了他的一些文章[2]，这里只着重介绍一下他在"计算美学"方面的贡献。

川野洋的计算美学，有这样一些特点：第一，它是以分析美学、符号美学和信息美学为基础的，在总的倾向上仍属科学美学范畴，仍须遵循一般科学美学将审美对象及艺术作品形式化、符号化、信息化乃至模式化的一般程序；第二，它最突出的特点是与以往"自下而上"的实验美学（川野洋称之为"古典的实验美学"）完全不同，是一种所谓"自上而下的实验美学"（川野洋又称之为"现代实验美学"或"新实验美

---

[1] 川野洋：《艺术信息的理论·序言》，日本东京：新曜社，1979年初版第4次印刷，第3页。
[2] 近年国内译介川野洋的科学美学篇章有《符号和艺术》（《马克思主义文艺理论研究》编辑部编选：《美学文艺学方法论》下册，北京：文化艺术出版社，1985年），以及拙译《从艺术符号论到艺术信息理论》《语义信息与审美信息——符号的信息结构》《信息美学的艺术价值论》（均为摘译，分别刊于《文艺研究》1985年第4期、第6期和1986年第3期的"研究之窗"专栏）。

学")。这种"新实验美学"首先把制约着艺术作品的创作与欣赏的审美意识活动过程"在逻辑上模式化",然后,运用电子计算机进行艺术的模拟实验,进行推论和演绎,与以往实验美学单纯运用归纳方法大异其趣。①

对于这种新的实验美学在美学发展史上的地位及其理论特点,今道友信曾有过简洁明晰的概括。他认为:

> 应该注意的是:20世纪后半叶的新的实验美学既不是把比艺术作品更低的日常的快感在感觉水平上作为"自下而上的美学"的问题,也不是要单纯地说明实际存在的欣赏的心理现象的"始于中间的美学"(Aesthetik von Mitte, Joan Aller),而是把反复的实验作为前提研究出某种定式,顾及艺术作品的创造与欣赏两个方面,把审美意识的作用形式按照技术工程学的逻辑结构予

---

① 参见川野洋:《实验美学——从美学研究者的工具到美学研究主体的结构》,今道友信主编:《美学的方法》,日本东京:东京大学出版会,1984年,第146—148页。

以信息化。因此，一方面，有可能在物质上以机械的方式来设定作品；另一方面，也可以以演绎的方式来规定欣赏的过程。①

这种新的实验美学即是川野洋的"自上而下的实验美学"，亦即计算美学。川野洋的计算美学的理论体系，在《艺术信息的理论》一书中已经有数篇文章为之勾勒出大致的轮廓，在他的《艺术的逻辑》《电子计算机与美学》等新著中则做了更加系统、严密的阐发。

第四节　昭和后期日本的艺术学研究

在日本战后的昭和后期，艺术学的研究一直十分丰富。早在20世纪初狄索瓦、乌提兹倡导一般艺术学并以此与美学相区别的时候，日本就相应地开展了有关美学与艺术学的热烈讨论，与此同时开始了艺术学的学科建设。一个世纪以来，艺术学的研究在日本从未间断，不断地有新的系统的艺术学著作问世。1983年，

---

① 参见今道友信主编《美学的方法》（日本东京：东京大学出版会，1984年）一书中的《绪论　美学方法叙说》（今道友信著）。

日本东京大学出版会还出版了一本渡边护的《艺术学》的修订版。在日本,关于艺术学与美学的关系,也有种种不同的观点,归纳起来,主要有如下三种看法:一是包容说,认为美学包括艺术学;二是并列说,认为美学与艺术学二者各自独立,相互并列;三是交叉说,认为美学与艺术学在研究范围上不尽相同,但有相交叉的部分,二者既互相独立,又有密不可分的联系。但不管怎样,他们都十分重视艺术之学的独立的学科价值,给予艺术学以应有的学科地位。

日本的艺术学,首先是注重对一般艺术学基础理论的研究,出版了多种艺术学序说、艺术学概论一类的著作。吉冈健二郎的《近代艺术学的成立与课题》[①]对该学科的形成及主要问题作了明了清晰的梳理。

其次,是对艺术学新兴领域、新兴学科的开拓。艺术作为人的本质性的精神价值生产活动,与人的存在结构中的各个层次,如生物层次、心理层次、社会层次、文化层次等,均有密不可分的联系;同时,它还与人的其他各种社会活动及精神价值领域,如政治、

---

① 吉冈健二郎:《近代艺术学的成立与课题》,日本东京:创文社,1975年。

经济、日常生活与哲学、科学、宗教、教育等等，有着深刻的关联。另外，在艺术研究内部，也存在着不同视点、不同方法、不同对象的差别。由于上述种种原因，艺术学的研究视界是极其宽广的，开拓艺术学的新兴领域、新兴学科的可能性也是极其巨大的。这里，我们着重介绍日本当代几种影响较大、实绩突出的艺术学的新兴学科。

先谈谈艺术类型学。在这一领域，竹内敏雄的艺术类型学理论较有代表性。竹内敏雄认为，类型概念在艺术学体系中具有至关重要的方法论意义。他说："艺术作为美的-技术的存在，既以无限多样的个性的差异而特殊化，又在根本上具有在一切场合下都是共通的一般规定性，因此，在这一文化领域，在普遍与个别之间，类型概念作为二者的媒介，就起到格外重要的作用，对于艺术学的认识具有迫切的方法论的意义。""在艺术理论中，由于开拓了这一领域，艺术的体系性研究大概才能发展成为一种既遵循艺术的本质规定的一般原理又适应艺术的具体状况的更有实效的理论。"竹内敏雄把艺术类型学划分为艺术种类论与艺术风格论两大部分。关于种类与风格的区别，他说："正像在针对美的现象具体探讨美的问题时一般把本来互不可分、相互关联的美的对象和审美体验分为两个方面来处理是有效的、也是必要的那样，有充分的理由把艺术区别为客观的产品和生产它的主观制作活动（以及与之相对应的观照）来论述。现在要把这种区别推广到艺术类型论上的话，可以说艺术的种类是根据有关作品的结构的契机的客观的标志而区分、归纳的类型；艺术的风格是以有关制作活动方面的主观的标志为准则而设定的类型。"① 从这一基本的艺术类型学观点出发，竹内敏雄展开了严谨、周详的艺术种类论和艺术风格论的探讨，形成了他独特的艺术类型学体系，也使他的整个美学、艺术理论体系更加完整、系统。

再看看民族艺术学。这是一个刚刚诞生的新兴艺术学领域，试图把民族学与艺术学结合起来形成一个综合的学科。1986年底，日本广播出版协会出版了由著名艺术理论家木村重信主编的《民族艺术学——它的方法序说》。该书收入了十余篇论文，分别从不同视点探讨了民族艺术学的一些基本问题。木村重信说："民

---

① 参见竹内敏雄《美学总论》（日本东京：弘文堂，1979年）一书中的《续篇　艺术理论》第二章"艺术类型论序说"。

族艺术学的目标是在整体的生命联系中把握艺术，对艺术与各种文化现象的关联进行再探讨。消极地说，是要重新综合地审视民族学与艺术学用各自的方法进行的研究，填塞学科间的鸿沟；积极地说，由于视野的扩大和新方法论的发现，要对艺术观念自身加以变革。"他还认为，民族艺术学的对象是各民族的艺术，尤其重视流行于民间的艺术种类以及与生活密切相关的工艺美术等等。不过，它与仅以某一具体民族的艺术为对象的"民俗艺术学"又有不同，它以复数的民族艺术为对象[①]。在笔者看来，这里所谓民族艺术学，其内容更接近于艺术的文化人类学（在日本，除了文化人类学这一学科名称，还有学者以民族学来称呼该学科）。尤其值得注意的是民族艺术学关于方法论的宣言，木村重信在该书开篇论文《何谓民族艺术学》中，宣称民族艺术学是"艺术研究的第三条道路"。第一条道路是"为艺术而艺术"的立场，强调艺术的自律性，试图在超越日常性或目的性的领域来寻求艺术的本质；第二条道路是"为人生的艺术"立场，强调艺术受宗

[①] 参见木村重信主编：《民族艺术学》，日本东京：日本广播出版协会，1986年，"后记"。

教、道德等因素制约的他律性。木村重信则鲜明地提出了不同于上述两种立场的"第三条道路",认为这是民族艺术学独自的领域和与之相适应的新的方法论:"它不寻求艺术的特殊的、个别的价值,而是追求其综合性的价值。即在与整体性的生命的联系中把握艺术,在艺术与各种文化现象的关系中重新加以探讨。它不寻求艺术由其他文化价值所规定的他律性,也不寻找自己支配自己的自律性,而是去探寻在再生之中把个别化了的各个文化领域统一起来的泛律性。这就是民族艺术学的基本的问题。"[①]

日本当代艺术学研究中的另一个热点是比较艺术学。日本美术出版社从1974年开始,陆续出版了山本正男监修的六卷本《比较艺术学研究》。[②]山本正男是日本当代著名艺术理论家,曾著有《美的思索》(1954)、《艺术史哲学》(1962)、《东西艺术精神的传统与交流》(1965)、《通往美学的道路》(1971)、《感性的逻辑》

[①] 木村重信《何谓民族艺术学》(木村重信主编:《民族艺术学》,日本东京:日本广播出版协会,1986年)一文由笔者译出,刊于《民族艺术》1989年第3期;另收入拙编《国外现代艺术学新视界》(译文集),南宁:广西教育出版社,1997年,以及李修建编选:《国外艺术人类学读本》(译文集),北京:中国文联出版社,2016年。

[②] 山本正男主编:《比较艺术学研究》,日本东京:美术出版社,1974—1981年。

（1981）、《通往美术教育学的道路》（1981）、《在艺术的森林中》（1986）、《通往生活美学的道路》（1997）、《艺术的美与类型——美学讲义集》（2000）等著作，还主编了"艺术学研究丛书"①、《美术教育学研究》②、《现代的艺术教育》③等著作。《比较艺术学研究》各卷均以论文集形式出现，每卷选择一个主题，由各个领域的专家、学者担任撰稿人。其中，还有一部分重要篇章，出自西方著名比较艺术学家泽德尔玛亚、留采勒等人之手。这六卷的主题分别是：（1）艺术与人间像；（2）艺术与美意识；（3）艺术与宗教；（4）艺术与风格（日语原文为"樣式"）；（5）艺术与种类；（6）艺术与表现。

在日本的比较艺术学研究中，概括地说，大体上有这样几个研究方向：一是艺术种类之间的比较研究，二是艺术风格间的比较研究，三是不同文化圈或不同民族、地域、国别的艺术比较研究，四是艺术与其他精神价值生产或其他文化现象之间的比较研究。近年

---

① "艺术学研究丛书"共四种，包括《艺术与民族》《艺术学的方法》《艺术与装饰》《艺术与社会》，日本东京：玉川大学出版部，1984—1987年。
② 《美术教育学研究》共四卷，包括《美术教育的理念》《美术教育的方法》《美术教育的现象》《美术教育的实践》，日本东京：玉川大学出版部，1984—1985年。
③ 山本正男主编：《现代的艺术教育》，日本东京：三彩社，1966年。

来，更出现了几种倾向互相融合、渗透的趋向。如把类型学的比较与不同文化圈的比较结合起来，或把科际比较与跨文化圈的比较综合起来，等等。各种比较研究，一般都有一个基本的目的，就是把比较作为一种行之有效的方法，作为联结以往艺术研究中互相孤立的不同领域之间的桥梁，用以沟通具体艺术现象与一般艺术规律之间的联系，完善艺术学的体系性的认识。

日本的艺术学的新领域、新学科，除了上述三种之外，还有许多种，如艺术教育学、艺术社会学、艺术信息学等等。每个学科都有专著出版，取得了值得重视的学术成果。在昭和后期，日本还发表了有关艺术地理学、艺术疗法、艺术与精神医学、艺术文化人类学等方面的论文和论著，都是饶有意味的新的开拓和探索。

第五节　昭和后期日本的东方美学研究

日本昭和后期美学还有一个值得我们高度重视的领域，这就是对东方美学的深入开掘和拓展，尤其是对日本本国、本民族的美学遗产的挖掘和阐释更为丰硕。

日本美学界向来十分重视探讨日本特有的美学思想、日本古代的美的观念和审美意识。归纳起来，可以把这一阶段对日本美学的研究分为这样几个主要的方面。一是研究日本一般的美学思想，包括日本特有的美和审美意识、美学观念等，如安田武、多田道太郎编《日本的美学》（1970），吉田光邦《日本美的研究》（1968），西田正好《日本的美》（1970），植田寿藏《日本的美的精神》（1944）、《日本的美的逻辑》（1970），田中日佐夫《日本美的结构》（1975），芳贺辛四郎等编《日本人的美意识》（1978），竹山道雄《日本人与美》（1970），等等。

二是对日本特有的美学范畴进行深入的理论探讨。日本著名美学前辈大西克礼早在20世纪三四十年代就出版过《幽玄与哀》（1939）、《风雅论——"寂"的研究》（1940）。此外，九鬼周造《"粹"的构造》（1930），黑田亮《勘的研究》（1933、1980）和《续·勘的研究》（1938、1981）[1]等，也都很著名。20世纪八九十年代，日本还出版了草薙正夫《幽玄美的

---

[1] 这里的"勘"相当于汉语中的直觉、第六感觉等。

第四章 日本战后（昭和后期）美学研究概况

美学》（1973），以及对"间"①等日本特有美学范畴的探讨。

三是对日本艺术中的美学思想、美学特性进行思考，特别是对日本特有的艺术体裁所蕴含的美学观念加以概括和阐发。诸如对日本的艺道、茶道、花道、俳谐、和歌、歌舞伎、物语等艺术类别的美学特性加以描述和概括，这方面出版的著作很多。此外，对那些基本艺术类别如音乐、美术、文学等的美学思想的探讨，如《日本文学中的美的结构》（1976）、《日本音乐的美的研究》（1984）等，著述也颇为丰富。与此同时，日本还注重对日本艺术和文学名作、名著的美学思想给予系统的、专门的研究，出版了一系列著作，如大西克礼《万叶集的自然感情》（1943）、秋山虔《源氏物语的世界——其方法与构成》（1964）等。

日本对东方美学的研究，当然不只限于日本美学这一狭小的范围，而是把视野投入整个东方，包括汉字文化圈（中国、朝鲜、东南亚）、印度佛教文化圈、西亚伊斯兰教文化圈。尽管对各个部分的研究很不平

---

① 这里的"间"相当于汉语的关系、在……之间等。

衡——对中国美学的研究最为丰富，对印度的研究次之，对其他部分的研究又次之——但日本对东方美学的范围的理解，在观念上是相当宽广的。

在日本对东方美学的研究著作中，我认为最有影响也最有理论价值的是今道友信的《东方的美学》（1980）。在这部专著中，今道友信不仅概述了中国和日本古代美学思想发展的历史，还着重探讨了孔子、庄子这两位中国古代最有影响的哲人的美学思想，以及日本人的基本性格与艺术的关联、日本人特有的审美意识、日本的歌论、松尾芭蕉和本居宣长的美学思想。

今道友信在绪论中极精辟地概括了研究东方美学的必要性。他认为，第一，对于东方美学这片待开发的丰富思想宝库，有必要通过本文解释，揭示其内在的逻辑性；第二，把东方美学与西方美学思想相对比，通过文化比较，超越东方或西方单一的文化传统的局限，努力发现全人类共同的美学规律；第三，由于美和艺术构成人类全体成员的最切近的经验之一，如能站在全人类的立场来考察，就能够促进人类相互间的根本理解与和睦；第四，东方美学思想远比人们所想象的要丰富，并且有很高的水平，但它们被淹没在历史的背后，存在于我们的意识之下，有必要使它们在现代的学术领域中重放异彩。

更值得注意的是，今道友信研究东方美学，有这样一些特点：一是揭示东方美学的特殊文化背景下的特性和超越了特定文化局限的一般性；二是用现代的方法和观念照亮幽暗的历史；三是在研究东方美学遗产时，以自己的美学思想贯穿其中，不着重于史实的记述，而着重于美学、艺术一般原理的揭示。

今道友信在研究孔子的艺术哲学时，可以说就体现了这些特点。他特别强调这一点，即认为孔子的艺术思想，一言以蔽之，就是在精神上向彼岸世界上升。精神的这种能动的垂直性把艺术与技术完全区分开来，任何一种艺术都能使人的精神上升，都能使人的精神超越身边的日常生活。如《论语·泰伯》的"子曰：兴于诗"，就是在说"人的精神因诗的艺术垂直地兴腾起来，突破定义的上限"。他认为，孔子正是以艺术的超越性为标准，划分了艺术的等级，即诗的艺术、礼的艺术、音乐艺术。

正因为今道友信以形而上学美学家自居，所以他对庄子的美学更为重视。他认为，相对于孔子的艺术哲学来说，庄子的美学是美的形而上学，是幽玄的美学、风的美学。在庄子那里，"一"才是最高的美。

今道友信在讨论日本的美学时，特别注意联系日本的特殊文化背景揭示它的独特之处。比如，他比较了东西方人的文化性格，认为东方人缺乏人格（persona）概念，而西方人则缺乏应答性或曰责任（responsabilitas）概念。他指出，所谓人生就是个别的人以自己的理性和意志在与他人的对应中来工作的整体，而这种应答性即责任概念在古代的东方是极为普遍的。他举了大量事例来说明，日本古代的艺术实际上就是体现这种应答性或责任的艺术。他还认为，无论是缺乏人格概念，还是缺乏应答性概念，都是片面的、有缺陷的文化性格，都需要克服各自的缺陷。

今道友信从重建人类思维和重建哲学的高度来思考东方美学研究的意义。他认为，在现代科学技术高度发达的时代，人们的逻辑思维、计算思维即悟性思维是可以测定的，并能够使其自动化。人要获得再生，必须有不属于计算思维的思维，这就是超越悟性的理性化的思维，即基于意象的思维。只有这样的思维，才能达到理性的思维。东方的美学特别强调这种意象的思维：东方的哲学、艺术富有想象力，突破了概念的僵化的思考和固定化，带来了动态的思想的自由漫游，向人类启示了宇宙中的诗境，启示了艺术的秘密、存在的秘密以及超越者的秘密。在技术文明已经陷入困境的时候，不论是为了使科学家进行技术革新，还是为了使哲学家改进思维，作为一种必要的智能，从逻辑上开拓基于意象的思维方法都是必要的。他还认为，这样的探讨有可能改变把美学看作是哲学的应用学科的习见，甚至有可能改变整个哲学的内部结构，使现代哲学克服危机而出现生机。在这里，我们不难看到作为一位美学大家和哲学大家的远见卓识和宏伟抱负，也不难从中获得有益的启示。

第五章　竹内敏雄：聚焦"技术"

第一节　竹内敏雄与战后日本美学的复兴

20世纪日本现代美学，以日本战败、二战结束的1945年为分界线，显著地分为前、后两个阶段：日本战败前的阶段和战后阶段。与整个世界范围内的美学在战后得到全面复兴和迅速发展[1]同步，日本美学在战后也获得了很大的发展。无论是研究人员的数量，还是研究成果的丰富多样，或是美学研究组织及其活动频度、美学

---

[1] 对于这种情况，竹内敏雄曾有过简明的概括："自1750年鲍姆加登把美学作为独立的哲学分支以Aesthetica（Aesthetik）命名以来，大约200年间，它是在德国独立发展的；但战后美学随之复兴，仅十多年就广泛传播于欧美诸国。战前只有德国才有的美学刊物已在美、法、西班牙、意、英、希腊、波兰等国（也在日本）相继发行。1956年以后，每隔四年召开一次世界规模的国际代表大会。随着研究人员的明显增加，研究方向也产生急剧的变化。"参见竹内敏雄为其主编的《美学新思潮》（共五卷）所写的"总序"，今道友信等：《存在主义美学》，崔相录、王生平译，沈阳：辽宁人民出版社，1987年，第47页。

第五章 竹内敏雄：聚焦"技术"

研究刊物数量等等，都是战争结束前所无法相提并论的。

作为日本战后美学复兴的标志，可以举出这样几点：第一，日本于1950年成立了全国性的美学学会日本"美学会"，并在其下按日本关东与关西的地域划分，分别设立东部会与西部会。学会每年召开一次全国美学大会，从未中断。其东部会与西部会，也会经常举办各种学术活动。可以说，该学会至今仍是日本美学研究领域最具代表性的学术团体，会员数量达到两千多人。第二，作为日本美学会的机关刊物，日本美学会创办了《美学》杂志季刊，并出版了英文版。第三，日本美学界完成了几项大型的学术项目，出版了《美学事典》《美学新思潮》[①]等等。

在战后日本的美学家中，有一位在上述几个方面均起到至关重要的主导作用的人物，他就是竹内敏雄（Takeuchi Toshio，1905—1982）。竹内敏雄是日本美学会的主要发起人和组织者、领导者。从1950年日

[①] 竹内敏雄主编：《美学新思潮》（全五卷），日本东京：美术出版社，1965—1966年。其中，包括第一卷《艺术的实存哲学》、第二卷《艺术的解释》、第三卷《艺术符号论》、第四卷《艺术与技术》、第五卷《艺术与社会》。今道友信等的《存在主义美学》（崔相录、王生平译，沈阳：辽宁人民出版社，1987年）中译本，即是竹内敏雄主编的《美学新思潮》第一卷《艺术的实存哲学》。

本美学会成立起，他便担任美学会的代表委员（即会长），直到1982年因身体原因辞去会长职务（竹内敏雄不久便在该年病逝）为止，前后长达33年。他对于日本美学会的机关刊物《美学》杂志的创办和编辑出版，也一直发挥着主导的作用。日本战后完成并产生深广影响的几项大型美学集体项目中，较早问世的《美学事典》、《美学新思潮》（全五卷），均是在竹内敏雄主持下完成的。另外，德国古典美学经典著作中篇幅最大、最难翻译的黑格尔《美学》的日译本（全三卷九册），也是竹内敏雄翻译的。[①]

竹内敏雄不仅是战后日本美学复兴的领军人物，更是一位在美学研究上取得巨大业绩、形成自己独特的美学理论体系、著作等身的美学大家。他在战后先后出版了《文艺学序说》（1952）、《文艺的体裁》（1952）、《亚里士多德的艺术理论》（1958）、《现代艺术的美学》（1967）、《塔与桥——技术美的美学》（1971）、《美学总论》（1979）等美学著作，发表了数量

[①] 竹内敏雄对日本现代美学的贡献，还有一点值得一提，就是在出版日本昭和前期最重要的美学家之一、同时也是他的恩师大西克礼的三部重要美学著作——《美学》（上、下卷）、《浪漫主义的美学与艺术观》和《东方的艺术精神》的过程中，他也发挥了主导性的作用。

第五章 竹内敏雄：聚焦"技术"

可观的美学论文。其中,《美学总论》是其晚年完成的一部总结性的美学巨著,可视为其最重要的美学代表作。

竹内敏雄由于在战后日本美学中发挥了重要作用,再加上其个人杰出的美学业绩,被日本美学界奉为"现代日本的美学泰斗"[①]。今天日本仍然健在的老一辈美学家,不少人均出自他的门下。因此,如果要在战后挑选出一位最重要的美学家的话,我们首先就会想到竹内敏雄。

作为日本战后最为重要的美学家,竹内敏雄的名字早在20世纪80年代中期便已进入中国美学研究的视野。[②]但是,令人遗憾的是,直至今天,国内尚没

---

① 参见利光功为竹内敏雄主编的《美学百科辞典》的中译本(刘晓路等译,长沙:湖南人民出版社,1988年)所写的序《寄语中国读者》。
② 1985年,笔者翻译的竹内敏雄《美学方法论的确定》(该文为竹内敏雄《美学总论》"序论"中的第三节),被收入《美学文艺学方法论》译文集,由文化艺术出版社出版;1986年,笔者撰写的《竹内敏雄的〈美学总论〉》在《文艺研究》第5期发表,简要介绍了竹内敏雄在美学研究方面的最重要的著作《美学总论》的主要学术观点和学术成就。1987年,池学镇翻译的竹内敏雄主编的《美学百科辞典》(原名《美学事典》)由黑龙江人民出版社出版;次年,刘晓路等人翻译的竹内敏雄主编的《美学百科辞典》(原名《美学事典》)由湖南人民出版社出版。1990年,作为竹内敏雄《美学总论》中的一个部分的"续篇 艺术理论"被卞崇道等单独翻译出来,以《艺术理论》这一书名由中国人民大学出版社出版。此外,笔者在《日本当代美学概观》(《文艺研究》1990年第6期)及《战后日本哲学思想概论》(卞崇道主编,北京:中央编译出版社,1996年)中由我执笔的第七章"(战后日本)美学研究与日本人的审美意识"等论文和论著中,也简略地涉及对竹内敏雄美学思想的介绍和评价。

有一篇全面深入地研究竹内敏雄美学成就的专论发表。人们对竹内敏雄的熟悉、了解、研究、介绍远不如对他的美学教席的继任者和后辈今道友信来得全面、深入。这不仅与竹内敏雄在当代日本美学中的重要地位和学术成就很不相称,也与竹内敏雄美学思想所具有的学术价值不甚协调。总之,我们对竹内敏雄的介绍与研究还远远不够,竹内敏雄美学中对于我们今日美学研究所可能具有的启示意义还有待于深入开掘。

第二节　技术时代的美学思索

需要指出的是,竹内敏雄的美学研究道路与他的前辈大西克礼、植田寿藏有一点显著的不同。大西克礼、植田寿藏这两位美学家都对日本乃至东方的传统美学思想资源、美学与艺术精神进行了深入的研究,对美学上的东方与西方的矛盾问题做了深入的思考和解答。但是,竹内敏雄却几乎没有专门研究过日本或东方的美学传统,东方与西方的关系在他这里也不成为一个重要的问题。对此,竹内敏雄自己也曾有所觉察并做过这样的解释:

第五章 竹内敏雄：聚焦"技术"

大西（克礼）先生一方面摄取、批判西欧美学的各种学说作为立足的基础，另一方面，从日本人的立场出发来弥补西方的片面性，使他建立起也能适应于东方的审美意识和艺术精神的独自的体系，这是特别值得铭记的历史业绩。不过，我虽然偶尔地特别联系到本国的场合，但主要是根据现代的艺术思潮和与之相应的学问的认识的动向，致力于扭转近代的美学、艺术观的审美主义的偏向并加以拓展。在第二次世界大战以后的世界，随着文化上的国际交流的发展，就美和艺术而言，与其说是强调各民族的传统的性格，不如说追求同时代的全球性的革新的方向的机运提高了。[1]

每个时代都会提出自己时代的特殊问题要求学者们做出回答；每个学者也只能对进入他的问题意识之中的时代课题做出自己的解答。正由于竹内敏雄对于

---

[1] 参见竹内敏雄：《美学总论·序》，日本东京：弘文堂，1979年。

二战结束后的时代课题做出了他自己的判断——由于文化上的国际交流的发展，就美和艺术而言，强调各民族的传统的性格并非是主要的课题，追求同时代的全球性的革新的方向才是最需要予以回答的时代课题——所以，竹内敏雄的美学研究才集中于思考和解决现代技术社会的艺术和技术美的实践等美学问题，并以此为基础建构起其《美学总论》的理论大厦。因此，我们这一章对于竹内敏雄的美学业绩的概观式的研究，也准备集中于竹内敏雄是怎样把握"现代"的、他所理解的现代提出了怎样的美学与艺术理论问题，以及他是如何来回答这些问题的。

竹内敏雄作为一位美学大家，对他所处的时代即"现代"有自己独特的认识和把握，并在建构与这种现代社会相适应的现代美学的理论体系方面做出了不懈的努力。不过，他所完成的第一部美学著作却并不是直接探讨现代美学的问题，而是对古典美学文献的解读。这就是他曾获得日本学士院大奖的名著《亚里士多德的艺术理论》。

但是，正如竹内敏雄所说，他的《亚里士多德的艺术理论》一书，"并未止于把古典只是作为古典本身

第五章 竹内敏雄：聚焦"技术"

来研究，而是从现代的美学乃至艺术哲学的观点来解释，挖掘其现代的意义，以帮助解明新的问题。基于根据这种研究所获得的洞见，在这之后，我开始直接地专注于由现代艺术的令人眼花缭乱的革新的发展所诱发的各种问题，努力地去解决它"。[①]

由此，我们可以看到竹内敏雄学术研究的一个基本路径。这就是，从现代的美学、艺术哲学的观点来研究和解释古典美学与艺术理论，又把通过古典研究所获得的洞见作为立论的基础，直接地切入现代美学、艺术所提出的各种问题，对其进行系统深入的研究。他不是为了研究古典而研究古典，为了寻找传统而寻找传统，而是为了回答现代的美学问题，进行今天的美学建构而去研究古典、挖掘传统的理论资源。竹内敏雄对亚里士多德的艺术理论所进行的极有价值的研究与解读，是立足于他的回答现代美学问题的需要。他花了极大的心血独立翻译黑格尔的《美学》（全三卷九册），以及他对康德美学等传统美学经典的研究，同样是为了现代美学建构的需要。

[①] 参见竹内敏雄：《现代艺术的美学·序》，日本东京：东京大学出版会，1967年。

竹内敏雄对"现代"有怎样的认识呢？

竹内敏雄曾在其主编的《美学新思潮》第四卷《艺术与技术》一书中收入自己的一篇论文《技术时代的美学的问题》。他明确地把自己所面对的现代称为"技术时代"。

客观地来看，将"现代"界定为"技术时代"，也许算不上竹内敏雄的首创性的发明。在他之前，西方的一些思想家便曾从现代科学技术与现代社会之间的密切联系这一角度来描述现代的特征。例如，按照黑格尔一派的世界史观，古代是艺术的时代，中世纪是宗教的时代，近代则是哲学的时代。可是，现代是什么样的时代呢？雅斯贝尔斯作为西方20世纪最为重要的思想家之一，曾这样描述现代：近百年的西欧的世界，是以自然科学和以它为基础的工业技术为中心、在它的支配下发展的。既然"近代欧洲的科学与技术"这两者作为世界史上"焕然一新的东西"支配着这个时代[1]，那么，可以说，以科学和技术在现代社会中的支配地位来界定现代的特征，是西方思想界的一种有

---

[1] 参见竹内敏雄：《现代艺术的美学》，日本东京：东京大学出版会，1967年，第3—4页。

第五章 竹内敏雄：聚焦"技术"

影响的看法。这种看法也就是把现代界定为"科学 - 技术的时代"。竹内敏雄在西方世界的这一思想的启示之下，直接把"现代"称之为"技术时代"。[①]

其实，作为一位思考着自己时代的美学家，更能体现竹内敏雄独有的学术贡献的，是他对现代这一"技术时代"究竟提出了怎样的美学课题以及应该如何解决这些课题进行的艰苦思考。

在竹内敏雄看来，现代的"技术时代"呈现给我们的最明显的美学课题便是"艺术与技术的接近"。[②]他指出，现代技术在社会中的统治地位，使人变成了"技术性实存"。这种科学、技术的知性的精神也渗透到了本来是充满创造性想象活动的艺术领域，使理性的思考的力度在艺术活动中大大加强，比过去更有力地制约着艺术的形成。他列举了现代艺术中的种种现

[①] 雅斯贝尔斯等西方思想家把现代描述为"科学 - 技术的时代"，这与竹内敏雄把现代称为"技术时代"无疑具有一致之处。从竹内敏雄对雅斯贝尔斯思想和观点的引述来看，其间的继承关系也是很明显的。不过，我觉得，在竹内敏雄与雅斯贝尔斯对现代的认识上，还是存在着一定的区别。雅斯贝尔斯说现代是"科学 - 技术的时代"，其实侧重的是现代科学对于现代的规定，特别是它的合理性的一面，而竹内敏雄更侧重于把现代社会看作是"技术社会"。

[②] 参见竹内敏雄：《现代艺术的美学》，日本东京：东京大学出版会，1967年，第3页。

象，来说明现代社会中艺术与技术的接近。比如，造型艺术中，自塞尚以后，与其说是注重对外物的"描写"，不如说是强调作品本身的"构成"；在空间形成上，与其说是按照现象的光学追求"感性的真"，不如说是根据构成的数学和力学，努力去把握"知性的真"。在雕塑方面，抽象的构成主义作品往往做成几何学中的形象，类似于机械物。文学这种最远离技术的领域，甚至也变成了知性操作的场所。

竹内敏雄不仅指出了文学和美术中的知性操作及技术性考量的成分愈益增强的倾向，呈现出艺术与技术的接近，而且指出了另一种突出的现象，即比如摄影，尤其是电影、电子音乐那样的以机械技术为前提、把机械装置本身作为形成手段的"新艺术"的出现与迅速发展。这些艺术形式不再停留于拟机械的形式，而是成了"依赖于机械的艺术"。

> 于是，现代的各种艺术以各种各样的方式与实用的技术特别是工学技术相接近，这只能看作是从这个时代的一般的精神状况出发，并把它象

第五章 竹内敏雄：聚焦"技术"

征性地体现出来。[1]

这种"艺术的技术化现象"，在竹内敏雄看来，还意味着一般说来审美意识对于合理性（理性化）事物、机械般明晰精密且是活动的对象感到的新的魅力。人们对"合理美"（理性美）产生美感兴趣，一方面，使艺术带有知性的性格，朝着机械化方向发展；另一方面，以实际生活的功用为目的的技术则努力制作出具有审美效果的产品，从而"呈现出科学的技术本身趋于艺术化的倾向"[2]。他举例说，大到汽车、飞机，小到家用电器、打印机、自动铅笔，各种各样的工业制品都具有按功能的合目的性所构成的时尚的形态，或者更倾向于以这种形态的快节奏的运动适应现代人的生活感觉，表现出清新之美，使我们在有用物品中同时发现美的东西。

因此，竹内敏雄指出，现代技术社会在艺术向技术接近的同时，还存在着"技术朝艺术的趋近"："这种

---

[1] 竹内敏雄：《现代艺术的美学》，日本东京：东京大学出版会，1967年，第5—6页。

[2] 竹内敏雄：《现代艺术的美学》，日本东京：东京大学出版会，1967年，第6页。

'技术美'的诞生，与艺术向技术接近相对应，应称之为技术朝艺术的趋近"。他说：

> 自古以来，建筑技术越来越兼备审美品质成为"建筑艺术"；制陶、染织、木工等手工技术越来越制作出优美的器具和衣料，成为"工艺美术"。在现代，各种机械技术则以"工业美"，成为近似艺术的产品，或者作为应叫作"机械美术"的东西而加入艺术本身的领域。①

本来，艺术与技术，一方追求美的价值，另一方追求功用价值，从这一点来看，二者是目的各异的异质文化。由于现代出现的这种艺术与技术的相互接近或交流，可以说二者都呈现出与各自的本质相反的倾向。不过，竹内敏雄认为，二者之间其实仍具有共通的一面。一方面，艺术在创造美的过程中，为了与这一目的相适应，就必须具有巧妙地加工一定的材料形成作品的制作能力，是一项只有在这一基础上才能有

----

① 竹内敏雄：《现代艺术的美学》，日本东京：东京大学出版会，1967年，第6—7页。

第五章 竹内敏雄：聚焦"技术"

效地完成的活动。在这一点上，它与生产有用的产品的技术一样，都属于广义的技术（技艺）。另一方面，狭义的技术（实用技术）从它本来的课题来说，是被排除在美的领域之外的，但是，它的产品只要诉诸我们的直接观照，就同艺术品一样具有作为美的对象来体验的可能性。因此，所谓技术与艺术尽管在其本来的目的上有根本的区别，但是，它们仍然处于相互接近、相互交叉的关系中。

竹内敏雄还诉诸历史，对艺术与技术的关系的历史发展过程做了正、反、合的辩证的历史描述。他指出，在古希腊，各种实用技术与各种艺术都被归诸统一的技术概念之下。在中世纪，艺术与技术甚至仍未明确区分开来，反映在概念上就是二者使用的仍是没有差别的同一个词汇。但是，到了近代，艺术家获得了独立的社会地位，基于人的一般精神上的个体自我的自觉，开始向强调美的人格的创造的艺术的自律性方向发展；与此同时，技术家向逐渐发达的科学知识寻找根据，努力提高其服务于产业振兴的功能。于是，一方面，与科学联手的技术割断了它与艺术的宿缘，而成为机械的、无人格的现象；另一方面，艺术也把自己封闭在隔绝于现实生活的美的假象的世界，越来越偏向于个人的主观性的一极。这一现象反映在概念上，也出现了艺术与技术的分别。然而，到了现代，艺术与技术的关系又出现了新的变化：

> 可是，这种由结合到分裂的趋向，在现代由于上述的原因再次发生转化，走向了二者续缘的机运。这样的再次合二而一，对于艺术而言，意味着它与其说是强调作为美的价值创造的独自的特质，不如说是重新发扬本来与实用技术共有的作为技术性制作活动的根本性格；对于其他技术而言，则是既保持其自身所具有的实用性，又在其功能性的目的形式本身伴有美的印象效果，如此来证明其艺术的形成的可能性。①

竹内敏雄概括地指出：

> 这样，最初亲密关联的艺术与技术一度互相

---

① 竹内敏雄:《现代艺术的美学》，日本东京：东京大学出版会，1967年，第8页。

疏远，最近又回复到相互亲近的关系，这对于美学来说，不正是某种要求变革的事态吗？[①]

竹内敏雄从对现代社会作为"技术时代"的认识开始，揭示了这一时代"艺术与技术的接近"这一突出特征，强烈地意识到要对近代以来的传统美学进行变革，建构真正适应于现代社会本质特征的现代美学。他的这种关注现实、从现实的实际出发提出现时代的特有的美学课题的思考方式，值得我们思考和借鉴。

第三节 美学与技术哲学
——为艺术哲学确立新的基础

竹内敏雄为了克服近代以来的传统美学的一种倾向或症结而进行美学变革，即努力思考立足于现代的"技术时代"，对近代以来的传统美学进行变革应从何入手。

在他看来，近代的美学，特别是黑格尔以后的美

[①] 竹内敏雄：《现代艺术的美学》，日本东京：东京大学出版会，1967年，第8页。

学，有一个共同的倾向，也可以说是主要的症结，就是在美学与艺术哲学的学科关系上，大都是把美学作为以艺术为中心的美学，或者干脆就是艺术哲学；另一方面，艺术理论、艺术哲学，主要是按照美学的观点，在美的原理之下来进行研究的。艺术的理论的、哲学的研究均交付给了美学这门学科。总之，那时的美学与艺术哲学，基本上是二而一的关系，不存在学科间的区别和界限。谢林是如此，黑格尔也是如此。正是在这个问题上，作为对于近代美学的现代的革新的思考，竹内敏雄从现代学术的立场出发对近代美学的这一倾向给予了反思和校正，提出了与其明显不同的看法。他并不相信对于艺术的学问性的，尤其是理论的研究能够完全离开美学，而且也不否定美学应该研究艺术甚至主要以艺术作为自己的研究对象。但是，美学不能仅仅只研究艺术，不能完全等同于艺术哲学；另一方面，艺术的问题，如果仅靠美的原理，也是不能完全解决的，因此，也不能把艺术哲学完全归于美学。正因为有了这样的认识，竹内敏雄对于美与艺术、美学与艺术学（艺术理论）的关系，秉持一种鲜明的立场。这种立场既不同于东京大学首任美学讲座教授

第五章 竹内敏雄：聚焦"技术"

大塚保治的立场，也不同于他的老师和前任教授大西克礼的立场。正如竹内敏雄自己所说的：

> 大塚先生站在把美学看作经验科学的立场上，把美学研究的课题限定在符合于这一立场的艺术研究领域；大西先生主要从哲学见解出发，认为艺术的终归要归结为美的，坚持了正统的美学立场。我则站在这样的立场上，认为美与艺术虽然相互在本质上有必然的联系但却属于不同的层次，以此把美学与艺术学加以区别。①

将艺术哲学完全归于美学，对艺术问题仅仅只从美的原理这一单一的角度进行研究，这就必然要把艺术哲学建立在美学这个单一的哲学基础之上，并把艺术哲学只看作美学的一个部分。对于这一点，竹内敏雄从"技术时代"的现代的思考提出了一个重要的革新方案，这就是，要在美学之外，为艺术哲学再确立一个重要的哲学基础，即"技术哲学"的基础。他说：

---

① 参见竹内敏雄：《美学总论·序》，日本东京：弘文堂，1979年。

"要把美学与广义的技术的哲学同时作为艺术哲学的基础,这是我的看法。"[1]

竹内敏雄的这一看法,根源于他对艺术的根本上的双重存在性格的认识:正是由于艺术作为"美的"东西和作为"技术的"东西的双重存在性格,决定了艺术的理论或艺术哲学也必须奠定在两大哲学理论基础之上:其一,是美学的基础;其二,是技术哲学的基础。他说:

> 相应于"艺术的"由"美的"与"技术的"的复合所构成,艺术理论乃至艺术哲学,一方面要以美学作为基础和前提,同时,在另一方面,还要以作为"制作学"的技术一般的理论乃至哲学为基础,在这两个地基上建构起来。[2]

如果说艺术既属于美的领域,又属于技术的领域,那么:

---

[1] 竹内敏雄:《现代艺术的美学》,日本东京:东京大学出版会,1967年,第45页。

[2] 竹内敏雄:《美学总论》,日本东京:弘文堂,1979年,第38—39页。

第五章 竹内敏雄：聚焦"技术"

艺术之学一方面要以美学为理论基础，以之为依据；另一方面又要以作为技术一般的原理论形成的广义的技术哲学或制作学为基础，在此基础上来建构。只有立足于这两方面基础上的艺术理论，才能作为充分适应其研究对象的东西被确立吧！①

艺术在以其本来固有的内涵追求审美价值的同时，还应该作为技术性活动的一种形式，被卓有成效地创作。因此，以阐明艺术本质为课题的学问不仅要以美学为基础，还要把由一般技术理论构成的技术哲学作为基础理论，从中寻求其根据。从这一观点出发，我们主张从美学的角度区别艺术理论乃至哲学，并且以此和广义的技术哲学为共同前提，在美学与技术哲学这两种基础上，重新建立作为跨学科的艺术理论。②

---

① 竹内敏雄：《美学总论》，日本东京：弘文堂，1979年，第557页。
② 竹内敏雄：《艺术理论》，卞崇道等译，北京：中国人民大学出版社，1990年，第1页。

应该说，中国新时期以来的美学与艺术理论，也在很大程度上体现出一种审美主义的倾向。在艺术理论与美学的关系上，占主流地位的观点也是把艺术哲学看作美学的一个部分，从美的原理这个单一的视角来解释艺术。其美学主要就是艺术哲学；而其艺术理论主要是一种美学化的艺术理论或艺术美学。就是说，这两者基本上被合而为一了。从这个意义上说，中国新时期的这种审美主义的艺术理论，仍旧处于德国古典美学审美主义话语的强大影响之下；或者用竹内敏雄的话来说，仍是一种"近代"的美学话语。在这种语境之下，如果说以探讨艺术本质为核心问题的艺术理论、艺术哲学应该以美学为基础，这在大家普遍视艺术为实现美的价值的典型形态的学术背景之下比较容易理解，可是，竹内敏雄为什么还强调艺术理论、艺术哲学要确立技术哲学这一必不可少的理论基础呢？

应该说，竹内敏雄有充分的学理上的依据。首先，在古希腊时代的艺术理论中，"艺术与其说被理解为美的东西，莫如说它首先被认为是属于制作的能力乃至

第五章 竹内敏雄：聚焦"技术"

活动的技术"①。其次，现代美学学科的实际创立者康德虽然未对自然美和艺术美加以必要的区分，但他"又把艺术作为美的技术（schöne Kunst）与其他诸种技术一起被包括于广义的技术概念中，这一点又有和古代艺术理论相通之处"②。竹内敏雄指出，在近代美学中，艺术问题一度曾脱离技术论的基础："在康德之后的德国唯心论哲学发展的鼎盛时期，其代表者们把美学作为'艺术哲学'阐释，从此，关于它的体系研究，多数场合都主要集中于艺术美。质言之，即成为艺术美学。与此同时，艺术问题往往专门隶属于美学之下，而离开了技术论的观点。"③ 但是，现代的美学却显示出与近代美学相异趣的取向，日益彰显出"技术时代"

---

① 竹内敏雄：《美学总论》，日本东京：弘文堂，1979年，第548页。这句话中的"制作"一词，日文原文即是"制作"。在竹内敏雄《艺术理论》的中译本中，这一词语被译为"创作"。这种译法并不确切，因为这里所谓的"制作"是针对一切"技术性活动"领域而言，并非专指艺术创作领域。我们可以说创作诗、创作绘画等等，但不能说创作桌子、创作鞋子。作为一个针对技术一般的概念，还是沿用"制作"一词为宜。同理，日文中以"制作"一词为词根而形成的"制作学"（意同一般技术哲学）这一学术用语，也以沿用原词为宜。中译本《艺术理论》中有时将它译为"创作学"，有时又译为"创造学"，都不确切，不能广泛适用于技术一般所涵盖的一切技术性的活动领域。

② 竹内敏雄：《美学总论》，日本东京：弘文堂，1979年，第548页。

③ 竹内敏雄：《艺术理论》，卞崇道等译，北京：中国人民大学出版社，1990年，第3页。

的征候，时常体现出"反审美主义"的诉求：

> 现代的艺术的各种反审美主义研究超越美学的框范而发展，如果这是适应新时代要求的话，那么，着眼于艺术之作为技术的根本性格，重新站在技术一般的存在基础上来观察艺术，对于我们来说是一项紧迫的课题吧。岂止如此，这正是在今天的"技术时代"为了合理地理解艺术的意义而不应忘却的现代课题。美学应该包括从艺术美到自然美的一切美的存在领域；同样，艺术学如今不能只听从美学的支配，而必须按照既包括美的技术，又包括实用技术的技术哲学原理，在更高的层次上加以构筑。①

总之，在竹内敏雄看来，艺术作为技术的本质特性以及艺术理论对于一般技术哲学的诉求，既符合古希腊亚里士多德的哲学传统，也与康德的基本艺术观念遥相呼应，更是作为"技术时代"的现代的艺术理论的共同

---

① 竹内敏雄：《艺术理论》，卞崇道等译，北京：中国人民大学出版社，1990年，第8页。这里的译文已由笔者根据竹内敏雄《美学总论》（日本东京：弘文堂，1979年）第553—554页的日文原文做了部分修改。

而强烈的、具有某种现实必然性的理论吁求。

需要指出的是，竹内敏雄这里所说的"技术哲学"，不同于仅仅以实用技术或科学技术为对象的狭义的技术哲学或科学技术哲学，而是真正以包括艺术在内的全部技术活动即广义的技术或"技术一般"为对象的技术哲学。①

第四节 作为美的技术的艺术
——艺术本质的新探索

艺术本质问题是美学和一般艺术理论或艺术哲学的核心问题之一，也是近现代美学、艺术学关注的焦点之一。中外美学家、艺术理论家们从不同的立场、视角、观点入手，提出了形形色色、丰富多样的艺术本质理论，给艺术下的定义也是百家争鸣，各种各样。

---

① 竹内敏雄所说的技术哲学，也被他称为"制作学"。其所谓"制作"，既包括物质产品、实用物品的制作，也包括艺术作品这种精神产品的制作。就此而言，其"制作"或"技术"，与马克思的"生产"或"劳动"概念较为接近。新时期以来，中国美学、艺术理论界开始重视从马克思的"生产论"的视角探讨包括艺术本质问题在内的各种艺术基本理论问题。笔者认为，在这一点上，完全可以从竹内敏雄关于为艺术哲学确立一个新的"技术哲学"的基础的探讨中获得宝贵的启示。

波兰著名美学家塔塔尔凯维奇在他的名著《西方六大美学观念史》中便介绍了西方现代美学中六种比较重要的艺术定义。这六种定义都认同艺术属于人类有意识的活动这个大的种类（一般称之为"属"），相互的区别则在于："究竟是什么使得艺术有别于其他种类之有意的人类活动？换句话说，争论之重点，在于其类差（一般称之为'种差'）。"这六种艺术的定义分别是：（1）艺术之显著特征在于它产生美；（2）艺术之显著特征在于它再现，或再造现实；（3）艺术之显著特征便是形式之创造；（4）艺术之显著特征便是表现；（5）艺术的显著特征在于其产生美感经验；（6）艺术的显著特征在于它产生激动。[1]这六种定义尚是在认同艺术都是属于"人类有意识的活动"这样一个共同的"属"的前提下，只对艺术的"属加种差"之定义中的"种差"这一个层次分别提出不同的观点。如果考虑到对于艺术究竟应归属于什么样的"属"，也存在着各种各样的见解，那么，有关艺术定义的认识上的分歧便可想而知了。

艺术的定义或艺术的本质问题，也是20世纪中国

---

[1] 参见塔塔尔凯维奇：《西方六大美学观念史》，刘文潭译，上海：上海译文出版社，2006年，第30—36页。

第五章 竹内敏雄：聚焦"技术"

艺术理论研究中贯穿始终的重要主题之一，形成了丰富多样的有关艺术本质的观点。其中，影响较大的主要包括艺术是情感的表现、艺术是现实的反映、艺术是生活的形象的反映、艺术是生活的审美的反映、艺术是特殊的意识形态或审美意识形态、艺术是特殊的精神生产、艺术是掌握世界的特殊方式、艺术是特殊的社会意识形式等等。①

在进入21世纪的今天，艺术的本质以及应如何为艺术下定义的问题，再一次成为中国美学、艺术理论、文学理论界关注的焦点。学术界对此展开了相当热烈的讨论，而且这场讨论目前仍在进行当中。②

在这样一个大的学术语境中来探讨竹内敏雄的艺术本质论以及他对艺术所给出的定义，将会具有重要的启示意义。竹内敏雄给艺术下了一个十分简明而独特的定义：艺术是一种"生产美的技术"，或者说是"依赖于技术的活动的美的价值的生产"，③ "可以说艺术就是创

---

① 参见李心峰主编的《20世纪中国艺术理论主题史》（沈阳：辽海出版社，2005年）中的"十四、艺术本质论"。
② 关于近年来国内有关文学本质、艺术本质特别是文学本质与审美意识形态关系的讨论，可参见李志宏主编的《文艺意识形态学说论争集》（长春：吉林大学出版社，2006年）中的相关论文。
③ 竹内敏雄：《美学总论》，日本东京：弘文堂，1979年，第617页。

作具有美的价值的作品的技术即美的技术"[1]。对此，他解释说：

> 艺术本来以美为本质的价值内容。可是，为了实现它，必须有能够适合于这一目的的、巧妙地加工形成材料、制作一定物品的"技艺"。在这一点上，艺术也同所谓狭义的技术同样，是遵循合目的性的原理而发挥作用的、作为人的制作能力或活动的"技术"。它在以美的价值的创造为目的这一点上，与追求效用价值的技术相区别；而在作为制作的人的技术的活动生产美的构成体这一点上，与只是未经加工地原样呈现美的现象的自然相区别。它就价值内容而言，属于美的存在领域；而就活动形式而言，属于技术的存在领域，它横跨于这两个层面相互各异的领域。因此，为了了解所谓艺术是什么，首先必须究明美的价值的原理，同时，还必须阐明技术活动一般的本质。[2]

---

[1] 竹内敏雄：《美学总论》，日本东京：弘文堂，1979年，第555页。
[2] 竹内敏雄：《美学总论》，日本东京：弘文堂，1979年，第38—39页。

第五章　竹内敏雄：聚焦"技术"

竹内敏雄的基本看法就是，艺术作为人的一种活动，主要与两个领域关系最为密切：第一个领域便是美的领域，第二个领域便是技术的领域。艺术必然地含有美的因素与技术的因素这两种要素，但是，并不是一切美的事物都是艺术，也不是一切技术的活动都是艺术。美的领域，除了艺术之外，还存在着并非艺术美的自然美的形态；技术的领域，除了艺术之外，也存在着并非艺术的"效用技术"的领域。

那么，艺术在本质上若具有这种两重性格的话，艺术性的东西由于其本身内含着美，从而就从（在价值上作为中立概念的）一般的技术性东西中被区别出来；同时，正是由于其技术的生产性才又从（与价值活动的形式无关的）一般的美的东西中被区别出来。现在，美的东西在人们理应追求获得的各种价值体系的所谓空间的世界秩序中形成一个特殊的领域；技术性的东西在人自身的各种精神活动系列的世界中构成又一特殊领域。这样看来，前者同时包括自然美和艺术美，

205

后者同时包括效用技术和美的技术，亦即普通意义上的"技术"与"艺术"。占据这两个不同维度的领域交错、重合的范围的是艺术性的东西的领域。因为艺术在本质上必然内涵审美价值，而且它是依靠技术人工生产的东西。与此相对，效用技术虽然由于伴之有审美的效果而接近艺术，实际上与之进行难以区分的交流，但它的本来目的不是美的东西，而在于生产有用的东西，因此，它才被置于美的存在领域之外。另一方面，自然美在广义上包括技术美（实用美），这时它或多或少地接近艺术美，事实上相互进行不可分离的交流，但只要它不是通过技术本来的合目的的制作活动被有意识地追求和实现的，便要被排除于技术存在的领域之外。①

竹内敏雄总结说："这样，只有艺术性的东西的领

---

① 竹内敏雄：《艺术理论》，卞崇道等译，北京：中国人民大学出版社，1990年，第11页。这里的译文已由笔者根据竹内敏雄《美学总论》（日本东京：弘文堂，1979年）第556页的日文原文做了部分修改。

第五章 竹内敏雄：聚焦"技术"

域才被划定为横跨美和技术这两个领域。"[1] 他对于艺术与美的领域、技术的领域之间的关系，曾用两个并列且有部分重合的圆这样的示意图来表示。其中，一个圆表示美的事物的领域；另一个圆表示技术性事物的领域，而两个圆相互重合的部分亦即既属于美的领域（艺术美，以与自然美相区别）又属于技术的领域（美的技术，以与效用技术相区别）的区域，便是艺术的领域（见下图）。[2] 这一示意图形象而准确地呈现了竹内敏雄对于艺术与美的领域、技术的领域的相互关系的看法。

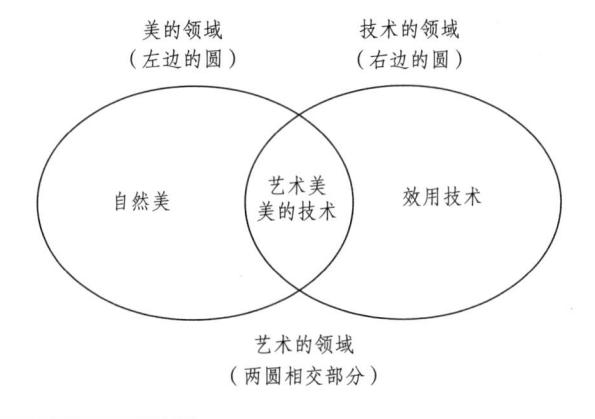

美的领域　　　技术的领域
（左边的圆）　（右边的圆）

自然美　艺术美　效用技术
　　　　美的技术

艺术的领域
（两圆相交部分）

---

[1] 竹内敏雄：《艺术理论》，卞崇道等译，北京：中国人民大学出版社，1990年，第11—12页。
[2] 参见竹内敏雄：《美学总论》，日本东京：弘文堂，1979年，第557页。需要说明的是，卞崇道等翻译的竹内敏雄《艺术理论》中译本未列出这一示意图，这里是根据竹内敏雄《美学总论》原著翻译制作的。

由于艺术的本质具有双体结构或双重存在性格，就是说，它在价值内容上属于美的领域，在活动形式上属于技术的领域，这就使得艺术具有两大基本特性：一是美的特性，二是技术的特性。关于艺术具有美的特性，无须多谈，竹内敏雄在这一问题上着墨也不是很多。而关于艺术具有技术的特性这一方面，竹内敏雄却有充分的论述。他分别讨论了技术的"合目的性"、技术的"考量性"、技术中的"实践理性""技术理性"的作用、技术中的创造性、对于技术产品的"技术评价"，以及技术中的这些方面在艺术这种特殊的"美的技术"中的具体体现、"技巧"在艺术创作及艺术鉴赏与评价中的重要意义。在此基础上，竹内敏雄特别强调了"艺术中美的因素与技术因素的综合"。他指出：

> 概括地说，美的东西是在静观性因素与创造性因素的综合统一中形成的；相反，技术的东西存在于考量性因素与创造性因素的综合统一之中，两者在各自的两极的前项（指静观性与考量性——引者）上互相分离，在后项（指创造性——引者）上互相结合。换言之，两者的领域虽有一

第五章 竹内敏雄：聚焦"技术"

半重合，但在整体上不相一致。艺术使美的东西与技术的东西各自在更高层次上获得综合统一，其领域既包括处于两端的静观性与考量性这两极对立的两个因素，又把最具特征的创造性因素置于中心地位。由于这第三种因素即美与技术的共同因素，艺术在作为两个互相龃龉的领域之中介的同时，其自身因横跨这两个领域而具有双体结构，并且作为美的-技术的存在而具有双重特性。[1]

竹内敏雄又以图示的形式来表示艺术各种构成因素及其相互的关系：

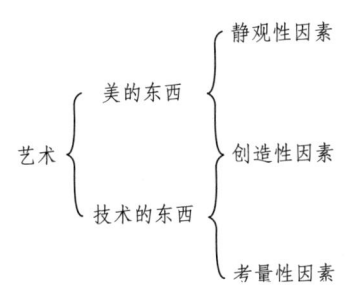

$$
\text{艺术}\begin{cases}\text{美的东西}\\ \text{技术的东西}\end{cases}\begin{cases}\text{静观性因素}\\ \text{创造性因素}\\ \text{考量性因素}\end{cases}
$$

---

[1] 竹内敏雄：《艺术理论》，卞崇道等译，北京：中国人民大学出版社，1990年，第56页。这段译文中的个别词句，笔者有所改动。

在以上论述的基础上,竹内敏雄得出结论:

> 从这一根本结构来看,艺术本质决不能归结于单一的美。艺术往往既是美的,同时又是技术的。把它规定为创造美的价值的技术和人工生产美的活动,这并非徒然地使之陷入二元分裂状态。恰好相反,只有这样才能恰当地适应其本来的综合性结构。[1]

> 艺术的三个基本因素中,静观性因素是美特有的因素,它在自然观照中比在艺术创作中更为显著;考量性因素是技术特有的因素,它在效用技术中比在美的技术中更具有优势。恰恰是创造性因素,一方面,相对于自然美来说,它赋予其以艺术美的特征;另一方面,相对于实用技术的制作来说,它赋予其以艺术创作的特征。以这一创造性因素为中轴,艺术综合统一了美与技术二者。[2]

---

[1] 竹内敏雄:《艺术理论》,卞崇道等译,北京:中国人民大学出版社,1990年,第56—57页。这段译文中的个别词句,笔者有所改动。
[2] 竹内敏雄:《艺术理论》,卞崇道等译,北京:中国人民大学出版社,1990年,第58页。这段译文中的个别词句,笔者有所改动。

第五章 竹内敏雄：聚焦"技术"

竹内敏雄关于艺术本质的定义与前文介绍的一些艺术本质学说相比，应该说是毫不逊色的。竹内敏雄的"美的技术"说体现出这样几大特点：一是具有深厚的学术传统。亚里士多德的艺术理论与康德的艺术理论都为他的这一学说提供了理论依据。二是有充分的学理的论证。在他看来，艺术与技术的关系，从内在逻辑关系来说，其实就是一种特殊与一般的逻辑关系。三是回答了"技术时代"的现代所提出的艺术与技术的接近这一富有时代特点的艺术理论课题。四是把艺术中至关重要的"审美的特性"与"技术的特性"两方面突出出来并有机结合。其中的合理成分值得我们借鉴。[1]

当然，竹内敏雄的艺术本质理论，也存在着不能令人满意的地方，甚至可以说有明显的缺憾。这就是艺术作为人的一种精神性活动，一种带有社会性、历史性乃至

---

[1] 鉴于对竹内敏雄有关艺术是一种生产美的技术的艺术本质观的理论意义的认识，笔者曾把这种艺术本质理论作为20世纪国外最为重要的几种艺术本质学说之一加以评述。参见董学文主编的《美学概论》中由笔者执笔的第四章"艺术美论"（一、何谓艺术），北京：北京大学出版社，2003年，第151—171页。

意识形态性的社会意识形式[①]，其精神性和意识性的规定层面在他的艺术本质定义中没有得到应有的体现。如果在其艺术本质理论中，能够把艺术的精神性、意识性的规定性补充进去的话，便能够获得关于艺术本质的更完整、更科学的认识。

关于艺术的本质，笔者曾在一些论文和论著中，认为应该以马克思的艺术生产理论[②]为哲学基础，把艺术界定为"一种特殊的、创造审美价值的精神生产"，主张从一般生产、一般精神生产和特殊精神生产三个层次对艺术本质做系统的、整体的透视。[③]我曾这样来概括自己对于艺术本质问题的探讨：

[①] 关于文学、艺术是一种含有意识形态性的社会意识形式，是董学文一系列学术论文予以集中深入探讨的一个重要学术命题。参见董学文：《文学本质界说考论》，《北京大学学报（哲学社会科学版）》2005年第5期；《文学本质界说：曲折的跋涉历程——以自我理论反思为线索》，李志宏主编：《文艺意识形态学说论争集》，长春：吉林大学出版社，2006年，第166—175页。

[②] 参见董学文：《马克思与美学问题》第七章"关于'艺术生产'的理论"，北京：北京大学出版社，1983年。

[③] 相关论述，参见笔者的一些论文和论著，包括《试论艺术的实践性》（《马列文论研究》第七集，北京：中国人民大学出版社，1985年）、《艺术本质论——从马克思艺术生产理论看艺术的本质》（《马克思主义文艺理论研究》第六卷，北京：文化艺术出版社，1986年）、《艺术是一种特殊的精神生产》（《马列文论研究》第八集，北京：中国人民大学出版社，1987年）、《现代艺术学导论》（南宁：广西教育出版社，1995年）、《元艺术学》（桂林：广西师范大学出版社，1997年）等等。

第五章 竹内敏雄：聚焦"技术"

在我看来，马克思的艺术生产概念本身就内在地包含着如下三个层次的逻辑关系，即：生产（一般）——精神生产（特殊）——艺术生产（特殊精神生产，个别）。就是说，作为一种特殊精神生产的艺术生产是一般精神生产系统中的一个子系统；而精神生产则是一般生产这一更大系统中的一个子系统。艺术作为一种特殊精神生产，必然内在地蕴含着与一般生产的共同规定、与一般精神生产的共同规定和作为一种特殊精神生产的特殊规定这样三个层次。[①]

就第一个层次而言，艺术作为一种生产，它是一种感性的、客观的、有目的的、对象化的实践活动；就第二个层次而言，艺术作为一种精神生产，它具有认识反映性、能动性和历史具体性（表现为意识形态性）；就第三个层次而言，艺术作为一种特殊的精神生产，它主要以创造审美对象满足人们

---

① 李心峰主编：《艺术类型学》，北京：文化艺术出版社，1998年，第175页。

审美需要为自己的特殊目的，因而具有形象性、直觉性、典型性和突出的情感性等特性。艺术的本质就存在于这三个层次各种规定的有机统一和系统联系之中。它不是靠这三个层次中的某一个层次所能够解决问题的，更不是由某一个层次中的某种个别的规定所决定的。如果可以用一句话来概括我们关于艺术本质的看法，可以把艺术定义为一种创造审美价值或审美对象的精神生产。①

实际上，从马克思艺术生产论的视角探讨艺术本质，完全可以从竹内敏雄有关艺术的本质是"一种生产美的价值的技术"的理论中获得有益的理论启示与逻辑上的支持。

第五节　技术美的美学

在竹内敏雄看来，技术时代的现代，不仅呈现出艺术与普通称之为"技术"的实用技术相接近，呈现

---

① 李心峰主编:《艺术类型学》，北京：文化艺术出版社，1998年，第174—175页。

第五章 竹内敏雄：聚焦"技术"

出其自身的知性化、机械化的倾向，同时还表现出这样一种倾向：实用技术或机械技术也与艺术相接近，生产出具有美的品质的新产品。他认为，在这种现代的状况下，我们一边要为了确立艺术哲学的基础而用广义的技术哲学来补充美学，同时，就美学本身来说，也迫切地需要朝着开发新的"技术美"（die technische Schonheit）的问题领域来拓展。[①]据此，竹内敏雄大力倡导对技术美的美学进行探讨。

竹内敏雄关于技术美的美学探讨，主要体现于其《现代艺术的美学》的第二章"技术美的美学"，以及《美学总论》第五章"美的各种特殊形态"的第四节"技术美的问题"。由于后者的内容与前者大体一致，我们主要以《现代艺术的美学》的第二章"技术美的美学"为依据来概括竹内敏雄这一方面的主要理论。

竹内敏雄指出，技术美的美学，主要应探讨这样一些问题：本来以功利价值为追求目的的技术，怎么能实现美的价值呢？它的美与有用性有什么样的关系？它由什么样的价值契机所构成？它们相互间有怎

[①] 参见竹内敏雄：《现代艺术的美学》，日本东京：东京大学出版会，1967年，第80页。

样的关系？最终，所谓技术美作为应该区别于艺术美、自然美的范畴，能够以美学上的合法性而确立下来吗？假如它在美的存在领域拥有正当的存在权，那么，它应该占有怎样的地位？对于自然美及艺术美而言，它应置于怎样的关系中？如此等等。

显然，这里所说的"技术美"中的"技术"，是指狭义的技术，即实用技术或功用技术。

首先，技术美的问题是怎样被提出来的？竹内敏雄指出：

技术美的问题上升为美学关心的对象，是由于机械技术这一现代文明之花以其产品的精密的并且是运动的"技术的形态"打动了我们的审美意识。不过，实用的技术的产品同时伴随着审美效果，这并不自今日始，实际上，追溯到技术仍主要是手艺的时代便可以找到它的前史的过程。因此，技术美的概念，原则上应该理解为从手工业到机械工业的全部发展过程中一切以实际生活的功用为本来目的

第五章 竹内敏雄：聚焦"技术"

的生产技术的美全都包括进来。①

在竹内敏雄看来，在技术美中，美与有用性二者，看似互相对立，实际上却处于一种互相结合的关系之中。他指出，就技术美而言：

"技术"指制作有用物品的活动，"美"对于有用性而言是异质的价值。在这种规定之下，技术美这一概念乍一看是自相矛盾的。不过，作为本来是对于实际生活"有用"的东西而制作的物品，它只要能够供我们直接观照，便理应能够作为具有美的价值的东西来体验。一般来说，精神的活动在实现其作为本来的目的的价值的同时，与之相伴而产生其他的价值，这绝不是不可能的，也不是不正常的。尤其是技术的制作与道德的行为不同，与活动本身相比，重点在其结果上，因此，在追求功利的目的的同时，或多或少会考虑产品的审美效果，而且只要不妨碍实用的效果，

---

① 竹内敏雄:《现代艺术的美学》,日本东京：东京大学出版会,1967年,第81—82页。

大概都会考虑尽可能地生产出美的产品。两种相异的价值未必会相互排斥，其共存也未必与二者各自的自律性相抵触。相反，双方常常是互相调和，共同使人生变得丰富多彩。①

不过，有用性并不会直接地构成美的价值。并不是说，有用的就一定是美的，也不是越有用就越能够看到美。实际上，在现代工业产品中，不少东西都是虽然在功能上是有效的，但在审美上却毫无意义；实用的效率很高，但却谈不上什么审美效果。因此，简单地把美的价值与功用价值一视同仁，这是对不同价值领域的混淆。就是说，对于技术美来说，有用性并不是它得以成立的根据。

那么，技术美能够离开有用性吗？竹内敏雄指出，有用性虽然不是技术美得以成立的必然的根据，但却是它得以成立的必要条件。就是说，技术美离不开有用性，它与有用性不是对立的。实用产品、技术产品，只要存在着与其目的不相适应的因素，便会有碍于它

---

① 竹内敏雄：《现代艺术的美学》，日本东京：东京大学出版会，1967年，第82—83页。

第五章 竹内敏雄：聚焦"技术"

的审美效果。在竹内敏雄看来，当有用的对象以其内在的功能的力的充实活泼地起作用时，或者是几种功能相互协调的技术产品相互协调地活动时，这种功能性活动向着可视的形态的显现化便能够使审美体验成为可能。"技术产品的美，是以新产品本身的功能的力的充实与调和为其内在的根据。在这一意义上，对于技术的产品来说，不是有用性或实用的合目的性，而恰恰是合目的的功能才是它的'灵魂'，由于功能的力而被灌注生命的形体给人以美的印象。""功能的力尽可能地突出显现于与其相适应的形态，才是美的条件。""更确切地说，对象的功能以活泼的生动性彻底地显现于形式；与之相应，形式其自身也是生动的、充满功能之力的表现时，技术美的成立才能得到确实的保证。"[1]总之，技术美不应与有用性本身之间画等号，也不能归结为有用性的感觉的表现，而是存在于功能的生动的、与之相适应的形式中的表现——功能生动地、充分地体现于形式，技术美便呈现出来。

---

[1] 竹内敏雄：《现代艺术的美学》，日本东京：东京大学出版会，1967年，第87页。

由于功能的外在显现在技术美的实现中的核心作用，在竹内敏雄看来，技术美实际上也就是功能美。

那么，技术的产品的功能美怎样呈现出来？竹内敏雄指出，"技术的制作产品要给人以美的印象，除了要适合材料的性质，还必须以适合于我们的直观的把握的形式来构成。作为感觉的现象本身，制作出快适的、适合于美的形式法则的形态，这对于技术美也是一个重要的因素"[1]。一般地说，材料的因素与功能的因素密切相关，具有强化后者的作用。但是，纯形式的因素却往往与功能的因素竞争甚至对立。比如，就建筑而言，往往强调一方，就会压抑另一方。过于强调功能，往往就会忽略形式之美；而过于强调形式之美，也往往会损害功能。因此，在竹内敏雄看来，"功能美离开功能的力之充实的显现的形式便无法成立，所以，应该与形式美相互依存、相互结合。既然两者的对立与调和在技术性实践中成了切实的问题，就技术美的结构来说，首先要把功能与形式的关系作为美学考察的课题"[2]。对

---

[1] 竹内敏雄：《现代艺术的美学》，日本东京：东京大学出版会，1967年，第97页。

[2] 竹内敏雄：《现代艺术的美学》，日本东京：东京大学出版会，1967年，第97页。

第五章 竹内敏雄：聚焦"技术"

于这一问题，竹内敏雄探讨了技术美中设计与制作的主体的精神在形式中投射的作用，以及功能与形式二者必须在以形式服从于功能的前提下尽可能地使之富有美感等技术美的原理。

竹内敏雄进而探讨了技术美的地位问题。他认为，在美学上，一般把美区分为自然美与艺术美两大形态。其中，所谓自然美，是广义的，实际上把社会生活的美也包括了进来（可以认为，这种"自然美"与中国美学界所说的"现实美"比较接近）。"从这种区别来说，技术美究竟属于哪一类型？或者它哪一种都不是，而应该作为构成了新的独立的领域的第三种美来对待呢？"[1] 在他看来，就技术美不是专门以审美为目的的艺术美而言，它与自然美（广义）接近。但是，技术美作为人工的美，作为文化产品的美，又与艺术美接近。由于它具有自己独特的形成原理，既不能归结为自然美（广义），也不能归结为艺术美，竹内敏雄主张把它作为一种独立的美的领域，而且认为技术美是介于自然美与艺术美二者之间的特殊存在领域。技术美

---

[1] 竹内敏雄：《现代艺术的美学》，日本东京：东京大学出版会，1967年，第107页。

中的功能美这一核心要素，在其他两种美的形态中也有所体现。因此，三种美的形态的关系不是并列的，而是以技术美为中心和基础。"技术美的现象是难以用自然美和艺术美这一对概念来处理的，相反，构成其核心的功能美的因素也蕴含于其他的美的现象之中。因此，不能否认，引进这一新的概念对于补充那些现成的概念具有重要的意义。"①

竹内敏雄确认技术美是存在于自然美与艺术美之间的中介性的第三领域，对于整个美学的体系的变革，具有重大意义。他说："开发技术美的问题领域来拓展美学，对于我们是重要的课题。"②

应该说，竹内敏雄对于技术美的美学研究，极大地拓展了美学的研究领域。他把技术美置于自然美与艺术美两大美的形态之间，作为第三种美的形态，并以技术美为核心，重构美的对象，从而革新了美学的

---

① 竹内敏雄：《现代艺术的美学》，日本东京：东京大学出版会，1967年，第116页。
② 竹内敏雄：《现代艺术的美学》，日本东京：东京大学出版会，1967年，第116页。

第五章 竹内敏雄：聚焦"技术"

对象结构，回答了技术时代提出的美学问题。①

第六节 关于美的存在论

竹内敏雄一生的美学业绩，除了早期两部文艺学著作《文艺的体裁》《文艺学序说》②外，主要可分为三大系列：一是古典研究系列，主要有专著《亚里士多德的艺术理论》、译著黑格尔的《美学》等；二是现代即技术时代的美学课题的研究，主要有《现代艺术的美学》《塔与桥——技术美的美学》，以及他主编的五卷本的《美学新思潮》丛书。这两个系列的研究，即古典美学与现代美学研究，已经汇合到他对于现代美

---

① 我国新时期的20世纪80年代，在国外技术美学思想的影响下，曾对"技术美学"进行过一定的探讨，发表过一些研究论文，甚至出版了一些研究著作。但这种研究一般都是把"技术美学"作为美学的一个新兴学科和分支学科进行探讨的，尚没有像竹内敏雄那样把技术美置于美学对象结构的核心的地位，从重构美学对象结构、革新现代美学体系的高度来论述技术美的美学问题。

② 竹内敏雄：《文艺学序说》，日本东京：岩波书店，1952年第一次印刷。该书1993年又被岩波书店这一日本现代著名出版机构为纪念其创业80周年列入"近代日本的名著"系列再次重印。需要说明的一点是，竹内敏雄《文艺的体裁》《文艺学序说》中所谓的"文艺"，都是特指文学这一语言艺术。因此，这两部著作的名称准确地说应译为《文学的体裁》《文学学序说》。

学的思考之中，不存在传统与现代的对立和冲突。但实际上，竹内敏雄在美学研究上还有一个非常重要的系列，这就是第三个系列：美学体系的研究。这方面的主要著作就是他作为一位美学体系的建构者，在晚年完成的美学巨著《美学总论》(他主编的《美学事典》也可算作这一系列①)。这部著作在竹内敏雄的研究生涯中具有总结性。他的前述两大系列美学业绩，甚至包括他早期的文学学研究的成果，都被吸收到这部著作之中，成为其有机的组成部分。《美学总论》在日本得到了极高的评价。我们可以看一看它的理论结构：绪论，是元美学，即美学的元科学思考；上篇"美学基础论"，包括美的存在论、美的意识论、美的价值论和美的形态论，是美的原理论；下篇"艺术理论"，是艺术哲学或艺术原理研究，集中探讨了艺术的

---

① 竹内敏雄主编的《美学事典》由八个部分构成，分为美学史·艺术理论史之部、美学体系之部、美术学之部、音乐学之部、文艺学（文学学）之部、戏剧学之部、电影学之部、艺术教育之部。该书不同于"不分巨细网罗每一个用语"的名词解释类的术语辞典，而是"只选被一般公认是主要事项或基本概念的义项"的事项辞典，并且按照"讲座形式"即学科体系的形式编排，目的在于传播美学基础知识。参见竹内敏雄为该书所写的"序"，竹内敏雄主编：《美学百科辞典》，刘晓路等译，长沙：湖南人民出版社，1988年。

第五章　竹内敏雄：聚焦"技术"

本质与艺术的类型学体系这两个基本理论问题，可以说是一个浓缩了的、简化了的艺术理论体系。

那么，竹内敏雄对于美学的基本原理的体系性研究，与他对技术时代的现代的美学课题的思考，是一种怎样的关系呢？

一般而言，体系性的原理研究，关注的重心在于其阐明的基本原理的一般性、普适性，以及各种概念、范畴、命题之间的逻辑上的关联。与之相对照，对于一定历史时期的时代课题的思考，关注的重心在于它所回答的该特定时代的课题的特殊性、具体性和历时性的关联。对于美学学科来说，当然也不例外。作为一位美学大家，既要对自己时代提出的美学课题有敏锐的感受和发现，积极地予以解答，又要对美学的一般原理进行系统的研究，建构起自己的美学体系。竹内敏雄就是这样的一位美学大家。

特别值得我们肯定的一点是，在竹内敏雄那里，其美学原理的研究与现代美学课题的研究这两个方面并不是各不相干、互相矛盾的，而是互相照应、互相结合，实现了有机的统一。一方面，我们从前文的阐释中可以看到，竹内敏雄关于必须为艺术哲学确立一般技术哲学这一新的哲学基础、关于艺术的本质是美的本质与技术的本质的统一，以及关于技术美的美学研究，既是对技术时代的现代提出的美学课题的回答，同时也将它们上升到了美学原理的层次，从逻辑上论证了它们的一般性、普适性的理论意义。另一方面，作为体系性的美学原理的巨著，《美学总论》一书也体现出鲜明的时代气息，融和着竹内敏雄对现代美学课题的思考。他关于技术时代的现代美学课题的上述几个方面的思考成果，也都被他纳入他的整个美学体系的结构之中，成为其美学原理体系中的有机组成部分。例如，他关于艺术哲学既要以美学为基础，又要建立在一般技术哲学基础上，以及美学与技术哲学、艺术哲学相互关系的思想，便构成了《美学总论》"续篇·艺术理论"第一章"作为美的技术的艺术"中的第一节"美学与技术哲学"的基本内容；他关于艺术是一种生产美的技术的艺术本质观，则成为这一章中的第二节"艺术的基本结构"和第三节"艺术的技巧"的基本内容；他关于技术美的美学的探讨，构成了《美学总论》"本篇·美学基础论"的第五章"美的各种特殊形态"的第四节"技术美的问题"的主要内容；

第五章 竹内敏雄：聚焦"技术"

等等。总之，竹内敏雄对技术时代的美学课题的思考，在《美学总论》中被原理化了，转化成为具有一般性、普适性的命题和理论。①

《美学总论》的整个理论结构，实际上也反映了竹内敏雄关于美和艺术、美学与艺术哲学关系的现代思考，即艺术在本质上与美具有必然的联系，但不能把艺术的本质完全归结为美这一单一的本质，因为它还具有作为技术的本质。因此，艺术哲学不能完全归属于美学，而应建立在美学和一般技术哲学这两个哲学基础之上，成为一个相对独立的学科。正是出于这一考虑，竹内敏雄在其《美学总论》中，没有把探讨艺术本质与类型体系的"艺术理论"部分纳入"美学基础论"部分，而是让这一部分独立出来，作为"续篇"，以此与"本篇"美学基础论相并置。关于该书的

---

① 其实，竹内敏雄将自己关于技术时代美学课题的思想与对美学原理的研究予以有机的统一和融合，这并不难理解。因为对于任何理论来说，其历史的东西与逻辑的东西两者之间都具有一致性。其个别的、特殊的、历史的命题，在一定的条件下，往往能够转化成逻辑上的一般性、普适性；而原理上的一般的、普适性的逻辑，也总是积淀着历史。正因为历史与逻辑、逻辑与历史二者之间并没有一条不可逾越的鸿沟，所以，理论研究中的辩证思维方法要求逻辑与历史的统一。参见张巨青等编著：《辩证逻辑》第九章"逻辑与历史"，长春：吉林人民出版社，1981年。

"绪论"部分对于美学的元理论思考，我们打算在下一节中略做介绍。其"续篇·艺术理论"着重探讨的两个问题：第一个核心问题，是艺术本质问题，我们已在前面作了概括和分析；第二个重要内容是艺术类型论体系，也具有很重要的学术价值，并且具有竹内敏雄的独特的理论贡献，但由于这部分内容容量大，拟另著专书论述。下面扼要介绍一下"本篇·美学基础论"中有关美的存在论的理论要点。

在美的存在论这一点上，竹内敏雄与其导师大西克礼有明显的区别。大西克礼的《美学》对"美的体验"给予了极大的重视，但其中却没有关于"美的存在论"的专门章节。这大约与大西克礼深受现象学派的哲学和美学的影响，对事物的本质、本体、终极的存在采取存而不论的"加括号"的方法论不无关系。竹内敏雄却对于"美的存在论"十分重视，他的《美学总论》"本篇·美学基础论"第一章便是探讨"美的存在相（存在样态）"。他指出："探寻美的所在和存在方式，是美学首先要解决的根本课题。"[①]

[①] 竹内敏雄：《美学总论》，日本东京：弘文堂，1979年，第70页。

第五章　竹内敏雄：聚焦"技术"

所谓美的所在的问题，也就是要思考美在哪里、美存在于何处。

竹内敏雄介绍了两种常见的看法：一种看法认为美存在于客观事物本身。这种观点认为："首先有美的事物，美即存在于其中。""从这种美的客观的解释来看，在现象界关于美丑的一定的等级序列便已被设定。"按照这种看法，在客观世界，似乎存在着两个领域：一边是美的世界，一边是丑的世界。在美丑两个世界的中间，隔着一条分界线无法逾越。另一种看法则与此相反，认为美存在于主观。这种观点认为："美的存在与对象自身的存在方式无关，而被归之于把对象作为美的事物把握、感受的主体的作用。美被认为是并非存在于美的事物，而是依存于审美地感受的精神的作用。""按照这种美的主观的解释，一切事物，在其自身，关于美丑，都是中立的。由于我们精神的作用才能够成为美的事物。美并不是仅仅片面地存在于一般所认为的美的事物，而是普遍存在于任何事物。这是泛美主义（pancalism）所主张的立场。"[1]

---

[1] 竹内敏雄：《美学总论》，日本东京：弘文堂，1979年，第71—72页。

对于上述有关美的客观的解释和主观的解释这两种立场，竹内敏雄认为它们都只掌握了一半的真理。他指出：

> 美并不仅仅存在于客体和主体的任何一方，而只能存在于双方的交互关系中。在对象以其固有的性状作用于我们，而我们以自发的活动反作用于对象的过程中，理应发现美的本来的所在。在这种交互作用中，客体与主体完全是相互关联的，互相之间不能离开对方而存在。真正意义上的美的对象绝不是存在于其自身之中（an sich seiend），而只能是相对于我们而存在（für uns seiend），有待于观照它的主体的作用才能成为美的对象。[①]

如果说，美存在于主体和客体的相互作用之中，这对于解释自然美来说比较容易理解，那么对于解释艺术美是否适用呢？竹内敏雄指出，艺术作品即使是以美的价值创造为目的，从艺术家的精神中作为它的客观化而产生的，并被固定为一定的物质的实在的形

[①] 竹内敏雄：《美学总论》，日本东京：弘文堂，1979年，第72页。

第五章　竹内敏雄：聚焦"技术"

象，似乎可以把它本身看作是作为美的对象而存在的，但是，就算是艺术美，我们每次观照它，也都要在我们的不息流动的精神中将它实在化、具体化，重新构成为美的对象。

对于美的"所在"即美究竟存在于何处的问题，竹内敏雄总结道：

> 在以上所说主客两者的紧密不离的相关关系中，自我可以说是开发在对象之中处于休眠状态的潜在的（latent）美的活动，同时，对象则是要把那种美的潜在势能（potentiality）显现化而触动自我。在这个意义上，只有在对象召唤我们、我们对它予以应答的情况下，美才现实地存在。在这种召唤（appeal）与应答（response）的信息传递中，如果客体与主体不是互相沟通气息，以充分的共鸣而相互呼应，美就不会出现。美的所在只能存在于自我与对象以激烈碰撞的张力作用相互交锋的沟通之场。[1]

---

[1] 竹内敏雄：《美学总论》，日本东京：弘文堂，1979年，第73页。

以上就是竹内敏雄对美的"所在"问题的解答。接下来，他便对美的"存在方式"问题进行了探索。他说："在这种主客间的张力关系中生成的美，还将以无与伦比的独特的存在方式而存在。"[①] 对于美的存在方式，竹内敏雄描述了它的三大特点：

（1）美的虹霓性。指美像自然界的虹那样，既有耀眼的光彩，又具有虚幻性、假象性，还具有瞬间显现而又转瞬即逝的瞬间性。

（2）美的孤岛性。指美必须在隔绝了现实生活之流、不执着于现实生活的实际存在和现实生活的直接目的的静观状态中才能存在。

（3）美的深渊性。指美与人的根本的深层本质密切相关，在人的精神的幽深微奥之处摇撼着人的灵魂，存在于人的根源性的深层。

竹内敏雄关于美的虹霓性、孤岛性、深渊性三大特点的概括，应该说是很有特点、很值得玩味的一种学说，对于我们准确理解美的独特品格具有启示意义。

---

① 竹内敏雄：《美学总论》，日本东京：弘文堂，1979年，第73页。

第五章 竹内敏雄：聚焦"技术"

第七节 美学的元理论思考

大凡专心致志地投身于一定学科研究的出色的、成就突出的学者，一般都会在始终密切关注自己学科的研究对象的同时，不断地对自己从事的学科本身进行深入、自觉的理论反思，把自己所从事的学科本身也作为反思的对象和研究的对象。这样的思考和研究便是一般所说的"元理论"的思考，或称"元科学"的思考。竹内敏雄作为一位美学大家，便是一位对于美学这门学科作了相当深入、独到、综合的"元美学"思考的学者。他的不少有关美学的命运、美学的对象和美学的方法论，以及美学的学科关系的思考，很能给人以有益的启示。①

美学的命运与使命，是竹内敏雄对于美学的反思

---

① 前文提及的竹内敏雄《文艺学序说》，实际上就是一部"元文艺学（元文学学）"性质的学术专著，主要是把"文艺学（文学学）"本身作为对象进行学科性的系统研究。该书共分三章："第一章 文艺学的领域""第二章 文艺学的方法""第三章 近代文艺学的主潮"。从这三章的标题即可了解该书着重探讨的是文艺学（文学学）的对象、方法论和学科史等"元科学"的问题，而不同于一般主要以"文学"作为研究对象的"文艺学（文学学）"著作。这表明，善于对自己所从事的学科（美学、艺术理论、文艺学）进行"元科学""元理论"的思考和研究，是竹内敏雄学术研究的一大特色。

的一个重要问题。他首先揭示了美学("美"之"学")的"悲剧性"。他说,德国浪漫派哲学家佐尔格曾谈到"美的悲剧"。美这种漂浮于凡世的现象与神的本质或理念之间的东西,由于内在于这两方面的构成因素的关系的矛盾而极易崩溃破灭。这便是现实中的美的命运。现在,我们还应思考"美学的悲剧"。不是把美作为美来感受和体验,而是对美进行思维、考察的美学,由于其自身作为学问的规定与其认识对象的本性之间存在着的根本的背反关系,生来便注定了遭受挫折的命运。①

竹内敏雄认为,美作为一种价值,是人这种世间唯一的精神性存在的意识的对象。然而,感受、体验美与认知美,在人的意识态度和价值取向上具有根本不同的原理和完全不同的意义。审美意识并不以反省、推理和概念性的理解为媒介,而是直接地诉诸感觉、知觉和感情,但是,美学的认识虽然也以美为对象,却与审美意识恰恰相反,它必须追求"真"的价值,这种"真"的价值必须依赖思维的活动合乎逻辑

---

① 参见竹内敏雄《美学总论·序论》,日本东京:弘文堂,1979年,第3页。

第五章 竹内敏雄：聚焦"技术"

地确立它的基础。前者属于审美的意义领域，后者属于理论的意义领域。作为精神意义上的"观照"作用，审美的观照与理论的观察都属于"观照"的活动。但二者之间却存在着根本的断绝，其差异之大甚至是恰相对立的。这种对立主要表现在：审美的观照，终究是以各种具体的事物为对象，针对其感觉的现象直接地予以把握；可是，理论的观照却要从各种现象出发，分析它、超越它，发现普遍的法则，舍弃一切偶然的因素，抽取出逻辑上或事实上的必然的关系，这是它的基本原则。审美的态度带有极强的主观色彩，必须把审美对象主体化；而理论的态度恰好相反，必须极力排除主观性的变数和感情的系数，让客体作为它自身呈现出来。换言之，这种对立表现在一方是以情感起主导作用，另一方是以逻辑支配一切。如此来看，作为贯彻着合理性的学问性认识，美学与审美意识的非合理性或超合理性是背道而驰的，在根本上是不能相容的。

从这种审美的意义领域与理论的意义领域的对立关系来说，美由于具有这种反理论的品性，而逃避学问的把握，拒绝学问的态度。从美的角度来看，对于美的理论的分析、学问的研究，无异于对于一种生机盎然的生命进行活体解剖，对于一种浑然整一的对象加以人为地割裂，将其纳入一种无生命的僵硬的概念的框架，不免使美的生命样态完全丧失。在爱美之人看来，美具有理论所难以规定的丰富与生动，从而对作为学问的美学心怀恐惧。特别是一些艺术家，甚至认为美学侵犯了美的圣洁领地，粗暴地扼制了想象力的自由奔腾，从而对美学白眼以待。不仅如此，甚至在美学的内部，"美"之"学"是否可能，也已成为问题，以致有人公开表明自己的怀疑论立场，并对自己的美学同行们的冒险提出警告。

究竟美学作为学问是否可能？面对上述有关"美学的悲剧性"的思考，究竟应取何种态度？是像以往那样对这种悲剧性视而不见地盲目乐观？还是陷入彻底的悲观绝望，放弃美学的努力？竹内敏雄并没有在这两种截然对立的选择中简单地认同某一方的立场，而是冷静地分析两种立场的合理与不合理的成分，从而确立了自己的立场。他的这种立场既反对无视美学在研究对象上的特殊性、研究过程中的困难性的盲目乐观态度，也不简单地肯定上述那种只看到审美意识

第五章　竹内敏雄：聚焦"技术"

与美学对于美的对象的理论认知的差异乃至对立的立场，而是主张正视美学在对象上的特殊性，以及审美与美学研究的差异和对立，耐心地从各种角度探讨美学之所以能够成立的可能性。他指出，黑格尔在回答人们对于艺术哲学的抗议时曾认为，艺术既然也是人类的精神的产物，便与一切精神现象一样，能够按照人类所固有的思维方法从概念上予以把握。这一看法也可以用来为美学研究之所以可能进行辩护。另外，如果从美的意义领域与理论的（美学的）意义领域在价值判定的标准上判然有别这一点上否认美学的可能性的话，并不是充分的理由。因为伦理学作为一门学问，作为一种理论的形态，它的研究对象即人们的道德行为，就其价值意义的领域而言，便属于"善"的意义领域，遵循着"善"的领域的价值评定标准，而并不属于"真"的意义领域；但这却并不妨碍人的道德行为、善的价值可以成为伦理学这种求"真"的理论性、学问性活动的研究对象，人们也没有对它的可能性表示怀疑。如此说来，如果实践性的伦理行为可以作为理论性的学问的认识对象，那么，以审美的事物作为认识对象的学问即美学当然也是可能的。

在承认了美学作为"学"的可能性的前提下,竹内敏雄并不认为上述那种对于美学的可能性表示怀疑和悲观的看法毫无意义,而是肯定这些看法的确指出了美学学科在研究对象上的突出的特殊性和研究过程中的明显的困难性。与道德意识相比,虽然道德意识也会随时代、民族而发生历史的变化,甚至还会带有个人的差异,但良心的命令与禁止、善与恶的判断还是在大体上能够达成共识;可是,在审美意识的场合,却是"趣味无争辩",一千个读者便有一千个哈姆雷特。艺术在客观上经过各种程序而分化为各种各样的体裁形态,又因时代精神、民族精神的变异而获得千姿百态的历史的面貌,还因艺术家们的丰富多样的精神个性而呈现出人各不同的风貌。要通过这种丰富无比的现象探寻一以贯之的规定性,建立适合于一切场合的规律与规范,是至难之业。如果在最一般的意义上说人的意识是以本质的规律性构成的话,那么,在美的领域也不应该一切都流于各行其是,全都归之于偶然性,它至少在根本的关系上,还是能够建立起某种普遍妥当的话语。只不过在这里,"规律性深深地隐藏于现象的背后,要想把这种规律挖掘出来,需要有特别深入透彻的探究

第五章 竹内敏雄：聚焦"技术"

的努力与能力。为了不损害美而发掘到美的本质，还需要拥有适应这一精神境界的氛围的心性气质。对于美学研究者来说，最重要的是，一方面要充满纤细敏锐的感受性，另一方面必须具备精致冷峻的逻辑思考力。要能够'理解艺术'的心与'善于学问'的大脑二者兼备。但是，这两方面的素质与才能很难集于一人之身，两方面平分秋色、同样优异之人甚为罕见。——应该说，这种情况将美学置于远比其他各种学科更加困难的境地，使美学生来便立于不幸的境遇之中"[1]。从这个意义上说，竹内敏雄所讨论的"美学的悲剧性"便是对美学进行反思而提出的一个很有价值的命题。它警示我们不要陷于美学的盲目乐观之中，而要时时意识到美学研究的困难性和特殊性，在"理解美和艺术"的心与"善于学问"的大脑二者之间寻求最佳的结合点，真正使美学学科向前发展。

竹内敏雄有关美学的元理论思考的另一个重要内容，是关于美学方法论的探讨。竹内敏雄认为，在美学研究中，"比确定对象更为麻烦的，是方法论的问

---

[1] 竹内敏雄：《美学总论》，日本东京：弘文堂，1979年版，第6—7页。

239

题，至今仍在继续使美学研究者大伤脑筋"[1]；"在美学这个领域，从理论上说，方法论具有一种最难处理的品格"[2]。

关于美学的方法论，竹内敏雄首先讨论了美学中哲学的方法与科学的方法之间的关系。"美学史上最根本的方法论的对立，是把美作为一种价值或理念，从哲学的立场上对它加以合理思考的学说同把美的现象作为经验的事实，对其具体展开的各种情况从科学的立场上进行实证的观察的学说之间的对立。"[3] 他回顾了美学中哲学方法与科学方法自古希腊到当代的交替发展的过程，然后指出在19世纪末20世纪初，在哲学美学与科学美学之间，出现了"向着寻求第三条道路

---

[1] 竹内敏雄：《美学方法论的确定》，李心峰译，《马克思主义文艺理论研究》编辑部编选：《美学文艺学方法论》上册，北京：文化艺术出版社，1985年，第118页。

[2] 竹内敏雄：《美学方法论的确定》，李心峰译，《马克思主义文艺理论研究》编辑部编选：《美学文艺学方法论》上册，北京：文化艺术出版社，1985年，第118页。

[3] 竹内敏雄：《美学方法论的确定》，李心峰译，《马克思主义文艺理论研究》编辑部编选：《美学文艺学方法论》上册，北京：文化艺术出版社，1985年，第118页。

第五章 竹内敏雄：聚焦"技术"

的方向发展，这是值得注意的划时代的事情"。①

美学的历史似乎是在"哲学的"与"科学的"方法论的对立中获得了辩证的发展，从康德开始经过德国观念论哲学的兴盛期，随着这一趋势而发达起来的现代美学，受到自然科学的勃兴的推动，曾经朝着科学的方向发展；但不久，又产生了精神科学方法论的自觉，哲学的精神重新复活，与此同时，又向一种在以往的对立中寻求中间道路的综合的立场转移，而且，伴随着当今科学技术的飞跃以及向着文化文明的转移，又开始了从哲学的方向往科学的方向的逆转。这样的辩证运动大概也会作为贯串于今后的美学进程的基本路线而继续下去。②

其次，竹内敏雄描述了美学研究方向的多极化，

---

① 竹内敏雄：《美学方法论的确定》，李心峰译，《马克思主义文艺理论研究》编辑部编选：《美学文艺学方法论》上册，北京：文化艺术出版社，1985年，第120页。
② 竹内敏雄：《美学方法论的确定》，李心峰译，《马克思主义文艺理论研究》编辑部编选：《美学文艺学方法论》上册，北京：文化艺术出版社，1985年，第122页。

以及对这种局面应采取的态度。他认为，现代美学的研究方法，不只是哲学的方法与科学的方法之间的更迭与交替，实际上还存在着两种方向的相互接近、吸收、交叉与融合，从而使美学方法呈现出更加复杂多样的局面。他将这种局面称之为"美学方向的多极化"[①]。"不管怎样说，在这种状况下，各种各样的方法论的设想在我们的研究领域中错综存在，它们以各自问题的提法和解决引起了我们的关注，同时也促使我们对它们加以评论和判断。处在这种势态面前，我们应该采取什么样的方法论的态度，必然是困难而紧要的问题。"[②]

在这一问题上，竹内敏雄对日本美学界普遍存在的一种倾向提出了尖锐的批评："在我国有这样的情形：只要西方新的学派一产生，就立刻把它接受过来，而

---

　① 竹内敏雄：《美学方法论的确定》，李心峰译，《马克思主义文艺理论研究》编辑部编选：《美学文艺学方法论》上册，北京：文化艺术出版社，1985年，第122页。
　② 竹内敏雄：《美学方法论的确定》，李心峰译，《马克思主义文艺理论研究》编辑部编选：《美学文艺学方法论》上册，北京：文化艺术出版社，1985年，第125页。

第五章 竹内敏雄：聚焦"技术"

把从前的方法舍弃掉"。① 对于西方现代美学方法的不断花样翻新、多极展开的局面，竹内敏雄也主张冷静以对，而不是盲目肯定。他说："当然，即使是对于同一个事物，也应该常常从新的观察角度尝试新的手段，努力把一切景象都呈现出来。但是，不能只是一味追求方法论概念的新鲜，而忽略或者歪曲事物本身。尤其是处理像美的东西这种用粗暴的处理方法极易伤害的、奥妙隐晦的事象，更要以适应其本性的方法来对待。"在这一认识的基础上，竹内敏雄提出了自己关于美学方法论的根本态度："关于这个问题，比什么都应该最先关心的，是选择适应于美学研究对象本身的方法，把任何方法都在适应（对象）这种情况下灵活运用。大凡治学的方法应该随着对象的确定而确定，而不能先后颠倒，本末倒置。"那种罔顾美学研究对象的实际上只是一味地构造方法论大厦的"唯方法论"者的做法，他称之为"美学的自我异化"，是"认识目的与理应服务于它的认识手段的颠倒"，而这种倾向"在

---

① 竹内敏雄：《美学方法论的确定》，李心峰译，《马克思主义文艺理论研究》编辑部编选：《美学文艺学方法论》上册，北京：文化艺术出版社，1985年，第124页。

眼下各种新的研究方向层出不穷、错综复杂的状态下，正是应该格外警惕的"。①

在上述探讨的基础上，竹内敏雄提出了他自己在美学方法论上的基本观点。这就是要选择能够"诉诸事象本身的道路"②。他在极其多样纷繁的现代美学方法中，着重选择和重点分析了六种美学方法。这六种方法，前三种为心理学方法、社会学方法和符号学方法，属于"科学的"美学方法；后三种为价值论方法、现象学方法和存在论方法，属于"哲学的"美学方法。在他看来，前三种科学的方法对于美学研究也具有一定的意义："我们研究的终极目标是美的本身，是美的价值。但由于具有美的价值的事物也确实具有属于经验事实的一面，因而用科学的乃至实证的方法进行的各种研究也可以在各自的范围内取得有效的认识成果。"③不

---

① 竹内敏雄：《美学方法论的确定》，李心峰译，《马克思主义文艺理论研究》编辑部编选：《美学文艺学方法论》上册，北京：文化艺术出版社，1985年，第125页。

② 竹内敏雄：《美学方法论的确定》，李心峰译，《马克思主义文艺理论研究》编辑部编选：《美学文艺学方法论》上册，北京：文化艺术出版社，1985年，第126页。

③ 竹内敏雄：《美学方法论的确定》，李心峰译，《马克思主义文艺理论研究》编辑部编选：《美学文艺学方法论》上册，北京：文化艺术出版社，1985年，第126页。

第五章　竹内敏雄：聚焦"技术"

过，与各种科学的方法相比，竹内敏雄更看重各种哲学方法对于美学研究的根本作用。

> 虽说心理学的、社会学的、符号学的等等各种方法在各自有效范围内都有助于美学的认识，但对于确立美的价值原理、探明艺术文化的意义，毕竟是不充分的。如果我们跟随它，仅仅停留于对美的事物进行经验性的、实证的观察，大概也只能永远在美学中心问题的外围徘徊。因此，要楔入美的事象的核心，不管怎样，也必须引入价值哲学的见解，而且还要在通往美的价值论的道路上，采取现象学-存在论的方法。①

竹内敏雄认为，20世纪的哲学美学，经历了批判主义价值论美学和现象学美学的盛衰，以及现象学美学向存在论美学的转移，但在建构美学理论体系时，却应与这种历史演变的顺序相反：

---

① 竹内敏雄：《美学方法论的确定》，《美学总论》，日本东京：弘文堂，1979年，第58页。

首先对美本身的存在状态适应其实际性状予以概览，然后，从经验和对象两个方面对那种具体化了的美的现象的本质构造加以分析，进而论及美的价值问题，这大概是妥当的。我们用这种美的存在论、现象学和价值论大概可以形成能够阐明美学的中心问题的一般基础理论。①

存在论 - 现象学 - 价值论这三种哲学美学的方法的综合运用，便是竹内敏雄美学方法论的核心结构。他的《美学总论》的"美学基础论"部分的理论体系，正是按这样的方法论结构建立起来的：它的第一章"美的存在相"，是美的存在论；第二章"美的体验的结构"、第三章"美的对象的结构"，是美的现象学分析；第四章"美的价值的原理"，是美的价值论；第五章"美的各种特殊形态"，是根据美的价值与人类其他基本价值如快乐价值、真的价值、善的价值、效用的价值的联系，将美的各种特殊形态划分为快乐美、知性美、道德美、技术美几种主要类型，分别进行深入

---

① 竹内敏雄：《美学方法论的确定》，《美学总论》，日本东京：弘文堂，1979年，第67—68页。

第五章 竹内敏雄：聚焦"技术"

的探讨。这种美的形态论，不同于一般美学著作的美的范畴论、美的类型论，而是根据美的价值原理进行的形态划分，因此，它仍是第四章"美的价值的原理"（艺术美的价值原理主要在这一章中探讨）的延伸，仍属于美的价值论的论域。由此我们可以体会到，竹内敏雄对于美学方法论的选择，的确是从其研究对象的实际需要出发所选择的"诉诸事象本身的道路"。其美学方法论与其美学理论体系、具体的研究内容之间，具有一种契合无间的紧密结合关系，而不是貌合神离或相互疏隔的关系。

竹内敏雄对于美学方法论的反思，能够给我们的美学研究提供一系列重要的启示。第一，在方法与对象的关系问题上，应根据对象的需要来确定研究的方法，而不能本末倒置，先建构方法，后确定对象；第二，在美学研究中，不应仅局限于某一种方法，而应根据对象的不同存在层面、问题要求分别运用不同的方法，而且各种方法，如哲学方法与科学方法，存在论、现象学、价值论等各种哲学方法，心理学、社会学与符号学等各种科学方法，应综合地加以运用，而不是各自孤立；第三，美学应以哲学方法为主导，把各种科学方法作为辅助性的方法灵活运用。那种过于夸大各种科学方法在美学研究中的功效，甚至把一些本是自然科学的方法简单拿来套用在美学研究中的做法，应该得到深刻的反省。像前些年美学界大炒所谓"老三论""新三论"在美学中的神奇功效，实际上却收效甚微，便是一个值得深刻吸取的教训。

第六章　今道友信："超越"的美学

第一节　日本当代具有国际影响的美学家

今道友信（Imamichi Tomonobu，1922—2012）生于东京，1948年毕业于东京大学文学部，1953年完成东京大学大学院特别研究生课程，获文学博士学位。1955年以后，曾任法国巴黎大学、德国维尔茨堡大学讲师；归国后，曾任日本九州大学副教授、东京大学副教授，1974年任教授。1983年自东京大学退休后，成为东京大学名誉教授、日本广播大学教授、德国维尔茨堡大学客座教授。他还曾担任过许多国际性哲学、美学研究机构的重要职务，包括国际美学会副会长、国际哲学会委员、国际哲学美学比较研究中心所长。

今道友信是日本乃至东方世界为数不多的有世界影响的美学家之一，也可以说是继竹内敏雄之后日本当代最重要的美学家。

今道友信既是一位美学家，也是一位哲学家，在哲学和美学方面著述颇丰。主要著作有《同一性的自己塑性》(1971)、《美的相位与艺术》(1971)、《解释的位置与方位》(1971)、《关于爱》(1972)、《关于美》(1973)、《亚里士多德》(1980)、《东方的美学》(1980)、《东西的哲学》(1981)，以及由他主编的"讲座美学"丛书（共五卷，1984—1985）、《文学与艺术——东西方的文学史》(1986)、《西方美学精粹——西方美学理论的历史与展开》(1987)，还有西文著作《一的考察》(*Betrachtungen über das Eine*, 1968)和《美学的比较研究》(*Studia comparata de aesthetica*, 1978)等。

与其他几位日本现代美学家一样，在今道友信的美学思考与美学建构过程中，传统（古典）与现代、东方与西方的关系也是他所思索的核心问题，而且在他这里，问题意识更加突出、明晰，解决这两对矛盾从而提出自己的美学构想、形成自己独有的美学体系的意图更加明朗，成果也更加显著。如果要概括今道友信的基本思想及主要特色的话，可以说，他超越了对现代的简单认同的历史水平，而主要是通过揭示现代的悖论，在对现代进行批判和超越中思考现代美学的路向。在这种思考中，他还引入了"将来"的维度，提出了以现代美学思索为基础的"美学的将来"的构想。在东方美学与西方美学的关系问题上，他强调重新认识东方美学的价值与意义，特别突出了东方美学的现代意义乃至将来的意义。这样，他便把自己对传统与现代、东方与西方两个维度上的问题，统一到同一个问题上来，即对现代美学和美学的将来的思考之中，建构了独具特色的今道友信式的"卡罗诺罗伽"的美学体系，亦即超存在论的、形而上学的美学体系。

第二节 "技术关联"的现代及其影响

如果说，竹内敏雄的美学思想主要形成于20世纪五六十年代，其基调是对于现代技术社会的认同，并在这种认同的前提下建构起现代形态的美学，它以对"技术"的价值的基本肯定的立场，以及技术与艺术的历史与逻辑的同一性的认识为理论基础，形成了其美学的基本观念和有关艺术本质等艺术理论问题的基本看法的话，那么，今道友信的美学思想则是成熟、定型于60年代中期以后。时代的征候使"现代"的内涵发生了一定的变化，时代给现代美学提出了新的问题，今道友信的"现代美学"所要回答的核心的理论课题也悄然发生着变化。这使今道友信的美学呈现出异样的"现代"色彩和独特的品格。

那么，今道友信所直面的"现代"在内涵上究竟发生了怎样的变化？今道友信对"现代"有怎样的感悟和体认呢？

应该看到，今道友信也是从"技术"的角度来界定"现代"的本质特征的。只不过，与竹内敏雄不同的是，今道友信明确区分了两种"技术"。他指出，一种技术，或者说古典的技术、传统的技术，像"和18世纪产业革命相关的技术"一样，是由动力方面的新发现而带来的机械的一大飞跃。这种技术"只不过是人类工具的扩大，不过是自我的外部现象。也就是普罗米修斯赐物的变化，是人类面对自然强调自己的武

第六章 今道友信:"超越"的美学

器"。[①]这种技术,也就是人类为了征服自然而使用的工具或工具的扩大、进化。从本质上讲,它与普罗米修斯为人类生存所盗来的火种,以及人类最初使用的石制工具等等相比,并没有发生根本的变化。工业革命所带来的蒸汽机等机械,极大地促进了人类社会的进步。但从技术的角度看,它们仍属于古典的技术、传统的技术的范畴。

不过,今道友信敏锐地指出,"技术的这种含义已成为过去"[②]。在他看来,当人类社会真正进入"现代",上述那种古典的技术便发生了根本的、本质性的变化,一种全新的技术形态出现了。这种技术,今道友信称为"现代技术"或"技术关联"[③],即由现代科学技术所形成的技术组织、技术结构。"在此处被提出的现代技术问题,是和作为人类工具的向着外部世界的外部

[①] 今道友信:《美的相位与艺术》,周浙平、王永丽译,北京:中国文联出版公司,1988年,第169—170页。

[②] 今道友信:《美的相位与艺术》,周浙平、王永丽译,北京:中国文联出版公司,1988年,第170页。

[③] 技术关联,日语原文为"技術聯關",有时也被译为"技术组合"或"技术组织"等。它不是一般的技术,而是指现代自动化技术、计算机技术、现代信息技术等所形成的人类无可回避的环境的一部分,是自律的、制约着人类的技术体系。"技术关联"是贯穿于今道友信一系列著作中的核心的关键词。

扩张完全不同的问题。它是机械系列的自我设定，是中介于人类和自然界之间的世界。它是一种自律性的运动，是自我机能的延长世界，是一个实在世界。"它"是机械性的技术、高度技术性的组织，技术的统治，科学技术、科学工业性的功能系列，技术世界，是掌握在现代技术、科学技术者手中的，同时又是背离人类的能量、制约着人类的现代技术"。[1]

以现代技术关联为主要标志的"现代"是从什么时候开始的呢？今道友信指出，"1960年以后的世界，一言以蔽之，就是技术关联"[2]。今道友信在他的一系列论著中，从不同的视角涉及了以技术关联为主要特征的"现代"社会的一些显著的征候。

首先，技术关联在人与自然之间形成了一个独立

---

[1] 今道友信：《美的相位与艺术》，周浙平、王永丽译，北京：中国文联出版公司，1988年，第170、168页。

[2] 今道友信对于技术关联的现代究竟起于何时，实际上有一个认识发展的过程。他在初版于1972年的《关于爱》一书中认为，大约是20世纪三四十年代以后，进入了技术关联的现代社会（今道友信：《关于爱》，徐培、王洪波译，北京：生活·读书·新知三联书店，1987年，第7页）。而在初版于1985年、由他主编的《美学的将来》一书中，他对自己过去的说法作了修正，以十分肯定的语气指出，"1960年以后的世界，一言以蔽之，就是技术关联"（今道友信主编：《美学的将来》，日本东京：东京大学出版会，1985年，第13页）。

第六章　今道友信："超越"的美学

自足的、实在的世界，它遵循自己的规律做"自律的"运动。

其次，过去，人类以整个自然世界为自己的生存环境，而技术关联则在人类与自然世界之间形成一个新的技术世界，它同自然世界一样，成为人类无可回避的环境的一个组成部分。

第三，技术关联作为一个自律的世界，由以往的帮助人类征服自然的工具、人类的助手演变为统治人类的异己的力量。

第四，技术关联使作为人之本质的体现的时间性受到挤压，使人类意识走向虚无化。在今道友信看来，"人类的意识不是空间性的，而是时间性的"，"人类实在的本质正是时间性"。但是，技术关联的"现代技术……具有加速度性和缩短时间的机能。它消灭了时间性的停滞"。因此可以说，"在现代技术中，有使人类意识、人类实在虚无化的倾向"[1]。"技术是使时间性在人类生活中极小化的操作，是使把时间性作为本质的人类意识虚无化的装置。这种装置是使作为人类生

---

[1] 今道友信：《美的相位与艺术》，周浙平、王永丽译，北京：中国文联出版公司，1988年，第176页。

活内部的核心活动的意识接近于零的位置。如果我们看不到这种倾向与人类意识，即需要扩大、延续的人类意识的矛盾，我们就不懂得现代。"①

第五，技术关联带来了"技术抽象"。就是说，"在技术关联中，……人只能企图进行反应、计量，而不能思索。……作为他的反应，经常是面对目的选取最短距离"。"在这里，我们可以发现全新的抽象。它不是逻辑的抽象，而是技术的抽象。人在这里看到的不是从特殊抽象到普遍，而是舍去一切其他价值，只看结果的抽象。"对于这种技术抽象，今道友信还把它称为"结果主义"。他指出："这种结果主义，这种技术抽象，支配着我们的时代。"②

第六，技术关联导致人的物化，使人变成机械，从而改变了现实世界的"分类的原理"，改变了人类的归属。"当今，人就像非人格的机械装置中的数字带，就像那流动的数字带一样急匆匆地运动着。……在那里，人只具有没有思想的物理的机能。""从现代技术

---

① 今道友信：《美的相位与艺术》，周浙平、王永丽译，北京：中国文联出版公司，1988年，第183页。
② 今道友信：《美的相位与艺术》，周浙平、王永丽译，北京：中国文联出版公司，1988年，第179—180页。

第六章 今道友信:"超越"的美学

具有的规定性来看,人类和机械是同等的东西,因为无论是人类还是机械,两者都是被置于能够计量、能生产一定产品的机能组织之中的。"[1]在传统的分类原理中,根据有机物这一共同规定,人作为有机物、"高等动物",被与同样是有机物的动物划归为一类。但技术关联完全改变了这种分类原理,把人类与无机的、无生命的机械等置起来,归为同一类别了。

今道友信指出,由于技术关联所带来的一系列变化,结果导致另一个重要现象的出现,即人类行为逻辑发生根本结构的"逆转"。对此,今道友信有精彩的分析。他认为,人的内心世界、人的思想轨迹虽然隐而不露、深不可测,但它却"可以由行为来显示。人类的行为是人类的自我内心的显露"。所谓行为,是思想的实践性呈现,它必然通过实践三段论法来表现自己的内在逻辑。人类行为的古典的逻辑结构模式可以概括为:

大前提:我希望甲。

---

[1] 今道友信:《美的相位与艺术》,周浙平、王永丽译,北京:中国文联出版公司,1988年,第176页。

小前提：乙丙丁是使目的甲成为可能的手段。

结论：因此（根据必然的理由），我把丁作为甲的手段来实行。①

今道友信指出："在上述推论式中，小前提是可以自由选择的。而且，选择的对象是为了实现目的行使的手段。目的的位置比理想的有效手段的位置优越。"②

可是，当这种作为手段的技术在现代获得飞跃式的发展，由人类的助手的工具角色演变为自成一体的"技术关联"时，人类行为逻辑的结构中手段与目的的关系便发生了根本的逆转。"这一飞跃使手段发生了质的变化。从他律性的器具向自律性机能飞跃。这种技术的手段进展使手段变得比目的更优越，这个比目的更处于优越位置的手段的力的组织，带来了人类行为在一切领域中的现代现象。有关行为的古典逻辑在这里遇到了重大的困难。人类在现在有了像原子力、电动力、世界资本那样的巨人般的能力。结果，关于那

---

① 今道友信：《美的相位与艺术》，周浙平、王永丽译，北京：中国文联出版公司，1988年，第171页。
② 今道友信：《美的相位与艺术》，周浙平、王永丽译，北京：中国文联出版公司，1988年，第171页。

第六章 今道友信："超越"的美学

行为的推论式，那大前提和小前提就不能不发生决定性的逆转了。"①

  大前提：我们具有手段丁。
  小前提：丁能使作为目的的甲乙丙实现。
  结论：因此（根据必然的理由）要实现作为手段丁的目的甲。②

在这种技术关联的现代的典型的行为逻辑中，表现了与古典行为逻辑迥然不同的结构。这突出表现在：手段由被决定的因素，一转而为决定性的因素，相反，以往处于决定性地位的目的反倒退居次要，处于被决定的地位。一句话，便是由古典行为逻辑的"目的优越"逆转为现代行为逻辑的"手段优越"。③

---

  ① 今道友信：《美的相位与艺术》，周浙平、王永丽译，北京：中国文联出版公司，1988年，第171页。
  ② 今道友信：《美的相位与艺术》，周浙平、王永丽译，北京：中国文联出版公司，1988年，第171页。
  ③ 关于技术关联导致人的行为逻辑发生逆转的论证，亦见于今道友信的著作《关于爱》《关于美》，及由他主编的《美学的方法》（李心峰等译，北京：文化艺术出版社，1990年）一书中他本人执笔撰写的最后一章"卡罗诺罗伽"等。

技术关联的现代带来上述这些突出的社会文化的变迁,它对美学与艺术有什么影响呢?对此,今道友信也做了广泛深入的揭示与分析。

首先,艺术中的超越精神的丧失。现代的技术关联所导致的手段与目的关系的逆转,这种结构关系"必然会影响到美学各问题,特别是作为人的行为的艺术创造。当今,艺术创造的目的未必是对于超越理想的追求,倒常常是现有能力的实现。或者说是在这种能力范围内的一种尝试。它不是趋向无限的精神运动,而是在被限定的事物中,以被限定的样式进行的游戏"。① 在这里,今道友信对现代艺术不断花样翻新、一味追求新奇的现象给予了深刻的分析和批评,认为这并非真正的独创性与个性的体现,而不过是各种新的技术手段、表现能力的试验,其中并不存在某种精神超越的目标。

其次,艺术以表现为理念。技术关联时代的技术的高度发展,使依赖于机械技术的再现能力如摄影、录音、录像、计算机多媒体等空前发达,这使以模仿、

---

① 今道友信:《美的相位与艺术》,周浙平、王永丽译,北京:中国文联出版公司,1988年,第172页。

第六章 今道友信:"超越"的美学

再现为正统艺术理念的传统美学发生根本逆转,导致"自我表现,成了新的现代艺术的唯一正统理念。根据这种表现的理念,艺术使其机能深化为表现人类的内心意图"。在今道友信看来,这种以表现为唯一理念的现代艺术,把再现的功能"让给了现代技术",自己则向着人的心灵深处深化,并认为这"的确是艺术的一种进步"。他认为:"这就是艺术之所以能与实在相对应,代替了宗教,或曰是完成了准宗教的解放机能的理由。""艺术几乎成了像鸦片那样的东西,成了能使人们从不安中被解救出来的梦。"不过,今道友信仍指出了这种艺术的致命弱点,这就是它"忽略了自我本应具有的超越意向"。①

再次,艺术以自身为目的。艺术本来是人类能力的产物,"这种能力是为着使人类内心的花能在彼岸开放的能力。因此,在本质上艺术作品是一个中介者,是中间物,是手段"。但是,由于现代技术的发展,手段无视目的这一超越者的宝座并夺取了它的位置,这在艺术上产生一个结果,即艺术以自身为目的,亦

---

① 今道友信:《美的相位与艺术》,周浙平、王永丽译,北京:中国文联出版公司,1988年,第173页。

261

即"为艺术而艺术"。艺术的这种自我满足的自律性使艺术家从他的那个社会被孤立了出来。艺术、艺术家,还有美,在现代社会几乎成了剩余品、累赘。但是,对于人类的精神来说,这不能不是一个极大的错误、极大的损失。对此,今道友信指出:"艺术、艺术品、艺术家,还有美,决不是多余的东西,而是人类生活不可缺少的东西。对于人类来说,没有艺术的世界是不能想象的,即便是在最原始的种族历史中,我们也看不到没有艺术的社会。"①

第四,抽象艺术与非对象艺术的泛滥。现代技术带来的手段的优越位置,也有有利于艺术的一面。因为现代技术带来了人们的空闲时间的扩大,这为人们从事艺术生产和艺术欣赏创造了条件。此外,现代技术夺走了目的的优越位置,也使艺术创作从以往从属于诸如神学、政治权威等其他目的的状况下解放出来。但是,现代技术在为艺术创造了这些有利的条件的同时,也在"侵蚀着艺术的中心,它就像一个阴谋集团,虎视眈眈地盯着艺术"。今道友信这里所指的就是现代

---

① 今道友信:《美的相位与艺术》,周浙平、王永丽译,北京:中国文联出版公司,1988年,第174页。

第六章 今道友信:"超越"的美学

技术关联对于时间的挤压所带来的人的意识的虚无化、人类实在的虚无化、人类本身的物化与机械化。这对美学和艺术将带来怎样的后果?今道友信分析说:"从这里产生出两种世界观。(1)没有动物影子的机械性、没有内心自由的机械性=数学的必然性。(2)对于上述倾向的反抗,是动物性的无意识扩展,也就是深层意识的觉醒。这两方面,无论哪方面都不是人性——人类性——的理想场所。"这两种倾向体现在现代艺术思潮中,便产生了这样两种艺术倾向:一是抽象艺术,一是非对象艺术。"前者是取消了生物性的机械性的展伸,后者是对于放弃了理性描写的生物意识的强调。这便是这种世界观在视觉艺术中的反映。"[1]

第五,"方法主义"的普遍化。现代技术的机械性具有使一切都予以"方法化"的倾向,导致"普遍的方法主义"或"方法万能"。这在艺术中,使得"对于一切艺术都采取方法性的实证主义和方法性的发现态度在现代流行起来"。然而,"卓越的作品往往是凌驾于一般方法之上的"。"对于现代的创造精神来说,那

---

[1] 今道友信:《美的相位与艺术》,周浙平、王永丽译,北京:中国文联出版公司,1988年,第176—177页。

普遍的方法主义，那平庸的强制教育是十分不利的。"①

第六，导致动物性的无意识扩展。作为对方法万能的反抗，也导致了另一个极端的出现，即"在强制中产生出来的自由主义以及解放主义成了艺术家周围的氛围"。"在这里，对于普遍性的方法的蔑视，带来了对于艺术的熟练技巧的忽视。"对于技术的机械性的抵制，产生的是"动物性的无意识的扩展"。这里，的确没有了非自由的机械性的冷酷的决定性，因而成了"逃离技术世界的避难所"。但是，今道友信认为，这并不意味着真正的自我的解放，而只是实际上带来了"自我忘却"。它使人"又回到了动物的意识水平"。"人们在动物性水平上，逃避了被技术化的人生，使自己得到了安慰。"在今道友信看来，无调性音乐作品和超现实主义的绘画，是人的偶发性的、深层的无意识的表现。"这是向着人类以前的生气勃勃的运动的复归，也是向着前人类的黑暗的退步，是心理的退向运动。"②就是说，艺术向无意识、潜意识、深层意识的沉

---

① 今道友信：《美的相位与艺术》，周浙平、王永丽译，北京：中国文联出版公司，1988年，第177页。
② 今道友信：《美的相位与艺术》，周浙平、王永丽译，北京：中国文联出版公司，1988年，第178页。

第六章 今道友信:"超越"的美学

潜,虽然实现了对技术世界的逃避,但却使人还原到动物的意识水平,离人的精神超越的目标更加遥远。

第七,偶然性艺术的出现。今道友信认为,现代社会的技术抽象、"结果主义"支配着我们的时代:"它对美学领域的影响是令人恐惧的。这个新的抽象根本不考虑人通过自己对于自由的尝试,和将那种尝试结晶于作品,及艺术创造过程中的意义和价值。这便是偶然性艺术制作的由来。也就是说把人类的自由委托给物质的偶然性,例如那根据偶然性的作曲或让油彩任意流淌而创作的绘画。"他尖锐地指出:它们不是音乐,不是绘画,不过是声音的游戏和色彩的游戏罢了。今道友信反问道:"猫跑过钢琴的键盘,有时也会发出不错的音的组合,但人能把这叫做音乐吗?"[1] 尽管今道友信一方面指出我们不应忽略这样的事实,即"在这种被称作为偶然性的艺术中,也含有要逃避那没有自由的技术必然性的意图",但他同时也正确地指出:"自由也决不是偶然。偶然是没有责任过程的瞬间游戏。自由是伴随着责任过程的时间性努力。根据偶然

---

[1] 今道友信:《美的相位与艺术》,周浙平、王永丽译,北京:中国文联出版公司,1988年,第180页。

性产生出的艺术，遮断了通向自由的道路。它是上述技术性抽象的反映。"[1]

应该说，今道友信对所谓"技术关联"所导致的各种时代征候及其对美学和艺术所产生的影响的分析是十分敏锐和相当全面具体的。揭示现代科学技术所引起的人的物化、人性的异化，抗议技术对于人的自由的剥夺，暴露现代技术体制给社会、人生、人类心理带来的荒谬感，是20世纪中叶前后西方不少哲人、文学家、艺术家都曾作过深刻思考和探索的问题。诸如雅斯贝尔斯、海德格尔、萨特、加缪，以及西方马克思主义的一些代表人物如马尔库塞、本雅明等，都是如此。而今道友信对于"技术关联"的现代的批判及对其种种时代征候的分析，显然与这样一个大的历史语境分不开，有些思想也能看出其所受到的西方思想界有关现代技术批判思潮的影响，但不能否定的是，像今道友信这样系统、全面、集中的分析与阐述，还是不多见的。

---

[1] 今道友信：《美的相位与艺术》，周浙平、王永丽译，北京：中国文联出版公司，1988年，第181页。

第六章 今道友信:"超越"的美学

第三节　美学现代课题的思索

如前所述,今道友信是对他所处的时代即"现代"的观察非常敏锐、分析十分透辟的思索者。就美学领域而言,他认为"现代向我们提出了各种各样急需解决的新问题"[1]。作为一位直面现实、勇于思考的美学家,他当然不愿意人云亦云地重复以往那些美学命题,而是努力提出自己所认识到的现代美学课题,并努力做出自己的解答。在这个问题上,他赞成波兰著名美学家塔塔尔凯维奇的一句话:"我们现代的美学家必须对美学做出我们特有的学术贡献。"[2]那么,在今道友信看来,"现代"给美学提出了哪些重要的课题呢?

1976年,在德国达姆施塔特召开的第八届国际美学会议上,今道友信代表国际委员会做了一次公开讲

---

[1] 今道友信:《美学的现代课题》,郭悦越译,中国社会科学院哲学研究所美学研究室编:《美学译文》第一辑,北京:中国社会科学出版社,1980年,第288页。
[2] 转引自今道友信:《美学的现代课题》,郭悦越译,中国社会科学院哲学研究所美学研究室编:《美学译文》第一辑,北京:中国社会科学出版社,1980年,第287页。

演，题为《美学的现代课题》①，集中谈了他对美学的现代课题的思考。在这篇讲演中，今道友信重点谈到了美学的四个最为重要的现代课题。

第一，由于现代社会中与技术关联密切相关的实证主义的过剩，导致没有经过思考的所谓"研究"大量泛滥。"实证主义的效果就是对象及其各种关系的计量性描述，说得更明确些，就是现象之量化。因此，它要把不适合于定量化的对象和关系从自己的问题中排除。"的确，美的理念的光辉正是实证主义这种"没有思考的研究"首先要排斥出去的。针对这种"没有思考的研究"对于美的理念的排斥，今道友信指出，美学的第一个现代课题是："为了彻底地考察各人作为原体验所具有的、因而在逻辑上不能排斥的美，就要研究作为与美的理念相关联的形而上学的美学。"②

第二，现代的社会，与"没有思考的研究"的泛滥同时出现的另一种倾向，是没有研究的思考。"没有

---

① 今道友信的这篇讲演稿最初为德语，其日译文发表于日本《美学》1977年总第110期；中译文载于中国社会科学院哲学研究所美学研究室编：《美学译文》第一辑，北京：中国社会科学出版社，1980年，第284—298页。

② 今道友信：《美学的现代课题》，郭悦越译，中国社会科学院哲学研究所美学研究室编：《美学译文》第一辑，北京：中国社会科学出版社，1980年，第285、287页。

第六章　今道友信:"超越"的美学

研究的思考是什么呢？它就是意识形态。与实证主义固执于事物的数量性而忘记人的动机相反，它是武断地教条地确立人的实践标准的原理和目的。而且，作为行动体系的观念形态一旦被确立起来，就再也不想去研究它是否切合实际这个问题。"这种带有意识形态倾向的美学只注重艺术的政治的、社会的功能，而并不想追究艺术的本质究竟是什么。因此，今道友信认为，美学的第二个现代课题是："为了彻底地考察艺术，就要确立作为与艺术本质相关联的现象学的美学。"[1]

第三，由于现代技术关联极大地提高了生产效率，导致作为劳动过程的时间往往成了所谓机器设备这种空间机制的陪衬。也就是说，作为人类本质的时间性，已经使人类自己朝着作为物体本质的空间性方面异化了。在今道友信看来，正是在这里产生了劳动的非人化。本来，在技术关联之前的社会，劳动是真正的"人的课题"：劳动自古以来是培养理念性的善的各种伦理道德的场所，是忍耐、牺牲、勇气、亲热、

---

[1] 参见今道友信：《美学的现代课题》，中国社会科学院哲学研究所美学研究室编：《美学译文》第一辑，北京：中国社会科学出版社，1980年，第285—287页。

自立的真正基础。但是，在技术关联的现代，劳动这种道德上的善的源泉却变成了恶的根源，即培养道德的园地反而倒向了作为空间化的非人化。其原因就是工艺学所强加的时间异化。更可怕的是，这种自动化的工艺学，其目的不仅是时间的异化，而且是要消灭劳动本身。工艺学把生产过程中没有人的自动化作为它的理想，这样，它就必然会使"道德的故乡（指劳动——引者）化为乌有"。总之，由于"作为延续性的时间才是道德的基础"，如果说现代技术关联的工艺学"正在实现时间的消失"，那么，它的结果就是导致道德的基础的逐渐消失，继而"作为内在活力的道德恐怕也会由于这种工艺学而消失"。在这种历史条件下，"为了维护作为人类本质的时间性"，亦即"为了把道德性的基础保持下去"，必须抵抗工艺学。今道友信所找到的能够与这种工艺学分庭抗礼的文化现象，便是艺术。在他看来，艺术的存在本质，便是时间性。"无论在享受和鉴赏或者在制作和创造方面，艺术在事物性这点上总是需要时间。……艺术一般无非就是一种增加作为延续性的时间的活动。特别是理解优秀的作品以及一般说来创作优秀的作品的活动，假如没有时

第六章　今道友信："超越"的美学

间所孕育的劳动，是无法完成的。艺术就是这样在追求艺术的劳动过程和劳动延续性中，会唤醒并且激发忍耐、牺牲、勇气、自立等，作为必要善的道德。"[1] 通过艺术与现代工艺学的比较，今道友信在艺术中发现了在现代社会重建新道德的新基础，并把它看作美学的第三个现代性课题："这样，美学的第三个现代性课题就是必须考虑在艺术经验中作为关于艺术的学问而被唤起的道德要素，所以，为了阐明道德性的新基础，就要和伦理学相联系。而且，美的这种道德性课题，不仅仅是给旧道德名目以新基础，同时是必须给崭新的道德名目以基础。"[2]

美学在现代社会中肩负的为道德提供新的基础的重大使命，使美学与伦理学发生密切关联。而对于伦理学，今道友信也有自己的崭新思考。他是从人的根本的生态环境的改变入手来考虑这个问题的。他指出，在过去的时代，自然界曾经是人类活动的唯一正统的舞台，但是，"与过去那种结构单一的环境相比较，我

---

[1] 今道友信：《美学的现代课题》，中国社会科学院哲学研究所美学研究室编：《美学译文》第一辑，北京：中国社会科学出版社，1980年，第290页。
[2] 今道友信：《美学的现代课题》，中国社会科学院哲学研究所美学研究室编：《美学译文》第一辑，北京：中国社会科学出版社，1980年，第290—291页。

们就不能不说，我们的现代是具有复杂得多的复合结构的环境。现代的人类环境由自然界、技术和文化三方面组成"[1]。况且，我们人类只是间接地生活在自然界中，却直接地生活在人工事物之中。特别是技术关联的世界，对于人类来说，是一种异质的存在。"我们不应该忘记我们人类是被那些在性质上异己的事物所包围这样一个事实。对于在这个异质世界中的人类的生态学，我们必须探索哲学人本主义的新位置，从根本上重新加以考虑。我想建立起一门新科学——生态伦理学，作为对这方面的研究。"[2] 今道友信认为，以往的伦理学是人际关系之学，探讨的是人们相互之间的道德，而生态伦理学却必须同时关注人对于事物的道德，包括人对于艺术品的道德责任问题。总之，在他看来，现代的美学的这第三个课题，因为要给道德性确立基础而必然与伦理学发生关联。

---

[1] 今道友信：《美学的现代课题》，中国社会科学院哲学研究所美学研究室编：《美学译文》第一辑，北京：中国社会科学出版社，1980年，第291页。
[2] 今道友信：《美学的现代课题》，中国社会科学院哲学研究所美学研究室编：《美学译文》第一辑，北京：中国社会科学出版社，1980年，第291页。今道友信在这里提及的"生态伦理学"的观念，在今天已在相当广泛的范围内为人们所谈论与接受，而今道友信正是在世界上最早倡导"生态伦理学"的思想家之一。

第六章 今道友信:"超越"的美学

第四,美学的现代课题不仅与伦理学密切相关,而且与人的思维密切相关。在今道友信看来,现代的技术关联改变了人的思维模式。现代的工艺学的高度发展,使人们原本内涵丰富的"理解"活动变得简单化、表层化,以至于发展到"在现代,所谓理解就是操作"的地步。它不再需要描述、判断等思维活动,也不再需要由"结果"追溯"原因"的思维过程。这种思维的简化,必然导致人的思维的退化、弱化。不过,今道友信认为,在现代,美学这种与艺术现象密切相关的活动却可以拯救人的"理解"。"这是因为艺术理解要人们作了解释以后才能完成",而这个解释却是一种与理念相关的思维形式。这种思维形式是描述、判断、由结果追溯原因等思维的初级阶段所无法企及的。正是在这个意义上,今道友信认为:"美学在现代的第四个课题就是为了完善作为理解的思维而改革逻辑学。而且,这是美学课题中最重要的课题之一。因为在这里成为主题的解释,正是作为在其内部扬弃了描述、归因和判断而保存下来的东西,也就是思维的补充阶段。"①

在上述美学的四大现代课题中,今道友信特别强调了后两个课题的重要意义。他指出:"美学必须给伦理学打基础,而且,美学必须以革新的精神补充逻辑学。这两个课题是美学在现代具有的最重大的课题,但是它们不可能通过古典美学的复兴来完成。"以往的美学,有两种路向。一种路向往往把美学学科仅仅看作哲学体系中的一个分支学科,或者看作是哲学原理、哲学基础理论在美学这一特殊领域的运用。这种路向基本上否定了美学的自主性。另一种路向主张美学应该有自律性,但由于它"只是把自己的领域限定在极狭小的范围内,因此反而会越来越靠其他学科去进行基础性研究,和自己的主张相反地不断增加他律性的程度"。今道友信所理解的现代的美学,具有远大的抱负和重大的使命:"作为一个时代开端的今天正在向既是基础学又是补充学的美学展示出新的境界。因此,美学在今天必须是思维的开始和终结,是思维的原理

---

① 参见今道友信:《美学的现代课题》,中国社会科学院哲学研究所美学研究室编:《美学译文》第一辑,北京:中国社会科学出版社,1980年,第292—293页。

第六章 今道友信:"超越"的美学

和目的,换言之,美学是哲学的枢轴。"[1]

第四节 美学的现代课题与"美学的将来"

值得我们注意的是,今道友信对于美学的现代课题的思考还与他对"美学的将来"的课题的思索联系在了一起。

今道友信对于美学现代课题的思索,可以说基本上是建立在对"技术关联"的现代的批判和否定的基础上来展开的,是力图超越"技术关联"的现代而提出的美学现代课题。这样的美学思考,必然使他的现代美学思索包含着面向将来的思维向度。这使他在美学研究过程中提出了一个富有挑战性的命题:"美学的将来"。

"美学的将来"作为一个理论话题,原本是由法国现代著名美学家、曾担任国际美学会主席的E. 苏里奥(E. Souriau, 1892—1979)[2]提出来的。苏里奥早在

---

[1] 参见今道友信:《美学的现代课题》,中国社会科学院哲学研究所美学研究室编:《美学译文》第一辑,北京:中国社会科学出版社,1980年,第293页。

[2] 苏里奥是法国现代著名哲学家、美学家,著有《神之影》《感情的抽象》《生机勃勃的思维与形相的完全性》《美学的将来》《哲学的创建》《诸艺术的照应》《二十万戏剧状况》《动物的艺术感觉》《美学的钥匙》等。

1929年出版了一部法语著作，书名即为《美学的将来》。在该书的序言中，苏里奥强调指出他所要探讨的是"美学的将来"，而不是"将来的美学"。就是说，所谓"美学的将来"是指美学这门学问在学术上的展开，而不是去预见由于外在于美学的某种因素所导致的某种并非是美学本来的状态。今道友信指出，作为论述"美学的将来"这一问题的基本态度，自己也将"循此道而行之"。[①] 不过，今道友信对于这一问题的回答，却显示出与苏里奥看法的根本对立。

苏里奥的"美学的将来"所思考的中心问题，是要判断什么才能够成为美学的"实证的、自律的学问的对象"。"通过本来应称作元美学（meta-esthetique）的研究，依据认识论的最确实的原理去选择能成为美学特定对象的东西，这种努力是一项为使美学成为一门学问而做的重要工作。"[②]

苏里奥所选择的美学的独特对象，便是最广义的

[①] 参见今道友信主编：《美学的将来》，樊锦鑫等译，南宁：广西教育出版社，1997年，第6—7页。
[②] 今道友信主编：《美学的将来》，樊锦鑫等译，南宁：广西教育出版社，1997年，第7页。

第六章 今道友信:"超越"的美学

形(forme)。他说:"美学是形的科学。"①

今道友信指出:

> 所谓讨论学问的将来,只能是把永恒加以时间化。这是一种认知的过程,即把永恒的课题努力拉到当下的问题旁边。在这一过程中,将永恒的问题转化为将来的课题。反过来,还要把当下提升,使之以将来的形态趋向永恒。换句话说,所谓学问,只能是在理论的层面上将永恒与当下联为一体,美学当然也不例外。因此,所谓美学的将来,便是在对永恒的透视中通过一边提问一边解答而对当下的课题合乎逻辑地透视到的课题。当下没有课题的人就无法透视将来的课题。不追求永恒的课题的人,也不能使现在成为课题的问题继续发展为将来的问题。②

在今道友信看来,苏里奥提出的问题就是一个在

---

① 转引自今道友信主编:《美学的将来》,樊锦鑫等译,南宁:广西教育出版社,1997年,第7页。
② 今道友信主编:《美学的将来》,日本东京:东京大学出版会,1985年,第12—13页。

认识论上探讨美学的可能性的永恒的问题：使美学成为一种学问的特有对象究竟是什么？美学是"形之学"就是苏里奥立足于当时的课题所提出的美学的将来课题。

针对苏里奥关于"美学的将来"是要使美学成为"形的科学"的核心观点，今道友信根据自己的研究提出了根本的质疑，做出了完全相反的回答。

今道友信的质疑和回答，源于他对他所面对的"现代"的不同体认，以及对他所理解的美学的现代课题的不同认识。

关于今道友信对"现代"的独特认识，我们在前文已经做了详细的评介，这里不再赘述。一句话，他所说的现代就是"技术关联"的时代。那么，在他看来，"技术关联"时代在"形"的问题上提出了怎样的美学课题？它与"美学的将来"有什么联系？

前文已经介绍了今道友信对于美学的四个重要的现代课题的概括，这里必须指出，今道友信在与苏里奥的思想的对话与撞击中揭示了美学的另一个更为核心的现代课题，即对于"形之学"的超越。

今道友信一针见血地指出："我们现在应该承认一

第六章 今道友信:"超越"的美学

个毋庸置疑的事实:形的文化正在结束。"[1] 他具体分析说,在自然界,物体的形明确地呈示着它的本质并暗示其功能。比如,在自然世界,凡是牛就有牛的形,有牛之形者,一定不是马,而只能是牛。因此,在自然界,也可以说,形、形相与其本质相联结,形相即本质。在人类社会,"在技术还处于能够按自然的类推来理解的程度时,机械只不过是孤立的工具的存在而已。这或许可以说是20世纪前半期以前的一般状况吧"[2]。那时的人工产品,其外形与其功能也具有统一性。比如,早期的录音机带有喇叭状的扩音器,预示着某种音响的发出。算盘有大小相同的圆珠排成几排,一看它的形,就能推测出它是计算的工具。就连建筑物,如寺院、教堂、银行、车站、学校等,其外观也不同于一般住宅,一看其外形,便能了解其功能所在。

然而,在技术关联的现代,"这种形的优越地位由于科学技术的结构变革而完全改变"。"进入20世纪后半期,科学技术即使在它的应用领域,也发生了从物

---

[1] 今道友信:《序论·美学的将来》,今道友信主编:《美学的将来》,樊锦鑫等译,南宁:广西教育出版社,1997年,第12页。

[2] 今道友信:《序论·美学的将来》,今道友信主编:《美学的将来》,樊锦鑫等译,南宁:广西教育出版社,1997年,第12页。

体论向功能论的结构变革。这种变革推翻了自然学的这样一种常识：大凡物体，皆各有其形，其形态便暗示着其功能。然而，相对于外形来说功能处于优越地位，却是电器制品的特色。在技术关联的世界，随着技术的进步，一切制品均变得轻便简捷，同形异能的事物比比皆是，只看其形便无法区别。"比如，在现实中，人们拿在手中的长方形小盒子，它究竟是打火机还是用于偷拍的照相机？是计算器还是定时炸弹？是窃听器还是盛小物品的盒子？如果只看外形便无法确切地了解。总之，"对形的不信任，在知觉世界里正趋于一般化"。[①]

这种对形的不信任，不只是发生在技术产品的领域。在艺术领域，也同样如此。"仿佛是要表明对形的不信任似的，对形的忠实在艺术的一切领域里正逐渐地崩溃。这是一个显著的倾向，尤其是在卓越的天才们那里。"今道友信列举了各种艺术领域对形的背离。他概括地指出："以所谓形对于艺术究竟有什么意义的质询所内在地发生的对于形的不信任，当然很快便会唤起这样的问题意识：说美学就是形之学大概并不充

[①] 今道友信：《序论·美学的将来》，今道友信主编：《美学的将来》，樊锦鑫等译，南宁：广西教育出版社，1997年，第12—13页。

第六章 今道友信:"超越"的美学

分吧。"由此,只能得出相反的结论:"美学的对象并不是形。""所以,美学必须寻求形的替代物以作为自己的对象,对现在而言,美学的将来或许就是对这一课题的挑战吧。"总之,在他看来,当下的所谓"美学的将来",必须寻求取代形的东西,以作为美学的真正对象。①

立足于自己对现代的独特认识,通过与苏里奥关于美学的将来是使美学成为"形之学"的见解的对话与扬弃,今道友信得出了自己的崭新结论:美学必须是超越形的学问,美学的真正对象只能在对形的超越的层面上来寻求。这才是美学的将来之所在!正如他所说:"这是一种以形为线索的期待,期待形内部的东西,超越于形的东西、追求无限的美学。作为期待,这是在宣扬以形的学问为前提但又从根本上使之动摇的美学。"②

在今道友信看来,这种崭新的有关"美学的将来"的构想,对于整个哲学的新生具有特别重大的意义。一方面,"美学也以此种方法而与伦理学相关"。就是说,这种美学将对传统的伦理学的革新发生影响,从

---

① 参见今道友信:《序论·美学的将来》,今道友信主编:《美学的将来》,樊锦鑫等译,南宁:广西教育出版社,1997年,第12—15页。

② 参见今道友信:《序论·美学的将来》,今道友信主编:《美学的将来》,樊锦鑫等译,南宁:广西教育出版社,1997年,第18页。

而产生一种新的伦理学即"生态伦理学"。另一方面，这种美学构想，"通过想象力的逻辑分析及其在认识论上的地位这样的问题，逻辑学也不能不发生变革"。这样一来，"美学的将来，不仅在于对形的不信任而产生的方法，而且在于利用这种方法而成为整个哲学新生的契机。广而言之，这无非是向精神创造活力中心的挺进"①。

在20世纪日本现代美学发展的整个过程中，甚至在整个世界现代美学的背景下来看今道友信有关现代美学课题的思考，特别是他有关"美学的将来"课题的思考，不能不说这是一种十分独特、极有价值的美学思维成果。甚至可以说，超越"形之学"的美学的将来构想，是一种真正具有革命意义的美学构想。因为今道友信不仅与西方现代美学的重要代表人物之一苏里奥的作为"形之学"的美学的将来构想唱了一出对台戏，反其道而行之地把美学的将来诉诸"形的超越"，而且对整个西方以形、形式、形象、形态、感性等为原点的美学乃至哲学传统进行了彻底颠覆。他的美学现代课题的设定及其美学的将来的构想，并不是

---

① 参见今道友信：《序论·美学的将来》，今道友信主编：《美学的将来》，樊锦鑫等译，南宁：广西教育出版社，1997年，第19页。

第六章　今道友信："超越"的美学

狭隘地、封闭地就美学本身来谈论美学的革新、美学的将来，而是把美学放在整个哲学的结构中，放在与伦理学、逻辑学等的相互关系中，思考美学的革新与未来，以及它可能给整个哲学的结构（特别是伦理学和逻辑学等的革新）所带来的推动作用。

可是，美学如何能够超越"形之学"？今道友信把目光投向了另一片意蕴丰厚的美学领域，这就是东方的美学传统。

第五节　东方美学的意义

不只是美学的现代课题以及美学的将来的建构，是今道友信美学研究的重心所在。另外一个与此密切相关的问题，即东方美学的意义以及东方美学与西方美学的关系问题，也是今道美学研究中一个十分重要的主题。

《东方的美学》[①]是今道友信专门以东方的传统美学

[①] 今道友信《东方的美学》一书中的所谓"东方"，在日语原文中均写作"東洋"，这与大西克礼《东洋的艺术精神》是一致的。在《东方的美学》的中译本（蒋寅等译，北京：生活·读书·新知三联书店，1991年）中，"東洋"均译作"东方"。本书也遵循这一惯例，使用"东方"的概念，而不用"东洋"一词。

（主要是东亚的中国、日本的美学）为研究对象的美学著作，是今道友信美学的代表作之一。在这本书的"序文"中，今道友信开宗明义，首先谈了他对"为什么要考察东方美学"的思考。他认为，"本来，中国、朝鲜（韩国）及日本是美学思想丰富的国家"，但是，与对西方美学的研究成果相比，对于东方美学的研究的优秀成果却很少。其原因是，人们为了消化西方具有严谨方法的学问（包括哲学）的传统而将注意力过多集中于此，"因而从学问的立场重新认识属于自己的东方美学思想的研究就落后了"。他具体地从四个方面来揭示东方美学研究的重要意义：

第一，通过文本的解释，把东方美学尚未被打开的丰富思想宝库中的逻辑性逐步予以阐明。

第二，将东方美学与西方美学思想相对比，通过文化比较，不拘泥于局部的即西方的传统或东方的传统的局限，而是在美学上发现从全人类立场出发考察问题的线索。

第三，美和艺术构成了人类全体成员最直接的经验之一，如果能够站在全人类的视野来考察的话，这种研究就能够对人类的相互之间根本上的理解与和睦

第六章 今道友信:"超越"的美学

发挥作用。为了能够站在全人类的视野上,不仅要研究西方美学思想,而且必须阐明尚未为人所知的东方美学思想。因此,对于东方美学的研究,不只是为了东方人了解自己,而且可以使西方人了解作为"他者"的东方,同时,这一领域最易于成为包括东方与西方在内的整个人类互相接近的场所。

第四,东方的美学思想比一般人所想象的要远为丰富,而且水平很高。可是,"尽管在我们的历史的背后拥有这些内容,而且在现实的环境中把它保存于意识之下,假如不让它在现代学术领域中充分地明朗化,这难道不是我们对于文化的怠慢吗"?作为东亚文化圈的一员和生活在现在的时、空交叉点上的学者,今道友信认为有义务与读者一起为此而努力。

今道友信强调指出:"以上四点是必须研究东方美学的主要理由。"[①] 不过,在我看来,上述四点理由还不是今道友信花了很大力气研究东方传统美学的最重要的意义所在。那么,什么是他进行东方美学研究的最主要的意义呢?今道友信在该书最后的《结语·东

---

① 参见今道友信:《东方的美学》,蒋寅等译,北京:生活·读书·新知三联书店,1991年,第2—3页。

方美学研究的现代意义》中集中地回答了这个问题，即为了解决现代美学的困境、现代思维的困境乃至现代人类所面临的困境，为现代美学的建构乃至美学的将来提供思想资源，指明探索的方向。

在这篇"结语"中，今道友信提出了东方思想传统中与今天大肆泛滥的"悟性的思考"完全不同的一种思考，即"基于意象的思考"。他指出：

> 世界的现状是依存于计算的计划的竞争。依靠这样的竞争而发展的技术关联由于能够维持文明、使人的物质生活普遍提高而不可或缺。因此，计算的思考的逻辑之重要，在今天依然如此。可是，悟性的思考（cogitatio rationalis）由这种计算的思考的逻辑所支撑。由于这种悟性的思考，人的精神也被化为可以测定的心理现象；理念则被等同于单纯的概念。它只会把自己所构筑的技术关联的层次上能够把握的东西作为对象，而不可能把其他的东西作为对象。但是，如果把自己的内在世界及与自己的志向相关的东西都置于思考之外，那就是自我丧失，几近于人的资格的丧失。

第六章 今道友信:"超越"的美学

作为技术关联的现代世界是非人性的,要在世界上复归人性,就必须了解上述被非人化的自我的必不可免的无力化程度。完全化为计算的思考的人,为了能够作为人得以再生,必须有不属于计算的思考的思考。这种思考是怎样的思考?这样的思考必须超越悟性的合理性,是基于意象(imago)的思考。今天,如果没有这样的思考,人类便无法到达理性的思考(contemplatio intellectualis)。[1]

今道友信认为,这种把悟性与理性相结合的"基于意象的思考",在中国古代思想家孔子那里,已经从原理上做了阐述;中国道家的老子和庄子,实际上也达到了这样的思考境界。他还特别举出日本古代思想家空海[2]早期著作《三教指归》中以意象的思考来推动思维飞跃上升的实例,来说明基于意象的思考也是日

---

[1] 参见今道友信:《东方的美学》,日本东京:TBS不列颠百科全书股份有限公司,1980年,第359—360页。这里的译文,由笔者根据日文原著重新作了翻译。以下同,不另注。
[2] 空海,即遍照金刚,著有《文境秘府论》等。《三教指归》是其早期著作之一。

本古代思想的重要特色。今道友信指出，《三教指归》"每到思索的重要的关节点，便作诗以使自己的论证明了易解"。该著作中有三个假想的人物，一个是龟毛先生，代表儒家；一个是虚亡士，代表道教；一个是假名乞儿，代表佛教。他们三人就儒、释、道三教之教义进行辩论。假名乞儿批评了儒教与道教，力说佛教的教义最高。这部著作中，共有五首诗歌，分别为《写怀颂》《无常赋》《受报词》《生死海赋》和《咏三教十韵诗》。今道友信一一介绍了这五首诗在文中所起的作用，最后总结说："空海在解决悖论或使逻辑得到飞跃的展开时，便会使用诗歌；在使概念的系列得到整体的升华时也会使用诗歌。"本来，"在佛教中，当以诗的形式表达思想时，一般会使用偈的形式。不过，在展开思索的能动性上让诗歌发挥决定性的作用，这是《三教指归》的显著特色。它不只是在形式上与中国的诗的结构、音韵的模式相符合的诗，而且其意象的跳跃也很出色。意象推动思索，使思索结晶。这正是空海所体现的日本的特色"。"所谓思想的内容，不只是结论，也包括论证结论的方法。空海的确是以发端于印度而在中国体系化了的佛教作为自己据以立论的思想，但他在证明佛

第六章　今道友信："超越"的美学

教思想是三教之中的最高思想时所使用的基本方法，正是活用了日本的基于意象的思考和诗的逻辑。"①

今道友信指出，在东方美学思想史中，我们所看到的是"充满诗的意象的思索体系，围绕着美的理念、精神的美和艺术等展开"。这种基于意象的思考不只存在于日本，在中国美学史上，更是"充溢着这种意象，比如庄周、苏东坡的著作便是如此"。今道友信是这样来概括东方"基于意象的思考"的巨大而神奇的作用的："那是想象力突破概念的思考的悖论和僵化，它使动态的想象更自由地漫游。它向人类启示宇宙的神韵和艺术的秘密，不，是存在的神秘，是超越者的美。"②

作为一位思索着现代美学课题和美学的将来课题的美学家，今道友信更看重的是这种基于意象的思考在现代的意义："在面对技术文明的悖论时，无论是对于技术者的技术的革新，还是对于哲学家的新的思索的改善，作为一种必要的智力，都必须在逻辑上开拓

---

① 今道友信：《东方的美学》，日本东京：TBS不列颠百科全书股份有限公司，1980年，第365—367页。
② 今道友信：《东方的美学》，日本东京：TBS不列颠百科全书股份有限公司，1980年，第367—368页。

基于意象语言的思索方法。"①

总之，在今道友信看来，"东方美学的研究，为了现代所必需的思维的完善（emendatio cogitationis），首先在认识论乃至逻辑学的领域，是一个很切实的问题。为了哲学不要蜕变为数学，必须在历来都是以意象（imago）作为主题之一的美学中寻求其逻辑的基础。这大概是对近代将美学看作哲学原理的一个应用学科的传统观念的挑战，是对把美学看作哲学体系中的一个分支学科的传统观念的挑战。但这不是无谓的挑战，而是为了使哲学克服和超越现代的危机，在哲学的思索内部进行的必要的结构改革"②。这样，今道友信便把对于传统的东方美学思想资源的研究，与其有关现代美学课题和美学将来课题的思考紧紧地联系在一起，使之合二而一，变为同一个问题了。

归纳一下今道友信关于东方美学研究的意义的论述，我们可以从这样几个层面来理解：首先，东方美学研究对于克服并超越现代美学的危机、构建美学的

---

① 今道友信：《东方的美学》，日本东京：TBS不列颠百科全书股份有限公司，1980年，第368页。
② 今道友信：《东方的美学》，日本东京：TBS不列颠百科全书股份有限公司，1980年，第368页。

第六章　今道友信:"超越"的美学

将来，具有重大意义。这主要是指中国古代孔子的艺术哲学[1]、庄子的美的形而上学[2]，以及日本古代的"风的美学"、代替形的"姿的美学"、无的美学、道的美学，对于克服今天"形的美学"的危机、构建现代乃至将来的超越"形的美学"[3]所具有的重要的启示意义。其次，东方传统的美学思想资源对于克服今天哲学的

---

[1] 今道友信在《东方的美学》第一部"中国古典美学——孔子和庄子"第三章"孔子的艺术哲学"中指出："孔子的艺术思想是什么？用一句话说是向彼岸世界的精神的上升。……艺术是内在的事象，因此孔子说：'人而不仁，如礼何？人而不仁，如乐何？'""就孔子来说，真正的艺术是内在的光辉，尽管孔子没有使用过表现（写意）这个术语，但作为艺术理念的表现（写意）的思考，在公元前六世纪时在孔子的思想体系中已经成为事实了。"参见今道友信：《东方的美学》，蒋寅等译，北京：生活·读书·新知三联书店，1991年，第113页。

[2] 今道友信在《东方的美学》第一部"中国古典美学——孔子和庄子"第四章"庄子形而上学的美学思想"中认为，庄子《逍遥游》中鹏的扶摇而上，象征着螺旋上升的思维的必要性："因此它是从相对中解放出来而与绝对相一致的超越的思维，是纯粹自由的形象，也就是获得纯粹的思维的形象。在这个意义上，思维也许应该说是以'自由'为目的的。""哲学化了的这个目的，在庄周是人类精神向一的还归，是回到绝对的一去，是精神触及光本身，精神的沉醉在光也就是一中得到实现。""在光里的这种陶醉，庄周名之为逍遥游。他视此为人生的充实，而且认为人类精神只通过思索就能获得这样的逍遥游。""在庄周，艺术是精神通向沉醉的超越的起点，而沉醉才是思维的实际状态。"参见今道友信：《东方的美学》，蒋寅等译，北京：生活·读书·新知三联书店，1991年，第127、134页。他把庄子的思想视为"光的形而上学""美的形而上学"。

[3] 参见今道友信：《东方的美学》第二部"日本的美学"第五章至第九章，蒋寅等译，北京：生活·读书·新知三联书店，1991年。

思考或人类的思维的危机具有重要的价值。这主要是指东方传统美学中基于意象的思考对于克服今天那种基于计算的思考、悟性的思考过于泛滥的思维危机具有解毒的功效。再次，东方传统的美学思想资源对于克服现代社会或现代人类的困境也具有重要的意义。这主要是指传统的东方美学中对于想象力的高度重视对于克服现代社会由于技术关联的统治所导致的机械化、人的异化以及人们的想象力和创造力的丧失，恢复人的想象力、创造力，恢复人之为人的本性，将起到重要的作用。

今道友信对于东方传统美学的研究，给我们带来这样几点宝贵的启示：首先，无论是在美学上还是在哲学及其他人文社会科学领域，西方的思想、学说并不意味着普遍，不是"人类一般"。与东方一样，西方也只是地域性存在、地域性的概念。这就根本打破了西方中心主义把西方的视为普遍的、一般的，把东方的视为局部的、特殊的观念，指出了东方在构建全人类的美学或哲学中的作用及其与西方的传统具有同等的地位、价值。正如今道友信所说，"美学作为一门学问，其理论形成的场所不只是西方的传统"。东方的传统同样可以成为形成新的美学理论的充满生机活力的

第六章　今道友信："超越"的美学

场所。第二，为了解决现代的技术关联所带来的困境，解决形之学的美学的困境，东方的传统美学思想资源能够提供决定性的思想资源。第三，对于东方传统美学的研究并不是说只能把它作为东方的古代的东西进行独立的研究，而是可以把对它的研究与对于美学的现代课题和将来的课题结合起来、统一起来，看作同一个问题进行通盘的思考。对于今道友信来说，传统与现代（乃至将来）的关系、东方与西方的关系不是两个互不相关的课题，而是有内在关联的同一个问题。第四，今道友信对于东方传统美学乃至哲学的研究，常常是在与西方传统的美学乃至哲学的比较中进行的，而这种东方与西方的比较、研究、阐释，最终是为了建立全人类的美学和哲学。[①]

第六节　超存在论的形而上学美学构想

今道友信是一位美学家，但其研究的范围又不限

[①] 今道友信有关从"地域主义"走向"人类主义"，从而建构真正意义上的"人类的哲学"的思想，是其另一部哲学、美学比较研究著作《东西的哲学》（日本东京：TBS不列颠百科全书股份有限公司，1981年）一书的主旨所在。

于美学，而是把自己的研究触角延伸到了哲学的许多领域，在许多方面做出了创造性的建构。比如，在逻辑学上，他曾在20世纪60年代初的维尔茨堡大学的讲学中和1963年巴黎国际形而上学会议上，提出逻辑存在学（logo-ontique）的设想。到了70年代初，针对现代社会的技术关联的统制，提出了超技术学（metatechnica）的构想；与此相联系，在伦理学上提出了生态伦理学（ecoethica，日语原文为"生圈道德学"）。后来，又在上述研究基础上，从社会哲学方面，针对现代社会特点提出了城市哲学（urbanica）的设想，以此作为未来社会哲学的核心，用以取代以往的国家哲学和以国家为核心的政治学。1981年，今道友信出版了他的系统的比较哲学著作《东西的哲学》，通过对东西方哲学相当全面的比较研究，集中地表达了他试图创建一种真正意义上的"人类的哲学"的宏伟设想。[1]他甚至还对西方现代思想史、西方古代哲学史进行过自己的系统研究，出版过影响颇大的研究著作《现代的思想》及《西方哲学史》。此外，《关于爱》也

---

[1] 参见今道友信《东西方哲学美学比较》（李心峰等译，北京：中国人民大学出版社，1991年）的"译者前言"。

第六章 今道友信:"超越"的美学

是一部探讨爱的真义的伦理哲学著作。从这个意义上说,今道友信也是一位成就显著的、有影响的东方现代的哲学家。

不过,今道友信的主要学术贡献仍在美学方面,特别是美学体系的建构方面。今道友信曾这样评价自己:"著者本来是以探讨美学体系为课题的。"[①]他的这一评价是符合实际的。应该说,他的全部美学探讨,包括他对美学的现代课题和美学的将来的探讨,对于东方美学、比较美学的探讨等等,最终都指向同一个目标,即建构自己独特的美学体系。他曾这样谈到自己对一种独特的美学体系的执着追求:"我认为一个学者要确立自己的地位是很困难的,提出某种决定性的命题及其论证,正是进行思索的学者的义务。因此,为了真理,即使遭到憎恨,失去地位或被杀也要毫不后悔地在逻辑上锤炼自己。我亮出自己的学说也是为此。"[②]

那么,究竟什么是今道友信的美学体系?什么是

[①] 今道友信:《东方的美学》,蒋寅等译,北京:生活·读书·新知三联书店,1991年,第280页。

[②] 今道友信主编:《美学的方法》,李心峰等译,北京:文化艺术出版社,1990年,第50页。

他"自己的学说"?

质言之,就是他所命名的"卡罗诺罗伽",亦即一种独特的超存在论的、形而上学的美学体系。这一美学体系的根本特点,就是在与美和艺术相关的几乎所有问题、所有层面上都试图贯彻一种"超越"的意图,建构一种以"超越"为基本精神内核的"超越论"的美学。我们可以从以下一些层面,来把握今道友信的"超越"美学的基本内容。

首先,超越现实。就审美和艺术同现实的关系问题而言,在今道友信看来,审美和艺术创造活动是人的一种精神上的超越活动。这可以说是他的美学和艺术哲学思想的根本出发点。应该说,认为审美活动、艺术活动是一种超越性的精神活动,是向着无限的精神运动,这是今道友信的一个基本思想。他经常会表达甚至反复强调这一点。比如他认为,艺术是"向着超越的自由飞跃"[①];孔子《论语》中所说的"成于乐"是"把艺术看作为以精神的自由解放为目的的超越之

[①] 今道友信:《美的相位与艺术》,周浙平、王永丽译,北京:中国文联出版公司,1988年,第172页。

第六章 今道友信："超越"的美学

路",并觉得"这是十分出色的见解";等等。[①]他批评现代艺术的目的"未必是对于超越理想的追求","不是趋向无限的精神运动,而是在被限定的事物中,以被限定的样式进行的游戏。因此,它不是垂直的价值(指精神的超越性价值——引者),而是在水平方向上产生出的新问题"。[②]这无疑也是从审美和艺术具有超越性这一基本观点出发所做出的判断。

其次,超越"技术关联"的现代。在对于"现代"的根本态度上,今道友信主张对其进行批判和超越。上一章我们曾指出,竹内敏雄将现代界说为"技术时代"。虽然竹内敏雄作为一位笃诚的学者,不能不看到这种技术社会所带来的负面的、消极的影响,包括对于现代艺术思潮的消极的影响,并对之做出一定的批评,但他更主要的价值取向,是对技术时代形成的技

[①] 今道友信:《关于美》,鲍显阳、王永丽译,哈尔滨:黑龙江人民出版社,1983年,第52页。今道友信正是从其"超越论"的美学、艺术观点来解释孔子的艺术哲学及庄子的形而上学美学的。参见今道友信:《美的相位与艺术》(周浙平、王永丽译,北京:中国文联出版公司,1988年)第十三章"艺术中的超越问题——关于孔子美学"及《东方的美学》(蒋寅等译,北京:生活·读书·新知三联书店,1991年)第三章"孔子的艺术哲学"和第四章"庄子形而上学的美学思想"。

[②] 今道友信:《美的相位与艺术》,周浙平、王永丽译,北京:中国文联出版公司,1988年,第172页。

术美的肯定，并试图从学理上来解释它，并对艺术与技术在本源上和本质上的同一性进行理论说明。就是说，其主导的思想倾向是对现代的认同、对技术时代的肯定。相反，今道友信将现代规定为技术关联的时代，是从一种超越论的立场出发，或者说是从一种多少带有审美和艺术的乌托邦色彩的理想观念出发，对现代社会主要采取一种批判、否定并力图超越它的立场和姿态，努力揭示技术关联时代的种种消极的时代征候，分析技术关联时代对于审美和艺术的种种负面影响，希冀以审美和艺术来反抗现代社会，拯救现代社会造成的种种危机。

　　再次，超越技术。在艺术与技术的关系问题上，今道友信主张艺术在现代社会中是对于技术的超越。上一章我们在探讨竹内敏雄的美学思想时曾指出，竹内敏雄对于艺术与技术的关系，更加侧重于艺术与技术的共性，并为艺术哲学重新确立了一个"技术哲学"的理论基础，逻辑严密地论证了艺术作为一种生产美的价值的技术的本质。但是，在这个问题上，今道友信的看法与竹内敏雄的观点可以说是恰成鲜明对比。今道友信更注目于艺术与技术的区别，特别是在技术

第六章　今道友信:"超越"的美学

关联的现代社会艺术与技术的根本对立,反复强调艺术对于一般技术特别是技术关联时代的现代技术的超越性品格。今道友信认为,艺术在本质上是与技术对立的,是一种超技术的存在。他指出,"在尚古时代,艺术和技术在语言上是没有什么区别的";但到了近世,艺术与技术已产生了明确的区别:艺术是使人类内部的精神向彼岸世界上升的载体,而技术则是为了使人类的外部的肉体具有力量的载体。"它们在本质上是有区别的,这无论问到谁都是知道的。"[1] 特别是在现代技术关联所统治的社会,"艺术给人类带来了希望。艺术并没有遭到现存技术社会的破坏,反而依靠技术的发展,对技术发展带来的非人化倾向,发生着抵抗作用。……因为艺术处于人和技术之间,便使得人的自我复归成为可能"。"在今天,技术已使社会改变了体制,艺术却在这个体制中,站在技术的对面,与技术竞争,反抗那种体制的压抑,热情地保卫着人的真正价值。在这个意义上,在现代社会,也可以说艺术是游戏。同时也可以说具有使人性复归的社会机能。

---

[1] 今道友信:《美的相位与艺术》,周浙平、王永丽译,北京:中国文联出版公司,1988年,第182页。

这个问题,是现代社会的一个重要问题。"①

第四,美学是"美之学",而不只是艺术之学。在美学与艺术哲学和艺术学的关系问题上,坚定地主张美学是"美之学"。它包括艺术哲学,但决不能只限于研究艺术美。作为美之学,必须把艺术美之外的广泛的美的领域,如自然美、技术美、行为美、人格美等,都纳入自己的视野。"我们无论如何也要在作为艺术学的美学之外,直截了当地研究作为美的学问的美学。如果不这样做,研究美本身的学问就要寿终正寝了。因此,要反复强调,我们一定要把美学分成美的学问和艺术的学问两大类。"②关于美学与艺术学的关系,他主张将艺术学看作对于艺术的实证的、科学的研究,认为它可以被包含在艺术哲学的范畴之中,但它对于美学来说,只能作为一种"补助学"。他说:"美学在这里是Calonologie(音译为卡罗诺罗伽——引者)、美的形而上学。它把艺术哲学(artiologie)作为自己的一部分。虽然这个artiologie包含作为补助学的

---

① 今道友信:《关于美》,鲍显阳、王永丽译,哈尔滨:黑龙江人民出版社,1983年,第126—127页。
② 今道友信主编:《美学的方法》,李心峰等译,北京:文化艺术出版社,1990年,第324页。

第六章 今道友信："超越"的美学

艺术学（science des arts），例如音乐学、文艺学、美术史学、建筑学等，但我们所说的美学，是最纯粹的，是Calonologie。"①

第五，美的意识的双重超越性与美的相位。今道友信认为，美并不是物的内在结构，同时，也不是纯粹意识的内在结构，它是双重地超越了客观实在与主观意识的存在，只能作为存在物间——这其中一方必须是意识这种存在物——的一种关系而存在。就是说，美离不开客体对象，也离不开以之为对象的意识。美的意识必然是一种超然于存在物、超然于对于对象的意识之上的具有双重超越性质的意识。②从这种根本的美学观点出发，今道友信提出了他的著名的"美的相位说"。他认为，在审美活动中，美存在着不同的种类、不同的形态。而美的不同种类、不同形态，并不取决于对象的结构，而必须根据意识的状态来确定。美在人的意识中的相位是可以变化的。美的形态，由变化中的意识的相位来决定。他说："美的不同种类（自然

---

① 今道友信：《美的相位与艺术》，周浙平、王永丽译，北京：中国文联出版公司，1988年，第168页。
② 参见今道友信《美的相位与艺术》（周浙平、王永丽译，北京：中国文联出版公司，1988年）的"译者前言"。

301

美、技术美、艺术美、行为美、人格美等）不是对象论意义上的存在之差，而是通过现象学的考察，还原为意识在活动方位上的差别。"①

第六，审美的超感性与美学对感性学的超越。今道友信认为，审美不能停留在感性的层面，而必须超越感性的层面，达到形而上的层次。就是说，美学不是感性论。"作为美的学问的美学，一定要从知觉层面达到超越性的、非感觉的领域。由于这个缘故，直截了当地说，作为美的学问的美学，一定要看作是从生理学性质的心理学开始，进入以超越物作为对象的形而上学。所以，必须研究作为美的形而上学的美学。"②

第七，美学是超形之学。与美学不是感性之学而是超感性学这一思想相关，正如我们在前文中已经看到的，今道友信通过对美学现代课题和美学的将来课题的思考以及对东方美学的探讨，得出了美学不是"形之学"的看法，认为美学是对形之学的超越，是超

---

① 今道友信主编：《美学的方法》，李心峰等译，北京：文化艺术出版社，1990年，第50页。
② 今道友信主编：《美学的方法》，李心峰等译，北京：文化艺术出版社，1990年，第324页。

第六章　今道友信："超越"的美学

形之学。美学的对象不是感性，不是形，而是形背后的东西。这种思考问题的方式，最终必然走向东方传统思想中的"无"或者"道"。

第八，艺术"解释"向美的飞跃。今道友信认为，艺术必然以美为自己的本质。艺术品中的美的价值的发现，往往并不是靠感觉就能予以完全把握的，而必须依靠理性的"解释"。[①] 什么是今道友信所说的"解释"呢？在《关于美》一书的第二章"美的理解"中，今道友信指出，对于美的欣赏虽然也需要感觉和分析（智力操作）这些准备性的阶段，但它们都不能真正理解艺术中的美的价值。要真正理解艺术中的美的价值，必须依靠艺术的"解释"。他说："智力操作始终是必要的。但我们不能把对作品的分析和发现作品的美混为一谈。把分析的结果综合、组织起来，通过作品向作品所指出的美进行精神攀登，这一运动就是解释。"[②] 这种"解释"，也就是卡罗诺罗伽的态度、超越论的态度。今道友信指出，在艺术作品中，"我们试图发现美

[①] 艺术解释论是今道友信美学理论中的一个十分重要的组成部分，其《解释的位置与方位》一书就是一部专门研究艺术解释论的美学著作。

[②] 今道友信：《关于美》，鲍显阳、王永丽译，哈尔滨：黑龙江人民出版社，1983年，第31页。

的态度，即卡罗诺罗伽的信念，就是超越单纯艺术学的阶段，使人进一步达到审美地体味艺术作品的境界的途径。如果把这种情况换种说法的话，也就是我们抱着卡罗诺罗伽的态度，把隐藏在作品中的美的真相找出来。就是说，卡罗诺罗伽的解释其意图在于：一面体味作品的形象所能显示的所有深层意象的重叠结构，一面以该作品为场地，向着美飞去"①。

第九，美是超越真与善的最高价值。今道友信的超越论的美学，还有一个突出的表现，就是在价值论上，认为美的价值超越于真和善的价值之上，是一种人类最高的价值。他说："美的光辉是伴随着自我牺牲的伟大性而成立的。""没有远远地凌驾于善之上，根据情况使自己牺牲，没有超越人伦常识所理解的重大牺牲，美便不能成立。这样看来，就必须说美是人生中最高的价值。"②《关于美》的第九章即最后一章，标题即为"最高价值的美"。在这一章中，今道友信以生动的实例说明："在生活中，只有努力站在对方的立场

---

① 今道友信主编：《美学的方法》，李心峰等译，北京：文化艺术出版社，1990年，第331页。
② 今道友信主编：《美学的方法》，李心峰等译，北京：文化艺术出版社，1990年，第335—336页。

第六章 今道友信:"超越"的美学

上,真正想使这个世界变得更加美好的心情,才能产生出行为美或同情美来。"与美相比,善确实包含着某种意义上的牺牲,"但是,只有超越常规的牺牲才是美的"。"这样看来,美的最高形象是与宗教的圣相等的最高价值。美是精神表里如一,具有牺牲精神的人格形象。……美的光辉是照耀人们心灵的灯塔。""美作为最高价值,可以说是为了人类牺牲自己。美以爱来完成一切细小的事情,并在生活中点燃起希望的光辉。""美是存在的恩惠。……美是人类的希望,美是人格的光辉。"[1]

第十,美是对存在的超越。与今道友信的独树一帜的美的价值论相联系,在美与存在的关系这一根本问题上,今道友信主张美是对存在的超越。他指出,以往的存在论美学一般都把美与存在放在同一层次,并认为美与真、善等人类的精神价值处于同一个层面上,或者认为美不过是存在的一种属性或功能等等。而在今道友信看来,美不再是存在的附属物,也不是与存在处于同一水平上的价值,而是只有超越了存在、

---

[1] 今道友信:《关于美》,鲍显阳、王永丽译,哈尔滨:黑龙江人民出版社,1983年,第190—192页。

否定了存在，才有美的诞生。他认为，美的最典型的表现是为自己所爱的人或为公共事业、为艺术、为真理与正义等人类价值做出牺牲，甚至牺牲自己的健康乃至生命，即否定了自身的存在（健康、生命是标志着人的现实存在的基本形式），只有此时，才能充分看到美的光辉。"美被理解为这样：它既超越了义，也超越了善，是卓越的最高的价值，究极而言，这种美的光辉，只有在类似奉献出生命的时刻才放射出来。但是，生命对于人来说，是关系到自身存在的事，所以，假如美是只有自己献出生命时才能由自己充分、完全地实现的话，那就必须说美是超越了存在的最宝贵的东西。"[1]

总之，美学是"超存在论"，是形而上学，是卡罗诺罗伽。正由于美是对存在的超越，所以，今道友信把美学看作是"超存在论"。他认为，美学不是一般意义上的存在论或本体论，而应该是一种"超存在论"。这种超存在论，同时也是一种形而上学的美学。他又称为"卡罗诺罗伽"。

---

[1] 今道友信主编：《美学的方法》，李心峰等译，北京：文化艺术出版社，1990年，第337页。

第六章　今道友信：“超越”的美学

今道友信有关美学是超存在论、美学是形而上学的观点，其实并不是一开始就有的，而是经历了一个演化发展的过程。他说：

> 直到60年代中期，我仍然以为美与存在在最高的绝对的水平上是同一的。但是，从70年代中期开始，我的思考有了深化，开始认为美是只有在对存在的否定中才能表现出来的价值。此后，我认为卡罗诺罗伽不是存在论，而是超存在论，并用这一名称，兼顾欣赏、创造、思考三个方面，展开了新的美学构想。①

> 作为价值论，我把美作为最高的价值置于真和善之上；作为证明它的方法，我认为按照命题结构的逻辑分析围绕主辞与客辞的同一性的考察是思维的核心，以此来探明这种同一性现象。……另外，我的美学是形而上学而不是存在论；就超越存在才能看到美的光辉这一点来说，可称之为

---

① 今道友信主编：《美学的方法》，李心峰等译，北京：文化艺术出版社，1990年，第49页。

卡罗诺罗伽或超存在论。关于它的证明，遵循着将有关死和自由的考察与艺术和审美经验结合起来的逻辑及解释的逻辑。①

由于今道友信把美看作是超越存在之上的价值，因此，他把美学称作"超存在论"可以说是顺理成章的。不过，他还反复强调他的美学是一种形而上学美学。今道友信曾多次表明，他的美学是"日本的形而上学的美学的例证"。他说："日本的哲学美学传统留下了丰厚的业绩，例如大西克礼的范畴论著作《幽玄与哀》和竹内敏雄的综合性体系《美学总论》等都是卓越的研究著作，但都不是形而上学。"今道友信则试图在日本创立一个真正具有形而上学品格的美学体系。他还明确指出了自己创立形而上学美学的一些最主要的思想来源："我觉得在同时代的人中，使我受惠最大的是刚刚提到的三位（指苏里奥、贝林格、帕雷逊，他们都是西方现代形而上学美学的代表人物——引者），……而学习古代西方的柏拉图和东方的庄子所

---

① 今道友信主编：《美学的方法》，日本东京：东京大学出版会，1985年，第21页。

第六章　今道友信："超越"的美学

受的影响也很大。"①可是，今道友信为何称自己的美学构想是形而上学美学呢？这主要是由于他总是把美看作是最高的价值、最高的超越。②有时，他还把美看作如同"光"一般的超验的存在或视为终极的"一",③它只能是一种超验的存在、形而上的存在或超存在的存在。对于这种超越的、超验的、形而上的对象的研究，显然必须诉诸形而上学的方法。如前所述，今道友信曾这样说过："直截了当地说，作为美的学问的美学，一定要看作是从生理学性质的心理学开始，进入以超越物作为对象的形而上学。"④可是，这种超存在论的美学、形而上学美学，为什么又被他称为"卡罗诺罗伽"呢？

卡罗诺罗伽是 Calonologia 一词的音译。这个词语是今道友信根据美、存在、理性、学问四个希腊语

---

① 今道友信主编：《美学的方法》，日本东京：东京大学出版会，1985年，第21—22页。
② 参见今道友信主编：《美学的方法》，日本东京：东京大学出版会，1985年，第31页。
③ 参见今道友信：《东方的美学》第四章"庄子形而上学的美学思想"，蒋寅等译，北京：生活·读书·新知三联书店，1991年。
④ 今道友信主编：《美学的方法》，李心峰等译，北京：文化艺术出版社，1990年，第324页。

单词复合创造而成的术语。这四个希腊词语如果改用拉丁字母来表示即 kalon（美）、on（存在）、nous（理性）、logos（学问），"它的真意是力求以理性来探索超越了存在的美的价值的学问"[1]。今道友信用以命名美学这门学科，代替鲍姆嘉通所创造、一直沿用至今的 Aesthetik（本义为"感性学"，通译为"美学"）："可以说，形成这个术语是在 60 年代。我最初在 50 年代认为美学是 ontodicea（辩在论），在 1956 年威尼斯第三次国际美学会议上我也谈了这一课题。但是不久，随着思考的深化，我认为 ontodicea（辩在论）完全可用之于现象学，于是将美学定义为 Calonologia（卡罗诺罗伽）。……从 70 年代中期开始，……我认为卡罗诺罗伽不是存在论（ontologia），而是 matontologia（超存在论）、exontologia（存在论之上）。"[2]

我们可以认为，今道友信的这种卡罗诺罗伽的美学构想是他对美学现代课题的思考的必然结果，也是他探讨东方的美学和美学的将来的必然归宿。总之，

---

[1] 今道友信主编：《美学的方法·十一 卡罗诺罗伽》，日本东京：东京大学出版会，1985 年，第 318 页。
[2] 今道友信主编：《美学的方法》，日本东京：东京大学出版会，1985 年，第 30—31 页。

第六章 今道友信：“超越”的美学

是他数十年美学思索的一个总结，也是他的美学的独特性的充分体现和对美学的最重要贡献。[1]

上面，我们着重介绍分析了今道友信对于技术关联的现代的批判、对现代的美学课题和美学的将来课题的思考、对东方美学的意义的阐释，特别是他的超存在论的、形而上学的、卡罗诺罗伽的美学构想，我们看到，不只是时间的、历史的维度上的现代乃至将来的美学课题是他思考的重心所在，而且空间的、地域的维度上的东方美学的意义也是他思考的重心之所在。尤其值得我们重视和深长思之的是，在今道友信这里，时间维度上的传统与现代、将来的关系问题同空间维度上的东方与西方的关系问题最后成了你中有我、我中有你、互相关联、密不可分的同一个问题，并且最终指向同一个目标，就是建构他自己的"卡罗

---

[1] 据今道友信所说，已有人以"卡罗诺罗伽"作为博士论文的课题加以研究。参见今道友信主编：《美学的方法·十一 卡罗诺罗伽》，日本东京：东京大学出版会，1985年，第317页。此外，1988年日本北泉社出版了一本由西方学者达穆雅诺维奇、玛考米克、闵盖、瓦提墨、奥里维蒂和韩国、日本美学家白、逵村、坂部、桥本等九人共同编著的专题论文集《美学与卡罗诺罗伽》(Aesthetica et Calonologia)，标志着今道友信的卡罗诺罗伽的美学构想已在国际美学界引起一定的反响。参见今道友信主编：《西方美学精华——西方美学理论的历史与展开》，日本东京：鹈鹕社，1990年，第433页。

诺罗伽"的美学体系。这一美学体系，一方面，缘于今道友信对现代技术关联的批判和对现代美学课题的思考，带有现代的鲜明的时代印记；另一方面，这一美学体系也受到了孔子的艺术哲学、庄子的形而上学美学、日本传统美学这些东方美学思想资源的直接的、显著的、巨大的影响和启示，体现出鲜明的东方思维的特色。我们不能不高度评价今道友信的美学在各个领域所进行的有意义的探索，以及他的美学研究的思路与构想的独创的价值。

与此同时，我们也不能不指出今道友信美学研究中存在的某些弱点与可质疑之处。首先，今道友信对技术关联的现代社会的批判常常能够切中要害，但是，他是否过于看重其负面的消极作用，而对其可能具有的正面的积极作用估计不足？与此相联系，他将反抗技术关联的现代、使人性得以复归的重大历史使命完全寄托于美和艺术，却丝毫不谈人们的社会实践本身克服异化现实的能动作用，这是否存在审美乌托邦和艺术至上论之嫌？其次，今道友信认为美学不是形之学，而是超形之学。这种否定、颠覆与新的建构无疑是有价值的。他从东方传统美学思想资料中寻找依据，在形的背

第六章 今道友信:"超越"的美学

后、形的深层寻找美学的对象——美,这种思维是具有革命意义的。不过,他的结论也不是不可以再讨论。美不是"形",美不只存在于浅表层次的"形",但是,美与审美是否能够完全离开"形"?如果完全否定"形"而只看重"形而上"的"一"与"光"之类的终极的超越性存在,是否从一个极端跑到了另一个极端?再次,今道友信将美的价值放在真与善之上作为最高的价值,也值得商榷。此外,在艺术与技术的关系上,特别是在现代技术与艺术的关系上,他过于看重二者之间的区别、差异乃至对立、对抗,而对艺术与技术都属于广义的技术范畴因而必然具有一定的共性,以及二者在某种程度上能够相互促进相互结合这一面很少触及,从而在一般与特殊、共性与个性的对立统一关系上缺少了一点辩证法的观点。如此等等。

尽管存在着上述一些弱点和可质疑的地方,我们仍应肯定,今道友信是日本战后继竹内敏雄之后又一位有重要学术成就和学术影响的美学大家。他的美学成果值得我们认真研究和借鉴。

第七章　日本平成时代美学研究的新动向

1989年，即日本昭和六十四年，漫长的昭和时代（1926—1989）结束了。日本近现代的历史进入了一个新的历史时期，即后昭和时代。日本在昭和天皇去世后，由裕仁之子明仁即位，年号也随即改元平成，1989年同时成为平成元年。自平成元年到平成三十一年（2019），日本又走过了近三分之一世纪的历程。我们可以将这一时期称为日本近现代史的"平成时期"。在这段历史时间内，日本的美学研究也出现了一些新的热点、新的动向，值得我们予以关注。

第一节　世纪之交对"近代"的反思

1999年8月至2000年6月，笔者曾应日本学术

第七章 日本平成时代美学研究的新动向

振兴会之邀，以"外国人共同研究者"的身份，赴日本京都大学文学部美学美术史研究室做了为期10个月的共同研究。由于我在日期间的研究主题是"日本近代美学艺术学"，又适逢新旧两个世纪之交，考虑到国内学术界都在纷纷做着回顾20世纪、展望21世纪的工作，我便格外留意我们的东亚近邻日本的学术思想界，尤其是日本美学艺术理论界是怎样进行他们的"世纪回顾"的。与此相联系，我还特别留意这样一些问题，比如，他们怎样对待"西方的"思想文化与日本自己民族的精神传统之间的关系，如何面对现实中纷纭复杂的思想文化现象以探索精神生活领域的未来走向，等等。关于这几个问题，本章将逐一展开讨论。

在新旧两个世纪交替之际，"世纪回顾""百年回顾"，这似乎是20世纪最后几年遍布整个世界的文化现象和精神潮流，也可以说是整个"地球村"居民共有的一种挥之不去的"跨世纪情结"。日本当然也不例外。不过，就我所见，在日本学术思想界，似乎较少使用"世纪回顾""百年回顾"这样的字眼，更常见到的是"近代反省""近代批判"这样的提法。这大约与日本特殊的国情、日本近代以来所走过的特殊历史道路密不可分——日本学术界所谓"近代",有其特殊含义,特指1868年"明治维新"确立近代国家以来的近一个半世纪的历史。因此,他们的"跨世纪情结"便不拘泥于对一个世纪的回顾,而是带有自己的特色,演变为近代反思与批判。这其实是"世纪回顾"的一种带有日本特色的"变体"。

就美学艺术理论领域而言,日本近代美学艺术理论的发生、起步,与以明治维新为标志的日本近代历史的发生大体同步——被视为日本近代最早的一篇美学论文即启蒙思想家西周的《美妙学说》,便发表于明治五年(1872)。不过,西周当时尚未把形成于近代西方的Aesthetik这一学科名称译作"美学",而是译作"美妙学"(在此之前,他还曾使用过"善美学""佳趣论"等名称)。"美学"这一汉字写法的词汇最初出现于日本近代另一启蒙思想家中江兆民等1883年至1884年翻译的法国美学家维龙(中江兆民译作"维论")的著作《维氏美学》中。日本对于西方近代的"文学"概念,最初是菊池大麓1879年翻译的《修辞及华文》一书中译作"华文"(华美之文的意思),后来才逐渐译作"文学"或"文艺"。西方近代的"艺

第七章 日本平成时代美学研究的新动向

术"概念,在日本近代之初,也曾经历过"艺术"与"美术"("美的艺术"的简称)两种译法长期混用的过程。后来,把"艺术"作为近代"美的艺术"的译语,把"美术"作为造型艺术的译语的做法才逐渐固定下来。总之,与其他许多学术思想领域一样,日本近代形态的美学学科、艺术理论、文学思想发生于近代之初,并在20世纪延续、发展。因此,进入20世纪90年代,与其他学术思想领域的"近代反思"相呼应,对日本近代以来美学学科、艺术制度以及美学艺术思想的发生、演变的总结、反思乃至批判,便成为日本美学艺术学界一个十分引人注目的焦点。

作为日本美学艺术学界全国性学术团体的日本美学会,每年都要举行一次全国美学大会,而在1998年、1999年这两年召开的大会上,"近代反思"都是一个中心议题。比如1998年于京都大学召开的第49次美学大会,主题之一即为"日本美学艺术学的进程与课题"。在这一主题下,研究者就"日本近代美学艺术学的发展""西方思想的接受方式""近代日本美学艺术学的制度化的历史及其问题""日本美学艺术学的进程与其他学问领域进程之间的关系""日本美学艺术

317

学与美术史、艺术批评、展览会、美术教育的影响关系""日本近代美学艺术学在亚洲的影响"等问题进行了广泛探讨。1999年于金泽市举行的第50次美学大会，由于适逢日本美学会成立50年，于是，这次大会的中心议题便是回顾日本美学会及日本整个美学艺术理论界半个世纪走过的历程，讨论的重点自然放在20世纪后半叶。其中有学者以10年为一个阶段，把这50年分为5个时期，回顾各个时期美学艺术理论研究的主题与特点的演变。不过，对于20世纪前半期乃至19世纪最后几十年即近代初期的美学与艺术制度、艺术思想发展过程的研究成果，仍占有一定比重。

除了这些大型学术研讨会之外，一些集体合作的研究成果也纷纷出现。比如，以京都造型艺术大学艺术学部教授金泽弘为研究代表者的日本文部省科学研究费资助课题《作为近代国家之文化认同机制的艺术》，便是这些研究成果之一。在这本集体完成的论文集中，篇首的长篇论文是京都大学原美学教授、著名美学家吉冈健二郎的同题论文，深入探讨了艺术作为一种特殊的文化形态，它在日本近代国家形成与发展过程中的特殊地位与功能，它与近代国家的政治经济体制、其他文化形态、意识形态等等之间的关系。该文提出了不少引人思索的观点和问题。比如，作为一个东方国家，日本的近代化很大程度上可以说就是一个"西方化"的过程。但是，近代国家作为"民族国家"或"国民国家"，重新确认自己民族在传统与文化上的价值，形成本国民族与国民的认同感、自我同一性，又是它的必然趋赴。艺术作为一种特殊的文化，它在近代国家中的作用是加速它的"西方化"进程，还是促进它对本民族传统与文化的认同？在吉冈健二郎看来，既然近代国家作为国民国家必须努力加强本国在文化上的认同，那么，艺术便是首先要被考虑的一个文化领域。另外，在这本论文集中，还有《日本近代美术制度研究史》《近代中国的美术革命》《美术馆与国家》，以及关于近代日本一些更具体的艺术现象的研究论文。

再比如，日本晃洋书房策划出版的一套系列丛书"近代日本的知"，主旨即是回顾和反思近代日本思想、学术、知识的各个方面。丛书共分为五卷，各卷的主题分别是探讨日本近代的哲学、政治、伦理、艺术、宗教等方面的思想。作为其中第四卷的"艺术思想"

卷，其主编者是时任京都大学美学教授岩城见一。该卷内容含有如下五个方面：一是"近代艺术意识的形成"，二是"艺术中的西方与东方"，三是"日本近代艺术意识的各种问题"，四是"日本艺术在亚洲"，五是"京都学派与艺术"。

　　类似的近代反思、近代批判方面的研究成果还有许多，这里不一一列举。概括地说，仅就美学艺术思想领域而言，其反思、回顾的范围相当广泛，其思考与批判也有一定的深度、力度。由于中国近代美学、文学、艺术的学科、制度与思想的发生、形成和发展，至少在19世纪末和20世纪初，曾明显受到来自东亚近邻日本的不少影响，因此他们近代以来走过的历程的某些相关研究成果，如关于美学、艺术、文学等概念术语、学科名称、机构体制、学科演化等的研究成果，可以供我们参考。另外，他们的近代反思、近代批判，还有这样两个突出的特点，一是意在总结经验与教训，一方面批判近代以来曾经走过的错误道路，另一方面试图从近代寻找可资利用的学术思想资源；二是这种反思与批判，常常是与对现实的思考、分析与批判密切结合在一起的，旨在摸索通往未来、通向新世纪的路向。他们的上述某些思路,也可为我们提供有益的借鉴。

不过,关于世纪之交日本学术思想界的"近代反思""近代批判",从总体上看,我感到还存在着这样一些比较明显的问题。一方面,日本在近代历史上曾屡屡对包括中国在内的其他东亚国家和地区进行侵略甚至进行殖民统治,特别是第二次世界大战期间,日本对中国等国家进行了长期残酷的军事、经济、文化的侵略和掠夺,其中,日本的文化界,包括学术思想界、文艺界,相当多的人扮演了极不光彩的角色,充当了法西斯主义的鼓吹者、宣传者、协力者,成为日本对外扩张侵略中与拿刀拿枪的部队相互为用的"笔部队"。这无疑是日本学术思想界在进行近代反思、近代批判时理应严肃认真地予以深刻反省与批判的。然而,我们却很少看到这方面真正有深度、有力度的研究成果问世。另一方面,在近代日本历史上,左翼的、无产阶级的文化与文学艺术运动、思潮,以及社会主义、马克思主义的思想,曾经起到相当大的历史作用,产生广泛而深刻的影响。早在明治(1868—1912)三十年代初,与当时蓬勃兴起的工人运动相呼应,社会主义思潮便出现于日本社会。

1898年，幸德秋水（1871—1911）、片山潜（1859—1933）等日本早期社会主义者发起成立"社会主义研究会"；1903年，幸德秋水的名著《社会主义神髓》出版。与此同时，出现了日本最初的社会主义文学思潮。大正时期（1912—1926），随着日本在第一次世界大战刺激下资本主义的迅速发展和增长，工人数量剧增，其自觉意识和自己的组织也在不断提高、发展，工人运动、民众运动高涨，马克思主义思想得到广泛而深入的研究。同时，"工人文学"运动和"民众艺术论"也取得引人瞩目的成绩。大正末期至昭和前期（1926年至日本战败的1945年），成就及影响最大的马克思主义理论家是河上肇（1879—1946）、户坂润（1900—1945）。在文学艺术领域，20世纪二三十年代，无产阶级文学艺术运动空前发展，马克思主义艺术理论广泛传播。以小林多喜二、德永直、宫本百合子等为代表的无产阶级作家和以藏原惟人、平林初之辅、青野季吉、中野重治等为代表的马克思主义艺术理论与批评家，不仅在日本近代文学艺术历程中写下光辉而重要的篇章，而且对现代中国左翼文学艺术运动及马克思主义文学艺术理论与批评也产生了很大影响。在美学艺术学方面，也曾出现像中井正

第七章 日本平成时代美学研究的新动向

一那样试图从马克思主义观点出发建构理论体系的重要学者，以及其他一些马克思主义美学艺术学理论著作，有的还被翻译到我国，产生了一定的影响。战后，随着整个日本社会民主意识的高涨，对旧的天皇制以及与之紧密联系在一起的极端专制的绝对"国家主义"意识形态的严厉批判成为时代的主导的声音。民主的、进步的文学艺术思潮和左翼文艺理论与批评有新的进展。尽管日本左翼、无产阶级文学艺术运动及马克思主义美学、文学、艺术理论与批评在发展过程中曾出现过这样那样的问题，经历过一些曲折，但是，从总体上看，民主的乃至左翼的、社会主义的、马克思主义的思想与实践，是日本20世纪乃至近代以来社会思想、潮流包括文学艺术理论、批评与实践中相当重要的、起过很大的进步历史作用的一翼。这是日本学术思想界进行自己的近代反省、近代批判时也理应予以认真思考与充分研究的课题。但是，我感到日本学术思想界在进行近代反思时对此却有所淡忘、淡化，没有给以应有的总结和评价。这或许与20世纪八九十年代苏联东欧剧变，马克思主义思想、社会主义运动面临低潮的国际大气候不无关系。

第二节 作为"感性论"的美学研究

"美学"（aesthetics）按其本义，即是"感性论"。但自美学这门学科诞生以来，人们对这门学科的理解逐渐演变成为"美之学"或"艺术之学"，即专门研究美和艺术的学问。当然，在美学研究的历史上，也曾出现过试图将美学按其本义作为"感性论"来思考、建构的主张与尝试。如美学家增成隆士在《建立感性学的意向》一文中便提出了建立感性学的美学的课题[①]。但究竟应如何把美学作为"感性论"来研究，却一直没有看到系统的理论成果。进入平成时期以来，日本美学界出现了一股颇为强劲的"感性论"美学研究势头，取得了一些重要研究成果，值得我们关注。

这一感性论美学研究潮流，与近年来国际美学界超越以往美学的狭窄范围、扩大美学研究视野以克服美学面临的困境的共同学术取向密切相关。1995年在芬兰召开的第十三届国际美学会上，主张超越以往作为美与艺术的学问的"美学"，在与政治、教育、环

---

① 参见今道友信主编：《美学的将来》，日本东京：东京大学出版会，1985年。

境、异文化理解等等问题的相互关联中重新把握这门学问，成了中心主题。1996年在日本全国美学大会上，W.维尔什做了题为"超越美学的美学"的讲演。同年，提倡"生态学美学"的G.柏麦在京都做了题为"自然的现象学"的讲演。可以说，日本"感性论"美学研究的兴起与这一国际学术背景密切相关并保持同步。

日本有关"感性论"美学的研究思潮兴起于20世纪80年代末90年代初。1991年至1992年，日本京都大学著名美学家岩城见一主持的日本文部省科学研究费资助的研究课题《作为"感性认识之学"的美学的可能性与它的谱系》，由多位哲学、美学、艺术理论研究者集体合作完成，并于1997年由晃洋书房出版，书名定为《感性论——作为认识机制论的"美学"的今日的课题》。正像该书的标题所表明的那样，该书作为共同研究的成果，是要以反省以往美学研究的既有框架为主题，探讨把美学作为"感性学"或"感性论"来重新把握时能够打开怎样的视野。全书分为两个部分：第一部分为"感性论（美学）的论争点"，收入四篇论文，分别为吉冈洋《关于美学的可能性的一点考察》、村田纯一《景况（aspect）的知觉——维特根斯坦的感性论》、鱼住洋一《气氛与日常性——关于自然的自明性的丧失》、室井尚《文化与技术》。第二部分为"感性论（美学）的谱系"，收入九篇论文，分别为米泽有恒《感性的认识——美学史的考察》、金田千秋《判定结构论的虚焦点》（讨论康德《判断力批判》的"感性"概念与感性论思想）、上村博《感觉论者们——关于未被发明的"埃斯特惕克"》（主要讨论法国孔狄亚克等人的感觉论）、岩城见一《现代感性学与两种新形而上学——关于它的新与问题性的机制》（主要讨论费德勒与尼采对感性论的贡献）、北村知之《科林伍德艺术论中的美》、小林信之《论气氛——从海德格尔的思索谈起》、加藤哲弘《感性的认识的时间问题——以依据伽达默尔的艺术解释理论为线索》、井面信行《像 语言 现实》、太田乔夫《形象与它的经验——G. 柏姆（Boehm）的思考》。从这些论题所涉猎的范围，我们不难看出日本美学界"感性学"美学思考的重点所在，以及对以往有关感性论的思索的学术资源的深入开掘，其思路值得我们参考。他们所给予特别重视的一些理论家及其学说如维特根斯坦、被称为"艺术学之祖"的费德勒、G.柏姆等对于今天美学（特别是作为感性论的美学）研究的意义，尚未得到我们应有的认识，有的甚至对我们来说还相当陌生，需要我们尽快补课。

2001年4月，岩城见一出版了一本专著《感性论（埃斯特惕克斯）——走向开放的经验的理论》。[①] 这是日本感性论美学研究方面非常值得重视的一部系统的学术专著，汇集了岩城见一多年来有关感性论美学研究的主要成果。全书由四章构成：（一）形象（image）之力；（二）美的世界；（三）表现的世界；（四）表现过程的探索。如作者在该书的"序言"中所说："通过这全部四章所要达到的目标，是具体地阐明人的经验的特殊的构造、它的有限性及被打开的方式。"岩城见一认为，我们的经验的现场，是"形象"的世界。人的一生，从出生到死亡，一刻也离不开这种"形象"。从某种意义上说，人的存在是"形象-内-存在"。我们绝不可能摆脱这种"形象"。因此，"形象"的理论便

[①] 岩城见一：《感性论（埃斯特惕克斯）——走向开放的经验的理论》，日本东京：昭和堂，2001年。该书的中译本《感性论——为了被开放的经验理论》（王琢译）已由商务印书馆于2008年出版。

不单是停留在"艺术"的理论上,而成为有关人的经验全体的理论。——这也正是他把美学作为"感性论"(开放的经验的理论)的要义所在。而他所说的"表现的世界""表现的过程",也不限于艺术这种特殊的表现形式,而是包括了人的一切经验的、形象的表现方式。该书的出版使我们对岩城见一所大力提倡的感性论美学的基本轮廓有了一个大致的了解。

应该指出,日本美学界关于"感性论"美学的研究产生了上述一些值得重视的研究成果,它在今后的进一步发展,值得我们继续关注。

第三节 "病"的感性论
——"精神病理学"的美学研究

进入后昭和时期的平成时代以来,日本的思想学术界还有一个引人瞩目的现象,这便是对当下精神、文化现象进行所谓的"精神病理学"研究。这一思潮体现在美学艺术学研究领域,便出现了一个研究的热点——"'病'的感性论"。前文述及的1998年日本全国性的美学研究组织"日本美学会"的第49次大会共

第七章　日本平成时代美学研究的新动向

有两个主题，另一个主题便是"'病'的感性论"，引起了与会者的浓厚兴趣。该主题一方面与上述日本美学界努力把美学作为感性论加以探讨的学术取向一脉相承，另一方面则试图把广义的"病理学"思考方法与研究视角引入美学艺术学研究之中，以之作为"试金石"，反省批判审美、艺术现象中种种所谓不正常的、"病态"的现象，将感性论的美学思考引向更深入和更广泛的视野。"'病'的感性论"试图予以反省和思考的问题，相当广泛。京都大学美学教授岩城见一在此次美学大会后编辑出版的研究报告书《美学、艺术学今日的课题》的"前言"中，便列举了这样一些"病"的感性论所要思考的话题：精神分析学与美学，两者间的相互作用与问题点；作为"艺术理论"（Artistik）的"近代自律美学"的病根；艺术理论与批评中艺术家崇拜、独创性神话的病理学；艺术体裁优劣论的病理学；"美术馆"制度之病；作为文化之病的治疗方案的女权主义的美学及美术史；生、老、病、死之表象的文化史与艺术表现之变迁；基于东西方同一哲学的直观主义艺术理解的暴力性；见于东西方艺术论的有关艺术之病的谈论；现代艺术及哲学上的

"病态"趣味与审美意识批判；现代艺术"尚新"之病；"病"的表象与"丑"的美学；文化之病与原始主义礼赞；失语症的感性论；等等。①

本来，所谓"病"指的是人的生理的、身体的"疾病"，它主要是生理学、病理学和医学的研究对象。在人文社会科学领域和审美、艺术领域引入"病"的概念和"病理学"视角，则有其特殊的含义，即特指对人类精神生活领域、社会文化现象中的种种"病态"现象进行分析批判的"精神病理学"视角。因此，这里所谓的"病"不是生理的、身体的"疾病"，而是指精神现象、文化现象中的"病态"。

日本成城大学的一位研究者佐野阳子，在题为《病的意义》的论文中，试图明确区分两种不同含义的"病"。一是近代医学所谓的病，指的是具体的身体功能的病理现象，是一种纯然客观的存在。然而，文化上、美学上所谓的病与此完全不同。它必须离开医学的、客观的视点，引入主观的视点。就是说，它主要指的是一种主观的实在、主观的体验，是一种文化学

---

① 岩城见一：《美学、艺术学的今日的课题·前言》，日本美学会，1999年。

的概念，是生活者感到自己身心异常时体验到的一种"痛苦"。①

的确，对于精神、文化现象和审美艺术现象，判断其"有病"还是健康、异常还是正常、错误还是正确、偏离轨道还是合乎标准等等，常常是因人、因时、因地而异的。人类社会中的人文社会科学研究的对象，都是具有价值评价意义的现象。对于它的评价、判断，由于人的价值尺度、评价标准、立场观点的不同而不同。这种不同有时甚至会是截然对立、不可调和。因此，对于作为文化概念的"病"，不存在完全客观的共同的固定不变的衡量尺度、检测标准。从这个意义上说，精神文化现象的精神病理学的分析与研究引入主观的视点，是有道理的。不过，精神文化领域中的"病态"现象也并非全无客观性可言。人们对于文化之病、审美艺术之病的判断评价无疑含有强烈的主观色彩，但社会现象之病、精神文化之病、审美艺术之病本身的存在，仍有一定的客观性，有一定的相对客观的判断尺度。关于这一点，岩城见一在前述研

---

① 佐野阳子：《病的意义》，岩城见一编：《美学、艺术学的今日的课题》，日本美学会，1999年。

究报告书的"前言"中曾指出:"病"不单是指物理学的身体现象。"病"的意义在历史中因解释的不同而千变万化。"病"与每时每刻的社会的存在深切相关,规定着感性和想象力;各种各样的"病"的意象也在艺术中被表现出来。假如美学艺术学要广泛地对人的经验的深层真实加以考察,那么,着眼于"病"的表象、"病"的文化史,乃是探讨美学艺术学之可能性的一块试金石。这种把文化领域、审美艺术领域的"病"的现象与历史、与每时每刻的社会存在联系起来的看法无疑是正确的。

正由于一种文化现象或审美艺术现象究竟是正常的、健康的,还是偏离正常轨道的、病态的,这与历史、与特定的社会存在深切相关,人们对它的评判又受到种种主观因素、立场观点的制约,因此,随着文化领域、美学艺术学领域的"精神病理学"研究的走向深入,人们必然要思考这样的问题,即在文化领域、审美艺术领域,人们习以为常地视为异常、不合标准、病态的东西果真都是"病"吗?相反,人们习以为常地看作正常、标准、健康的现象难道不会成为其反面,即成为一种"病"吗?——沿着这一思路,岩城见一

第七章　日本平成时代美学研究的新动向

在 1999 年 11 月 27 日京都大学文学研究科举行的主题为"'病'的思想与文化"的公开讲演会上做了《"常规"之病》的讲演。这里的"常规"一词，在日语中是英语 normal 一词的音译，含有正常、标准、常规之意。当这个词语与"病"相对而称时，也可理解为无病、非病。总之，这篇讲演是要阐明所谓病之非病、无病之病的思想。但他并不是为了简单表明病与非病、正常与异常、标准与非标准之间的抽象的相对性原理，而是非常具体地从视觉造型艺术的视点入手，对视觉艺术中长期以来占有绝对支配地位的远近法（透视法）这种所谓的"常规"意识、"标准"意识予以反省，对以这种在西方近代才产生的视知觉方式作为衡量全部人类视觉艺术的标准尺度的"常规"之病给予了尖锐的批评。这不仅是对远近法视知觉方式这一常规意识的反省，也是对另外一种影响更为根深蒂固的常规意识即"西方中心主义"的深刻反省。[1]

---

[1] 岩城见一的这篇讲演稿已应《文艺研究》之约，由笔者译为中文，题为《"常规"之病》，发表于该刊 2000 年第 4 期。这篇讲演稿也成为岩城见一《感性论（埃斯特惕克斯）——走向开放的经验的理论》（日本东京：昭和堂，2001 年）一书中的重要章节。

第四节 "楼上"与"楼下"
——"和"与"洋"两难之间

"西学东渐",这是近代以来东亚国家共同面临的历史境遇。日本作为一个东亚国家,自然也无法避免日本与西方、东洋与西洋之类的关系的困扰。在日本近代历史上,曾出现过所谓的"和魂洋才"、"脱亚入欧"、东方文化优越论、日本文化优越论等各种不同的学说和观点。时至今日,这一问题仍不时地让学者们深感困惑。日本年轻一代美学研究者小田部胤久在论文《大西克礼与"文化的国家主义"——东西方比较研究的陷阱》[①]中曾谈到今日日本思想学术界对于这一问题进行思考的若干心路历程。

曾在日本著名大学担任过讲师的德国哲学家卡尔·莱维特(1897—1973),讲过一个颇为形象的比喻。他说,日本人好像住在两层楼房的家中:在楼下用日本的方式思考、感受,在楼上则研究着欧洲自柏拉图到海德格尔的学问,二者并行不悖。他的比喻颇为准确地概

[①] 该文收入日本美学会编:《美学、艺术学的今日的课题》,日本美学会,1999年。

括了普遍存在于日本知识界的一个矛盾,即作为一个日本人的日常的思考方法、感受方式与他们所热衷的"洋学"(西学)的矛盾。莱维特对于日本人的这一形象描述是在半个多世纪之前做出的。那么,在半个多世纪之后,情况变得怎样了呢?日本学者自己认为,与半个多世纪以前相比,日本人的属于"楼上"的"洋学"研究已取得长足的进步。今天,日本的年轻研究者在欧洲取得学位已成为极普通的事情;由日本学者撰写的研究论文在国际杂志上发表的数量日益增多,以至于假如不知道作者的姓名,甚至无法分辨出一篇论文究竟是出自日本人之手还是出自西方人之手。总之,日本人的"楼上"几乎已完全变成"洋式"房间了。可是,日本人在"楼下"的思考方法、感受方式变得怎样了呢?就大多数研究者来说,他们是在完全意识不到"日本的"东西的情况下进行学问的研究的。许多研究者完全意识不到自己居住的"楼下",而是全神贯注地安居于"楼上"。但是,他们果真能这样安然居住而不受影响吗?事实并非如此。

一方面,当欧洲的、西方的学者来到日本时,他们所要求或期待于日本人的,往往并不是研究"洋学"

的行家里手的角色，而是扮演"日本的"文化（比如神道、歌舞伎等）的介绍者的角色。这时，日本学者作为一个日本人，便理所当然地开始介绍"日本怎样怎样""日本人如何如何"。沿着这一思考继续进行下去，或许就会扮演起为"日本式的思考方式"进行辩护的角色。另一方面，当日本学者赴欧洲参加学会、研讨会并做学术报告时，往往会感到无形中被要求担当"日本的"东西的介绍者的角色。有时，在国际会议上，当日本学者发表有关所谓欧洲的学问理论的研究成果时，欧洲学者往往会因为发表者并非欧洲圈的学者而不予关心；相反，当日本学者承担起"日本的"东西的介绍者的角色时，不管其研究质量如何，均会引起人们的关注。当日本学者谈起日本是如何接受来自"西方"的思想、学术这一主题时，也会引起西方学者的兴趣。

于是，日本学者在与欧洲人具体接触时，被屡屡打乱他们安居于"楼上"的生活，同时迫使他们意识到自己所居住的"楼下"。这里所意识到的"楼下"绝不是日本近代化以前在日本一直延续下来的传统的思考方法，而是在与欧洲人的具体接触中被意识构造出

第七章 日本平成时代美学研究的新动向

来的思考方法。这可以作为一种赛义德所说的"东方主义"来理解。作为日本人,当他意识到这一点,便强烈要求抵抗这种"东方主义"。然而,越是要抵抗,对于这种思考模式就陷得越深,反倒更加巩固了那种西方化的"东方主义"。因此,日本学者遇到了一个两难困境:一方面,即使他们完全把"楼下"从自己的意识中排除出去,只是安居于"楼上",他们仍然只能是"日本人";另一方面,他们意识到,让他们否定"楼上"和"回归日本",那只不过是一种虚伪。这种两难困境,使日本学者深深感到"心绪恶劣"。

应该说,上述小田部胤久的描述,比较典型地反映了包括美学艺术学在内的日本思想学术界面对"和"与"洋"、东方与西方这一矛盾所表现出的复杂心态。

在日本近现代美学艺术理论思想史乃至整个思想文化的历史发展进程中,关于"和"与"洋"、"日本的"与"西方的"关系问题的思考与探索,经历过许多曲折乃至痛苦的过程。既有"脱亚入欧"、以"西方化"为目标的趋向,也有完全相反的另一方面,即"文化国家主义",将"日本的"精神、文化价值过分夸大结果导致"自我中心化"、自我恶性膨胀等等。如日本京都学派右翼学者高山岩男、高坂正显等在太平洋战争期间起劲地鼓吹日本军国主义发动这一战争的"世界史的意义",成为臭名昭著的所谓"世界史学派"的代表人物,便是这方面的典型例证。小田部胤久所批评的大西克礼的美学研究,在后期有"回归日本"的显著倾向,着意凸显"日本的"美学范畴、"日本的"艺术精神的价值。虽然大西克礼意图上具有显明的学术性,与那些典型的国粹主义、法西斯的国家主义有本质的区别,但正像小田部胤久所批评的那样,在那个时代里出现的对于"日本的"传统与价值的刻意突出,不可避免地带有"文化的国家主义"的烙印。

　　看来,对于日本知识人来说,的确是进退两难:让自己完全彻底地"脱亚入欧"进入西方,显然既做不到,似乎也不是什么理想的追求目标。因为日本传统上作为一个东亚国家,有自己的精神和文化传统,有自己的文学、艺术和审美艺术理论。它在文化上理应具有自己国家和民族的主体性。但是,当他们试图从"楼上"降到"楼下",回归日本自身,关注和重视"日本的"精神、理想、文化传统时,同样面临着一个个危险的陷阱,如"文化国家主义"、国粹主义、自我中心化、自我恶性膨胀等等。那么，他们是否在面对"和"与"洋"、东方与西方的关系问题上，已经走投无路了呢？他们的回答当然是否定的。日本的学者们还在继续反省着，思考着，探索着。比如，对大西克礼展开批判的小田部胤久就认为，无论如何，一定要跳出"中心－边缘"这样一种二元对立模式，既不要奉西方为中心将自我边缘化，也不能反其道而行之，将自我中心化、膨胀化。岩城见一在为其选编的植田寿藏美学论文集《艺术论撰集》所写的"解说"中，大力凸显植田美学研究上的"东西方的对话"的理论品格，也是在探索今天面对"和"与"洋"这对矛盾时所应遵循的正确路径。

第五节 自我与他者
——文化"认同"的困惑

在全球化、后殖民的总体语境下，文化的认同、民族的身份、心理与情感的归属等一系列相互关联的问题，日益迫切地困扰着地球村的居民，引起世界上不同文化、不同族群、不同国度的人们的思考。就日本的思想学术界而言,"认同"尤其是"文化认同"同样是一个广泛为人们关注的热门话题。在日本,大约从20世纪六七十年代开始,便已经就有关"认同"的话题展开深入的讨论。到了90年代,谈论的焦点则更多地集中在文化"认同"问题上。

日文中用片假名表示的"认同"一词,是对英文 identity 一词的音译。该英文词语有"同一性""身份""存在证明"等含义,根据具体的语境可以有不同的用法。当这个词语作为一个专门的术语被广泛用于心理学、社会学,特别是后来的文化与民族问题的研究时,它在汉语中大多被译为"认同"或"身份"。

据日本哲学家中村雄二郎的研究,最初把"认同"作为一个包含特殊意义的术语并作为自己理论的关键词使用的是 E. H. 埃利克森。当时,他为了表示"人格上的同一性"和"历史上的连续性"这两方面的含义而使用了这一词语。埃氏自己回忆道:"如果我的记忆不错的话,我开始使用'认同危机'这个词语,是在第二次世界大战期间,在'犹太裔退役军人恢复诊治所'用于其特殊的临床治疗目的。……当时,在我们的诊所,大部分患者被认为既不是患了'枪弹冲击

第七章 日本平成时代美学研究的新动向

症'，也不是'装病'，而是由于战争这种紧迫的危险状况丧失了人格的同一性和历史的连续性。"自此以后，"认同"一词便被日益广泛地用于心理学、社会学及文化研究、民族问题研究等领域。在心理学中，往往被用于心理的统一性、人格的同一性；在社会学中，往往被用于存在证明、身份证明；在哲学上，也被用来表示主体性；等等。① 日本年轻一代的美学研究者吉冈洋也认为："'认同'这一概念不是在逻辑学上的'同一律'的意义上，而是在个人和民族、国家、文化等为了确认自己的'自我同一性'的意义上被广泛使用，时间并不太久。这样的用法在广大的范围内被认可，可以说是在 20 世纪 60 年代以后。其中，比起'认同'的哲学意义来，其心理学的、社会学的意义变得更加重要。换言之，认同不是作为'A 是 A'的定理，而是作为有关'我是谁'的问题被思考的。"② 随着 20 世纪八九十年代整个世界经济一体化、全球化的进程加

---

① 参见中村雄二郎：《术语集》，日本东京：岩波书店，1987 年第 13 次印刷本，"认同"词条。
② 参见吉冈洋：《作为出发点的"人－机"概念——围绕"人"的认同问题》，《作为近代国家文化认同机制的艺术》（平成 8—10 年度科学研究经费资助［基盘研究］(A)(1) 研究成果报告书，研究代表者：金泽弘），1999 年 8 月，第 141 页。

快,以及后现代、后殖民思潮的推动,"认同"的问题更集中地出现于文化问题、民族问题等领域的研究之中。可以说,在日本思想学术界,关于文化认同的问题,产生了相当普遍的困惑与思考。

概括地说,文化认同的问题,主要是要思考这样一些充满了复杂矛盾的问题,即在文化上,在人们的精神生活中,对于日本人来说,究竟"我"(既包括个体,也包括团体乃至整个民族)是谁?"我"在文化上、精神生活领域的归属究竟在何处?什么是所谓真正的日本的文化传统、精神传统?如此等等。质言之,文化认同问题的核心其实是一个在文化上、在精神生活领域如何正确认识和对待"自我"与"他者"的关系问题。

关于"我是谁"的问题,日本有的学者认为,就个体的个人而言,其实并不存在统一的、一成不变的"自我"。就是说,"自我"本身也处于变动不居的状态之中。自我之中,存在着"非我""他者";昨日的我不同于今日的我,此时此地的我不复是彼时彼地的我。然而,尽管自我处于不停的运动状态之中,不断地发展变化着,但其中总有某种一以贯之的连续性、统一

第七章 日本平成时代美学研究的新动向

性。正是这种统一性、连续性，使自我得以成立，并能够与他者、与其他的自我相区别。而这种自我的统一性、连续性的寻求，却谈何容易。

自我既然如此难以确认，自我应何所归属，更加不易确定。实际上，在日本知识人的心目中，存在着各种各样的关于日本的表象——或者是明治维新以前的传统的日本，或者是明治维新以后日益西方化的近代的日本，或者是已经实现了现代化甚至已经进入后现代状态的日本，等等。在这里，究竟应该归属哪一个日本呢？

如果说是向传统的、东方的日本自身特有的文化寻求认同，那么，什么才是真正的日本的精神传统、日本的文化传统？这同样是一个言人人殊、难以回答的问题。众所周知，日本的古代文化是在学习、模仿和吸收亚洲古代两大文明传统即中国古代的儒家文化与印度古代的佛教文化的基础上，经过自身本土化的消化、转化、综合、再创造而形成的一种混合型的文明形态。因此，在日本古代文化传统中，哪些是属于日本自身的文化传统，哪些是属于古代从中国、印度或其他国家吸收、学习的文化元素，这已经是一个几

343

乎无法理清头绪的一团乱麻。在日本古代文化中寻找日本特有的精神、文化传统这个难解的问题，可以说困扰了不少的专家学者。比如今道友信在考察日本古代美学思想时，作为前提提出来的便是"纯粹与摄取"的问题。他在其代表性著作之一的《东方的美学》中，第二章"日本美学史概观"一开头便指出：在对中国美学思想史进行历史概观之后，"在接着对日本的美学思想进行历史考察的时候，首先就要碰到纯粹与摄取的问题"。在今道友信看来，日本美学、艺术理论中使用的很多重要概念，都是受中国古代的术语和思想的启发形成的，有些甚至是原原本本从中国古代摄取来的。他认为，"日本在摄取外来文化之前，当然也是有其固有的观念的"。"由于有了中国文化和朝鲜文化的影响，日本传统的东西不如说是受到了压抑，而不少原来日本没有的东西被移植、摄取"，从而使日本古代的美学思想丰富起来。"能在何等程度上辨别纯粹日本的东西是什么，摄取的是什么，在与日本思想有关的范围内，无论哪个领域对此都有争论。"[①] 他的这部专门

[①] 参见今道友信：《东方的美学》，蒋寅等译，北京：生活·读书·新知三联书店，1991年，第59页。

第七章　日本平成时代美学研究的新动向

以中国和日本古代美学思想为研究对象的专著，便在比较、辨别和论述日本特有的美学思想传统方面做了一定程度的探讨。

　　日本当代另一位著名美学家吉冈健二郎在与中国古代文化、艺术的比较中则认为，与中国文化的"雄壮"的特点相比，日本文化的特色更具有"女性的"性格。"中国在广袤的大地上培育的文化、艺术的震撼力，只要稍稍接触一点中国的艺术，是谁都可以感受到的。当然，由于中国拥有悠久的历史和辽阔的大地，因时代、地域的不同，其文化、艺术的具体的形态也会各不相同。似乎可以说，黄河流域的文化与长江流域的文化的差异甚至比日本文化与朝鲜文化之间的差异更大吧。中国南北文化上的差异，在如此巨大的国度之内可以说是理所当然的。但尽管有这样的差异，贯穿所有地域、创造出中国文化的那种强大的生命力，不禁让人们感叹不已。"① 他所说的日本文化的女性化的特点，大约是指日本文化所具有的纤细、精巧、敏感这一方面的特色。实际上，日本文化中无疑还存在着

---

　　① 参见以京都造型艺术大学艺术学部教授金泽弘为研究代表者的研究成果报告书《作为近代国家文化认同机制的艺术》，1999年8月，第11页。

与此截然相反的、以"武士道"为象征的另一面。论者对此并不是有意地视而不见。他对日本文化的"女性的"特征的强调，与战后不少日本学者对这一方面的重新认识与刻意凸显一样，表明了在新的历史语境下对于日本过去历史的反省和对自身传统的新的阐释与取舍态度。

总而言之，寻求日本古代特有的文化传统作为日本人今天文化认同的依据，仍然是一个渺茫难求的未知数。更何况，那种把文化认同的方向一味地指向遥远的古代的做法本身是否正确、合理、可行，恐怕也需要划上一个很大的问号。另外，对于在吸收种种外来文化基础上经过自身消化与改造而形成的日本古代的混合型文化，一定要区分出哪些是外来的文化元素、哪些是纯粹本土特有的东西，恐怕也是一件既吃力又很难奏效的做法。实际上，就日本古代文化而言，外来的以儒家文化为核心的中国文化、以佛教为代表的印度文化（实际上，日本对佛教文化的吸收，更多的是受到了中国化的佛教特别是禅宗的直接的影响），以及朝鲜半岛文化与日本本土的文化元素，已经水乳交融，成为一个统一的整体，从而形成了日本古代的文

第七章　日本平成时代美学研究的新动向

化传统。那些外来的文化因素已经不是外在的、异质的存在，而是成为日本文化的有机组成部分。对于这一点，应该说在日本的知识界有相当广泛的共识。吉冈健二郎在谈到日本近代最负盛名的文学家夏目漱石（他在日本近代文学史上的地位与鲁迅在中国现代文学史上的地位颇为相似）的文化认同意识时曾指出：夏目漱石的专业领域是研究英国文学。但这位文豪曾谈到，自己的文学观念与英国的文学观念有一种"隔膜感"。相反，对于自己从小就学习并深深喜爱的汉诗文，却有一种深入到潜意识中的"亲近感"。总之，夏目漱石的文化认同的自觉不仅指向日本文化，也把以汉诗文为代表的中国传统文化包含在其中了。[①]

应该说，文化认同的问题相当复杂，关涉自我与他者、本土文化与外来文化、传统与现代等深刻的矛盾关系。可以说，有关文化认同的思考，既是对文化上的自我形象的不断的自我反省、重新确认与定位，也是立足于不断发展变化着的现实境况对自身文化传统的重新认识乃至重新阐释，同时也是对于文化的未

[①] 参见以京都造型艺术大学艺术学部教授金泽弘为研究代表者的研究成果报告书《作为近代国家文化认同机制的艺术》，1999年8月，第10—17页。

来发展路向的探索与选择。因此，在这个问题上，任何简单化的、形而上学的解答都是无济于事的。日本思想学术界在这个问题上产生的困惑并不只是日本人的困惑，它同时也是整个世界许多国家、民族的人们的共同困惑。在某种意义上说，它也是我们中国正在或可能面临的困惑。不管怎么说，日本人的困惑与思考可以给我们以有益的启示，值得我们认真借鉴与反思。

第六节 "弱理论"与"强理论"
——植田寿藏的再评价

笔者第一次接触到"弱理论"这一颇为新鲜的提法，是阅读了岩城见一的一篇论文。理论也能分出"强"与"弱"？衡量和区别理论之"强"与"弱"的标准是什么？在美学和艺术理论中，"强理论"与"弱理论"又是怎样表现出来的？——对于一个艺术理论研究者来说，这些问题不能不引起我的浓厚兴趣。

岩城见一那篇提到"弱理论"的论文，是他为日本哲学家常俊宗三郎所编的《为了学习日本哲学的

第七章　日本平成时代美学研究的新动向

人》[1]一书撰写的一章内容，题为"视觉的逻辑——植田寿藏"，是一篇研究日本近代美学家植田寿藏的艺术理论成就的专论。作者在这篇论文中，认为他所研究的对象——植田寿藏的艺术理论是一种"弱理论"。正由于其理论是一种"弱理论"，反而具有一种特殊的"强度"，成为一种能够给今天的美学、艺术学研究以有益启示的宝贵的理论资源。岩城见一对植田寿藏的这一评价，以及他所运用的"弱理论"这一评价尺度，促使我更深入地了解植田寿藏其人及其学术上的成就。

植田寿藏可以说是日本近代以来出现的最著名的几位美学、艺术理论家之一。日本的美学自近代形成以来，一直具有这样一个传统，即东、西部各有一个研究中心：东部以东京大学为中心，西部以京都大学为中心。这两个中心第一代的代表人物分别是东大的大塚保治和京大的深田康算，而第二代的代表人物，东大的是大西克礼，京大的便是植田寿藏。植田寿藏一生著述甚丰，出版的美学、艺术哲学著作达二十余种。由于过去出版的植田著作不易搜求，岩城见一从

---

[1] 岩城见一：《视觉的逻辑——植田寿藏》，常俊宗三郎编：《为了学习日本哲学的人》，日本京都：世界思想社，1998年初版。

他的主要著作中选出一些精彩的章节，编了一本植田寿藏的《艺术论撰集》，副标题为"东西方的对话"，于2001年4月推出。作为选编者的岩城见一又为这本论著选集写了一篇长达30页的"解说"，集中讨论了植田艺术理论作为一种"弱理论"的若干征候。

我注意到，对于植田寿藏的理论，岩城见一主要强调了这样几点：

第一，植田美学（岩城见一认为，更确切地说应称之为植田艺术论）的思考的特征，体现为"东西方的对话"——这也正是岩城见一将其选编的植田寿藏《艺术论撰集》及对它的"解说"的"副题"均命名为"东西方的对话"的原因所在。就是说，植田的艺术论绝不是某种从西方搬来的现成"理论"的原封不动的运用，而是首先把它作为一种参照，在将它运用于作品解释之际，时常以批判的眼光对待它。

> 总之，在这里，（西方）先行的理论与作品、先行理论与植田的理论，还有植田的理论与作品，这些各种水平上的"对话"产生了；随着那样的"对话"的进行，植田的论著获取了自己的形态。

第七章 日本平成时代美学研究的新动向

在这种意义上，对植田而言，（西方）先行的理论只不过是今后考察作品、对它加以解释的暂定的框架；而随着对作品考察的深入，先行理论的不完备也就明显地呈现出来了。[1]

本来，近代的美学、艺术理论产生于西方，自鲍姆嘉通、温克尔曼以来，在西方出现了形形色色、不计其数的美学与艺术理论的学说。东方各国近代的美学、艺术理论，在刚开始时，大都是对西方各种理论、学说的移植和原封不动的运用。日本是如此，东方其他各国也大体如此。不过，随着东方各国近代美学、艺术理论的深入发展，也陆续出现了对来自西方的各种理论、学说批判地运用及与之对话的要求与尝试。植田艺术论便可以说是这种自觉地实践"东西方的对话"的一个突出的实例——不是把某种西方的先行艺术理论作为绝对的真理去牵强地解释所有艺术作品，而是对它加以批判的接受，并与之对话，使理论不是僵

---

[1] 岩城见一：《解说·植田寿藏的艺术论——东西方的对话》，植田寿藏：《艺术论撰集——东西方的对话》（岩城见一编），日本京都：灯影舍，2001年，第371页。

直强硬的，而是呈现出某种柔软的弹性，这可以说是它被视为"弱理论"的一个重要原因。

第二，植田寿藏担任东京大学美学教授的时期，主要是日本军国主义疯狂对外扩张、发动对中国及其他亚洲国家的侵略战争和太平洋战争的时期。在战争最残酷的时期，日本在国内实行非常严厉的思想钳制和政治统治，对与帝国主义当局口径不一致的人实行极其残酷的镇压。在这种情形下，思想界知识界不少人士都自觉地为法西斯侵略制造舆论，有些过去曾经主张反战的人士在法西斯政治高压下被迫"转向"充当起战争的吹鼓手，也有少数人在保持着难得的沉默。这时的植田寿藏没有沉默，但也没有站在法西斯主义一边鼓吹文化上的国家主义。他在这个时期发表了自己的一些主要著作。岩城见一认为，在这些著作中，努力阐明审美经验的固有性（差异性）的植田理论"可以说呈示了植田的特异的立场、对于时代的批判的距离"。就是说，植田寿藏的立场，完全不同于那些把艺术还原于文化、直接地将艺术与所谓的"日本精神"联系在一起，以此来鼓舞当时正处于狂热之中的所谓"民族精神"的人的立场；他的态度，如果从当时日

第七章　日本平成时代美学研究的新动向

本国内的时代趋势、从所谓日本"民族意识"的角度来看，似乎是一种没有担负起道德上的责任的理论。由于植田理论的这一特征，岩城见一从中读到了"弱理论"的征候[①]。他在这里所说的植田理论的"弱"，主要表现为植田艺术论不是以当时强大的政治的、道德的意志和国家的意识形态为依托，而是与之保持着一种批判的距离。

第三，岩城见一认为，植田艺术论既不赞同把艺术简单地还原于文化或所谓的"民族精神"，也反对把艺术还原于道德或宗教的真理。总之，植田寿藏强调艺术的特异性、艺术自身的存在根据，而不是在艺术的背后为它的存在寻找某种终极的根据。比如，植田寿藏《艺术论撰集》的最后一篇论文《禅影响了美术吗？》，就明确反对各种有关禅宗如何影响了艺术、禅乃是艺术之终极根据的观点，而是通过具体细致的作品分析，指出即使是表现了禅的内容的绘画，作品中的禅的内容也不过是外在的，而艺术毕竟是艺术。论文最后得出结论说："认为禅影响了美术的看法是错误

[①] 岩城见一:《视觉的逻辑——植田寿藏》，常俊宗三郎编:《为了学习日本哲学的人》，日本京都:世界思想社，1998年初版，第198页。

的。"①总而言之，植田寿藏反对所有的"还原主义"。与所有的终极的根据（本质）的强大坚固相比，艺术自身的独异性显得要柔弱得多。这也是植田理论被称为"弱理论"的原因之一。

第四，岩城见一反复强调，植田艺术论对于审美经验、艺术现象的丰富性、差异性、生动性、特殊性给予了极大的关注。在理论与经验两者之间，植田寿藏对理论总是持有一种审视的、批判的态度。在用理论去解释经验和现象时，如果遇到一种理论、学说无法解释自己所面对的经验、现象，他不是采取鸵鸟政策将经验、现象置于自己的视野之外，而是对理论加以批判、修正。就是说，对于理论与经验，他更相信经验的强大有力，而将理论置于相对弱势的地位。这是植田理论被视为"弱理论"的又一个重要根据。

上述几点，便是植田寿藏的艺术理论之所以被作为一种"弱理论"加以推介的主要原因所在。从这里，我们可以看到，几乎被世人遗忘了的植田寿藏的艺术理论遗产确实具有一些相当可贵的品格，甚至可以作

---

① 植田寿藏：《禅影响了美术吗？》，植田寿藏：《艺术论撰集——东西方的对话》（岩城见一编），日本京都：灯影舍，2001年，第366页。

为我们今天进行美学、艺术理论研究时予以参考、借鉴的一种学术资源。日本艺术理论界提出"弱理论"的命题，并运用这一尺度对过去的一些重要艺术理论家的理论遗产进行重新评价，主要旨在反对用僵硬的理论学说、命题，特别是用来自西方的既有的理论、学说，将丰富多样、千变万化的审美的、艺术的经验、现象强制性地、削足适履地纳入其中，进而提倡一种对话的、富有弹性的、柔弱的理论，体现了对那种抽象强硬僵直的理论学说的批判姿态。就是说，"弱理论"是与"强理论"相对而言的，是针对所谓的"强理论"的弊端提出的一剂诊治药方，表明了一种注重经验与现象的学术取向。应该说，这一点对于我们来说，是有一定的启示意义的。

结　语　直面东方与西方、传统与现代的矛盾

一、从"日本桥"到"日本镜"

正如本书"引言"部分所说，日本近现代美学的发生，一般是以日本近代第一篇美学论文、著名启蒙思想家西周的《美妙学说》作为起点。同样作为东亚国家，中国现代美学的发生要略晚于日本。但是，中国现代美学究竟起于何时？就中、日现代美学的发生而言，其间的历史间隔大约有多长时间？对此，目前学术界尚无充分的讨论。在这里，笔者尝试把中国近代著名学者王国维第一篇专门讨论"审美学"和"美

结　语　直面东方与西方、传统与现代的矛盾

育"问题的文章《孔子之美育主义》①作为中国现代美学发生的标志。日本启蒙学者西周的《美妙学说》，一般认为写于明治五年，即1872年。而中国学者王国维的《孔子之美育主义》最初发表于1904年。其间的历史落差，有32年的时间。关于西周的《美妙学说》作于何时，日本学术界还有一说，认为是明治十年前后，即1877年前后。②如果以此作为日本现代美学发生的起点，其距1904年为27年左右。即使以此为据，中国现代美学的发生与日本现代美学的发生之间的历史落差，也有四分之一个世纪。③这在人类历史的长河中不过是短暂的一瞬，确实不能算长。不过，如果考虑

---

①　王国维：《孔子之美育主义》，佛雏校辑：《王国维哲学美学论文辑佚》，上海：华东师范大学出版社，1993年。《孔子之美育主义》一文原载由罗振玉发起、王国维主编的《教育世界》总第69号（1904年第一期）。发表时未署名，经王国维诗学研究专家佛雏考证，为王国维佚文。佛雏的考证文字《跋〈孔子之美育主义〉》亦收入该书。

②　关于西周的《美妙学说》，认为作于明治五年的看法，以麻生义辉为代表；认为作于明治十年前后的看法，以大久保利谦为代表。参见土方定一编：《明治艺术・文学论集》（明治文学全集79），日本东京：筑摩书房，1975年，第403页。

③　我们这里所谓中国现代美学的发生，是在比较纯粹的意义上所说的美学学科的发生。如果说到中国现代文学理论与批评的最初发生，那么，至少可以上溯至1898年梁启超的《译印政治小说序》，乃至更早的1897年严复、夏曾佑的《国闻报馆附印说部缘起》。这两篇文章皆收入郭绍虞主编的《中国历代文论选》第4册（上海古籍出版社，1980年）。

到人类社会的历史在进入现代进程之后，明显地加快了步伐，其历史的计量单位不能再以"世纪"为单位，而常常是以"×十年代"甚至以"年"来计算，那么，四分之一个世纪的历史落差，应该说并不短暂。

在进入近代以前，日本的古典美学、艺术论、文学论与整个日本古典文化学术一样，是在中国古代文化学术的强大影响之下深化发展的，这是一个不争的事实。但是，在与日本现代美学的最初发生存在着大约四分之一个世纪的历史落差的中国现代美学的最初发生时期，中国现代美学与整个中国现代人文学术一样，其与日本现代美学和人文学术之间的关系，与古代相比已发生了根本的逆转：过去，日本的人文学术是中国古代文化学术的虔诚的"学生"；而到了日本明治以后，在如何学习西方现代科学技术、如何引进西方人文社会科学、如何从传统社会走上现代化道路等许多问题上，日本都成了中国的"先生"。特别是在中国向现代西方学习的过程中，日本扮演了一个重要的中介桥梁的作用。在美学和艺术理论领域，日本现代美学对于中国现代美学、艺术理论的最初发生，同样扮演了重要的中介桥梁的作用。这种中介桥梁作用，包

结　语　直面东方与西方、传统与现代的矛盾

括美学、艺术理论的学科名称、基本概念术语、重要观念学说等许多都是经过"日本桥"的中介从西方引进和移植过来的。正是基于这样的认识，十多年前，笔者曾在一篇论文中，把日本现代美学、艺术理论在中国现代美学、艺术理论发生时期学习和移植西方美学、艺术理论，从而实现由古典形态向现代形态转型过程中所起到的中介作用，象征性地比喻为"日本桥"。[①]这一说法，已得到一些日本美学家的认同。[②]

不过，我们也应该看到，日本现代美学这座"日本桥"在中国现代美学与西方美学之间的中介作用，到了20世纪20年代后期，已日渐式微。这主要有两方面的原因。一方面，中国现代一些重要的美学研究者，如宗白华、朱光潜、滕固，已相继踏上欧洲的土地[③]，开始直接学习、移植、研究、介绍西方的美学，甚至以中国传统美学的立场与西方美学直接对话，不

[①] 参见李心峰：《日本近代美学、艺术思想对中国的影响》，岩城见一编：《艺术/葛藤的现场——近代日本艺术思想的语境》，日本京都：晃洋书房，2002年。

[②] 参见岩城见一向"2006暨南大学中日比较美学·艺术学学术研讨会"提交的学术论文《论日本文化的杂交的特质》。

[③] 1920年，宗白华经法国巴黎赴德国留学；1925年，朱光潜赴英国深造；滕固1927年赴德国留学；等等。

再需要绕道第三国日本，不再依赖于"日本桥"的"中转"。另一方面，自1928年兴盛起来的"无产阶级革命文学"运动和马克思主义艺术论的研究与介绍，更多地把知识界的目光引向了苏俄。尽管以藏原惟人等人为代表的日本马克思主义艺术理论也在一定程度上对中国左翼文艺理论界产生了影响，但这种影响与苏俄的马克思主义文艺理论在当时对中国的影响相比，显然已退居次席。

1931年，日本侵入中国东北，大大加快了对外侵略扩张的步伐；1937年发动全面侵华战争，把整个日本推向战争轨道。对内则实行日益严酷的思想钳制，对一切反对意见都实行残酷的镇压。日本马克思主义艺术理论家藏原惟人于1932年春被捕入狱，另一位带有马克思主义思想倾向的美学家中井正一也于1937年被捕。可以说，自进入20世纪30年代以后，特别是1937年以后，中日之间在美学、艺术理论和文学理论上的交流与整个人文社会科学一样，基本上被迫中断。1945年日本战败，二战结束。但由于"冷战"导致的东、西方两大阵营的对立，中日之间的美学、艺术理论上的交流仍处于隔绝的状态。

结　语　直面东方与西方、传统与现代的矛盾

直到20世纪70年代末、80年代初，中国进入改革开放的新的历史时期，日本现代美学才与西方美学一起重新进入中国美学研究的视野。我认为，重新进入中国美学研究视野的日本现代美学，它对于中国美学的意义已发生了根本的变化。这就是，它已由中国现代美学发生时期所扮演的中、西美学之间的中介桥梁的作用，演化为今天对于中国美学可能具有的参照、借鉴的作用。如果也可以用一个象征性的比喻来表达的话，那么，我们不妨说，日本现代美学对于今天的中国现代美学研究而言，将主要起到一面"日本镜"的作用。

之所以做出这样的判断，是因为经过大约一个世纪的积极探索和艰苦努力，中国现代美学也取得了长足的进步和巨大的发展。与日本现代美学相比，应该说，今天中国的美学已消除了中国现代美学发生之初与日本现代美学之间所存在的历史落差。虽然中国现代美学与日本现代美学各自所面临的历史境遇不同，所提出和解决的美学课题不同，所走过的美学历程不同，却都取得了可观的成就，产生了各自的美学大家，达到了各自国家美学思索所能达到的历史高度。假如日本现代美学可以举出大西克礼、植田寿藏、竹内敏雄、今道

友信四位美学代表人物的话,在中国现代美学百年历史的进程中,也同样可以毫不费力地举出一批有重要贡献和显著成就的美学大家作为中国现代美学的代表。[①]

总之,就中国现代美学与日本现代美学的总体状况而言,不能说存在着总体水平上的孰高孰低,也不能简单化地说中国美学界应向日本现代美学学习,或者反过来,认为日本美学界应该向中国现代美学学习。中、日现代美学在各自的发展过程中,在各自面对的东方与西方、传统与现代的冲突与张力中,在回答各自国家的社会与审美实践所提出的现代审美与艺术课题中,分别形成了各自不同的美学特色和理论成果,应该说,它们各有所长,也各有所短。因此,对于今天的中、日美学界来说,重要的是应该加强相互之间的了解、沟通,加强学术上的交流与对话,相互借鉴,相互学习。例如,对于作为东亚传统美学之源头的中国古代美学,尤其是儒家和道家的美学思想的研究,

---

[①] 假如我们也要概括出"中国现代四大美学家"的话,那么,举出宗白华、朱光潜、蔡仪、李泽厚这四位美学家,或许能够得到人们较为普遍的认同。如果把中国现代美学中的这四位美学家与日本现代美学中的四位美学家做一个系统的比较研究,将是一个非常有兴味、也颇有学术价值的研究课题。但这已超出本书所能容纳的范围,而只能等待以后的机会了。

结　语　直面东方与西方、传统与现代的矛盾

中国美学界的研究成果显然更为深入系统，在文本的阐释和意义的理解上也更接近原貌。在这一点上，中国的美学研究成果便值得日本美学界认真研究参考。[①]同样，日本的不少美学研究成果也值得中国美学界认真研究参考。正是在这个意义上，我认为，我们应关注日本现代美学对于中国今天的美学思索和美学学科建设可能具有的参照与借鉴作用。也正是在这个意义上，我认为，日本现代美学对于中国现代美学的意义，已从发生时期的"日本桥"演化为今天的"日本镜"。

日本现代美学对于中国美学的参照、借鉴作用，从日本四大美学家关于东方与西方、传统与现代对立关系的思考中，可以更清晰地感受得到。

二、两难选择与理论张力

前面各章，我们在东方与西方、传统与现代的相

[①] 岩城见一曾经多次表示，希望将李泽厚、刘纲纪主编的《中国美学史》已出的第一、二卷译为日文在日本出版，终因担心工程浩大以及发行数量问题而暂未实现这一愿望，但李泽厚《华夏美学》一书已由日本著名中国文学研究家兴膳宏译为日文在日本出版。中国其他学者有关中国古典美学的研究成果，也已逐渐引起日本学界的关注。

互关系这样一个大致相同的问题框架之内，对日本近代以来的美学发展概况，尤其是日本现代美学发展进程中最具代表性的四位美学家的美学思索、美学成就，做了简要的梳理与探索。通过各章的探讨，我们可以看到，东方与西方、传统与现代，是日本现代美学，特别是日本现代四大美学家的美学探索中的核心问题，同时，有关这一对矛盾问题的思考与回答，也正是推动日本现代美学由最初发生到不断深化、发展的不竭的内在动力，是日本四大美学家之所以能够在各自的时代取得突出成就的共同的问题阈和有力的催化剂。

大西克礼早期对西方美学，特别是康德美学及以现象学派美学为中心的西方现代美学，做了充分的研究、咀嚼和消化的功夫；第二个时期"回归日本"，对日本传统美学理论，包括主要美学范畴、美的意识、自然感情进行了深入的研究。在这种研究中，西方的美学理论、美学范畴、美的意识、美的自然感情，一直是他研究日本传统美学理论不可或缺的参照体系，是他进行美学类型比较的对象。特别是大西克礼两部日本传统美的范畴研究专著，对日本传统美学中的"幽玄""哀"和"寂"三个美学概念进行了全面系统

結　語　直面东方与西方、传统与现代的矛盾

的探讨，做出了开拓性贡献。他这一时期对日本传统美学的研究，如果放在其特定的历史语境之中来看，难免受到当时日本统治当局国家主义意识形态的影响，带有一定的"文化的国家主义"的因素，需要给予应有的批判。但由于这两部学术著作具有较纯粹的学术性，与法西斯国家主义意识形态仍保持着相当的距离，并且体现出深厚的学术功力，从而为日本现代美学留下了经典之作。大西克礼在其美学研究的后期，将前两个时期有关西方美学和日本美学的研究成果予以综合，进入体系建构时期。他在《美学》上、下卷中，将西方美学与日本美学、东方美学熔于一炉，在一个更高的理论层次上实现了日本与西方、传统与现代的结合与融合。同时，完成了《东方的艺术精神》这样一部有重要学术参考价值的研究东方艺术精神的厚重之作。大西克礼的美学业绩对此后的日本美学产生了重要影响。一方面，他对康德美学的研究与翻译，以及对现象学派美学为中心的西方现代美学的研究，为日本现代美学建构做了重要的基础性工作；另一方面，他对日本传统美学的研究、对东方艺术精神的研究，在日本现代美学领域也具有奠基的意义，对此后一些

美学家如山本正男等人对日本古典美学、东方艺术精神的研究有重要影响。而他的美学体系的建构，特别是他有关美的意识结构的研究，以及由他引进的德国现代学者柯恩的"泛律性"学说等等，均在竹内敏雄、山本正男等人的美学探索过程中产生显著的影响。在两个世纪之交，大西克礼的美学经过日本当代美学研究者小田部胤久的重新阐释和反思性评价，再一次引起人们的关注、反省与思考。

与大西克礼不同的是，植田寿藏不曾直接去翻译、研究和介绍西方的美学理论。他在第一部美学著作《艺术哲学》中便开始尝试建构自己以"艺术的理念"为思考中心的美学理论体系，试图提出自己独有的理论概念和学说。经过十多年的理论思考，到《艺术史的课题》完成时，他找到了"表象性"这一更具自己个人特色的理论概念，他的以"表象性"为思考核心的美学理论体系也更加成熟、系统严密。植田寿藏的理论的形成，曾经受到日本京都学派哲学代表人物、最能体现日本现代哲学特点的西田几多郎的直接启示和显著影响，而在深层次上，则是他以老庄、佛禅等东方传统思想所特有的思维方式与西方现代各种美学学说充分对话的产物。在他的美学理论中，批判地扬弃了康德、黑格尔、费德勒、泰纳、沃尔夫林、里格尔、德沃扎克等西方近现代一些重要美学家的美学学说，将这些思想成分化入自己的理论概念和学说之中，让人很难分辨其思想系统中哪些成分来自西方、哪些成分来自东方。由于这一特点，他的美学理论被认为体现了更多的东西方对话的精神。植田寿藏在日本法西斯的国家主义意识形态甚嚣尘上的1944年出版了一部《日本的美的精神》的著作，留下了时代影响的印迹。但由于植田拒绝将日本美的精神、艺术精神还原为一般的"日本精神"，而是意在揭示日本的美与艺术作为表象性、艺术性的具体呈现及其本身所具有的特性，从而与当时流行的"文化的国家主义"保持了一种批判的距离。植田寿藏以"表象性"为思考核心的美学理论被他的继任者、战后日本京都大学美学教授井岛勉所继承、发挥与改造。井岛勉的一些主要美学著作如《美学》《艺术是什么》等，也是以"表象性"作为中心概念。尽管井岛勉的"表象性"概念与植田寿藏的"表象性"概念相比，含义上有所不同、有所改变，但他一直处于植田理论的巨大影响之下而未能从根本上另起炉灶、自成一家,这也是显而易见的事实。近年来,由于今天在日本美学界比较活跃、较有影响的美学家岩城见一发表了两篇研究植田美学的专论,从"视觉的逻辑""东西方的对话""弱理论"等方面重新阐释、评价植田美学的内涵和意义,使多少已被遗忘的植田美学重新回到人们的视野。

竹内敏雄作为日本战后美学复兴的核心人物,对战后日本美学做出了多方面的重大贡献。他的美学探索的重点,是试图回答"技术时代"所提出的现代美学课题。为了回答这一课题,他努力将亚里士多德的艺术理论、康德的美学理论等传统思想资源与西方现代美学研究成果相结合,建构自己宏伟的美学理论体系,对技术美的美学、艺术与技术在本质上的统一、艺术作为生产美的价值的技术的本质特征、艺术的类型体系,以及美学的对象论、方法论等元美学问题都做了富有价值的探索。他出于自己对现代美学课题的理解,没有专门对日本美学、东方美学进行探讨,东方美学与西方美学的关系问题被他悬置了起来。在这一点上,竹内敏雄与日本现代美学中的其他三位主要美学家大西克礼、植田寿藏和今道友信均有所区别。

结　语　直面东方与西方、传统与现代的矛盾

但他对现代美学课题的思考、对美学上的传统思想资源与现代美学理论的相互对话、相互融合，做出了超出前人的重要贡献。竹内敏雄对黑格尔《美学》的翻译，他的《亚里士多德的艺术理论》的厚重研究成果，他主持完成的《美学事典》《美学新思潮》，成为日本现代美学研究的基础性文献，至今仍在发挥作用。他的《美学总论》则获得了今天日本众多美学家的高度评价。

20世纪60年代后期至80年代，今道友信一直活跃于日本及国际美学前沿。与竹内敏雄一样，他也致力于思考和回答现代的美学课题，但他的基本观念、思考路向等等，均与竹内敏雄有重大区别，有时甚至根本对立。他将"现代"界定为"技术关联"的时代，主要通过对现代的批判、对技术关联的超越，提出现代的美学课题。他更进一步将美学的现代课题与美学的将来联系起来，同时，特别重视东方美学对于解决美学现代与将来的课题的关键性意义，充分研究、汲取东西方古代及现代形而上学的思想资源，包括西方的柏拉图、中国古代的庄子的哲学、美学思想，形成了自己超存在论的、形而上学的美学体系，他称之为

369

"卡罗诺罗伽"。在今道友信这里，传统与现代、东方与西方这样两对矛盾关系，已汇合为同一个问题，即对于现代及将来的美学课题的解决。这一解决方案即是他所提出的具有独创意义的"超形之学"，体现了浓厚的东方传统思维的特点，从而与1929年法国美学家苏里奥把"形之学"作为解决美学现代及将来课题的方向恰相对立。今道友信是本书所讨论的四位美学家中唯一一位进入平成时代甚至进入新世纪仍然健在的学者，直至2012年去世为止，一直在从事美学的研究工作，以及一些美学机构、美学书刊的组织工作，在日本美学领域发挥着自己的影响。同时，他的美学在西方世界也有一定影响。他的著作在20世纪80年代初被翻译介绍到中国后，也在中国美学研究中产生了一定的影响，至今仍时常被引用和讨论。

上述四位日本美学家的美学思考表明，美学问题上的东方与西方、传统与现代的矛盾问题，是摆在他们面前的两难选择。对于这样很难做出简单取舍的两难选择，假如用非此即彼的简单化思维方式来处理，必然会陷入举步维艰的困境，严重妨碍思维的进展，也不可能取得有价值的理论成果。但是，上述四位日

结　语　直面东方与西方、传统与现代的矛盾

本美学家一般都具有开阔的理论视野，既掌握各种传统美学理论又熟悉现代美学成果及其进展，既有东方美学素养又深入钻研过西方美学学说，并能让自己所掌握的东方与西方、传统与现代各种美学资源充分对话，从而使东方与西方、传统与现代这种两难选择困境转化成为各种美学概念、观点、学说充分碰撞、互动互释、取长补短、相互促进的充满动力与活力的张力关系和理论磁场，使自己的美学理论在不同的美学理论资源之间的相互驳难、相互补充、相互阐释、相互对话中生成、发展、成熟，逐步确立自己的理论特色和学术贡献。例如，大西克礼的日本美的范畴论及东方艺术精神的研究，假如没有西方美的范畴研究的对比和参照，没有与西方艺术精神之间的系统的类型比较，没有西方现代美学理论作为阐释的基础，就不可能获得如此系统的理论形式和逻辑结构。植田寿藏以"表象性"为思考核心的美学学说，如果没有东方与西方美学充分的对话，没有传统思想与现代思想共同作为理论的基础，也不可能形成自己的理论系统并获得如此有影响的理论阐释力。竹内敏雄的一系列美学成果虽然没有把日本的、东方的美学作为自己的专

门的研究对象，但他在将西方传统美学资源特别是亚里士多德的艺术理论和康德、黑格尔的美学与西方现代美学的互释互证这一方面所做的探讨，却有他人所不及的深度和广度。他在此基础上提出的一系列美学观点，对回答"技术时代"的美学课题给予了系统的、有价值的推进。今道友信的超存在论的形而上学美学体系，更是广泛地批判继承东方与西方、传统与现代各种美学资源的产物。他们不是把东方与西方、传统与现代的矛盾看作决然对立、无法取舍的两难课题，而是在这两对矛盾中寻找对话的可能性和撬动自己理论思考的动力，分别形成了各自的美学理论建树。而这种在东方与西方、传统与现代的张力关系中建构自己的美学学说的研究途径，最值得我们思考与借鉴。

当然，日本现代四大美学家的美学探索，也不是没有不成功或值得反省、质疑、超越之处。例如，大西克礼的日本美的范畴研究，就存在单向地以西方美的范畴理论阐释日本传统美的范畴、以日本美的范畴去补充和完善西方美的范畴体系的倾向。这种单向的阐释模式尽管在一定的历史阶段相当流行，却存在着值得深刻反思的问题。植田寿藏以"表象性"为中心

结　语　直面东方与西方、传统与现代的矛盾

的美学理论强调艺术中的视觉性、听觉性、语言性等的自律的价值，这在其所产生的特定的历史语境中，因与当时统治者的意识形态保持了一种批判的距离而显示了其美学上的价值，但这种理论重视视觉性、听觉性、语言性等表象形式甚于重视艺术的表象形式所蕴含的意味内容，从而无法回避"形式主义"的责难。此外，植田寿藏的理论较早地形成了自己相对封闭的理论体系，也导致了他的美学理论缺乏其他美学家所具有的丰富性与发展变化。竹内敏雄的美学理论缺少有关东方美学与西方美学关系的思考这一环节，不能不说是一个遗憾。今道友信的美学探索，视野非常广阔，思想十分活跃，理论的问题意识和原创意识均比较突出，但他的一些见解却不免有"深刻的片面"之嫌。如他对"技术关联"的强烈批判，他对艺术与技术的对立的过分强调，他关于美学的将来是"超形之学"的命题，其实都有值得质疑和重新思考的余地。对此，我们应以清醒的意识，采取理性、科学、批判、扬弃的态度，与之进行充分的、深层次的对话，这样才能对于我们自己的美学探索真正有所助益。

　　以四大美学家为代表的日本现代美学，如果放在

同一时期整个世界的美学范围内来看，应该说也具有一定的地位。虽然日本现代美学以及四大美学家的美学成就，就其原创性和国际影响而言，与欧美、苏联一些产生了巨大的国际影响的美学大家相比，仍有较大的距离，但他们的美学探索却鲜明地体现出日本现代美学的特色，成为20世纪世界美学体系中的一个重要环节。

参考文献

〔日文文献〕

一、四大美学家论著

1. 大西克礼（1888—1959）

『現象学派の美学』、日本東京、岩波書店昭和十二年（1937年）。

『幽玄とあわれ』、日本東京、岩波書店昭和十四年（1939年）。

『風雅論——「寂」の研究』、日本東京、岩波書店昭和十五年（1940年）。

『万葉集の自然感情』、日本東京、岩波書店昭和十八年（1943年）。

『自然感情の類型』、日本東京、要書房昭和二十三年（1948年）。

『美学』（上卷 基礎論）、日本東京、弘文堂昭和三十四年（1959年）。

『美学』（下卷 美的範疇論）、日本東京、弘文堂昭和三十五年（1960年）。

『浪漫主義の美学と芸術観』、日本東京、弘文堂昭和四十三年（1968年）。

『東洋的芸術精神』、日本東京、弘文堂昭和六十三年（1988年）。

2. 植田寿蔵（1886—1973）

『芸術哲学』、日本東京、岩波書店大正十三年（1924年）。

『芸術史の課題』、日本東京、弘文堂昭和十年（1935年）。

『視覚構造』、日本東京、弘文堂昭和十六年（1941年）。

『日本の美の精神』、日本東京、弘文堂昭和十九年（1944年）。

『美をきはめるもの』、日本東京、弘文堂昭和二十二年（1947年）。

『美の批判』、日本東京、弘文堂昭和二十三年（1948年）。

『芸術の論理』、日本東京、創文社昭和三十年（1955年）。

『絵画の論理』、日本東京、創文社昭和四十二年（1967年）。

『日本の美の論理』、日本東京、昭和四十五年（1970年）。

『芸術論撰集——東西の対話』、岩城見一編、日本京都、灯影舎平成十三年（2001年）。

3. 竹内敏雄（1905—1982）

『文芸学序説』、日本東京、岩波書店昭和二十七年（1952年）第一刷発行、1993年第二刷発行。

『文芸のジャンル』、日本東京、弘文堂昭和二十七年（1952年）。

『アリストテレスの芸術理論』、日本東京、弘文堂昭和三十三年（1958年）。

『現代芸術の美学』、日本東京、東京大学出版会、昭和四十二年（1967年）。

『塔と橋——技術美の美学』、日本東京、弘文堂昭和四十六年（1971年）。

『美学総論』、日本東京、弘文堂昭和五十四年（1979年）。

『美学事典』（増補版）、竹内敏雄監修、日本東京、弘文堂昭和四十九年（1974年）。

『美学新思潮』（全五巻）、竹内敏雄監修、日本東京、美術出版社昭和四十、四十一年（1965—1966年）。

4. 今道友信（1922—2012）

『同一性の自己塑性』、日本東京、東京大学出版会昭和四十六年（1971年）。

『美の位相と芸術』（増補版）、日本東京、東京大学出版会昭和四十六年（1971年）。

『解釈の位置と方位』、日本東京、東京大学文学部昭和四十六年（1971年）。

『愛について』、日本東京、講談社昭和四十七年（1972年）。

『美について』、日本東京、講談社昭和四十八年（1973年）。

『東洋の美学』、日本東京、TBSブリタニカ昭和五十五年（1980年）。

『東西の哲学』、日本東京、TBSブリタニカ昭和五十六年（1981年）。

『美学の歴史』、今道友信監修、日本東京、東京大学出版会昭和五十九年（1984年）。

『美学の主題』、今道友信監修、日本東京、東京大学出版会昭和五十九年（1984年）。

『美学の方法』、今道友信監修、日本東京、東京大学出版会昭和五十九年（1984年）。

『芸術の諸相』、今道友信監修、日本東京、東京大学出版会昭和五十九年（1984年）。

『美学の将来』、今道友信監修、日本東京、東京大学出版会昭和六十年（1985年）。

『文学と芸術——東西の文学史』、今道友信編、日本東京、放送大学教育振興会昭和六十一年（1986年）。

『西洋哲学史』、日本東京、講談社昭和六十二年（1987年）。

『西洋美学のエッセンス——西洋美学理論の歴史と展開』、今道友信編、日本東京、ぺりかん社昭和

379

六十二年（1987年）。

二、其他作者论著

『明治文学・芸術論集』（明治文学全集79）、土方定一編、日本東京、筑摩書房1989年。

『美術』（日本近代思想大系17）青木茂、酒井忠康編、日本東京、岩波書店1989年。

『西周全集』第一卷、大久保利謙編、日本東京、日本評論社1945年。

中江兆民訳：『維氏美学』、『中江兆民全集』第二卷（『維氏美学』上册）、第三卷（『維氏美学』下册）、日本東京、岩波書店1984年。

『鴎外全集』第二十一卷、日本東京、岩波書店1973年。

坪内逍遥：『小説神髓』、日本東京、岩波書店1955年第六刷發行。

『深田康算全集』（第1—3卷）、日本東京、玉川大学出版部昭和四十八年（1973年）。

大塚保治：『美学及び芸術論——大塚博士講義集（一）』、日本東京、岩波書店昭和八年（1933年）。

大塚保治:『文芸思潮論——大塚博士講義集（二）』、日本東京、岩波書店昭和八年（1933年）。

阿部次郎:『美学』、日本東京、勁草書房1950年。

蔵原惟人:『蔵原惟人選集』第一巻、日本東京、暁明社昭和二十三年（1948年）。

蔵原惟人:『蔵原惟人評論集』第一巻（芸術論Ⅰ）、日本東京、新日本出版社昭和四十一年（1966年）。

蔵原惟人:『蔵原惟人評論集』第二巻（芸術論Ⅱ）、日本東京、新日本出版社昭和四十一年（1966年）。

中井正一:『美と集団の論理』、久野收編、日本東京、中央公論社昭和三十七年（1962年）。

中井正一:『美学の空間』（増補版）、鈴木正編、日本東京、新泉社昭和五十七年（1982年）。

西田幾多郎:『西田哲学選集』第六巻（「芸術哲学」論文集）、岩城見一編、日本京都、灯影舎平成十年（1998年）。

井島勉:『美学』、日本東京、創文社、昭和三十三年（1958年）。

　井島勉:『芸術とはなにか』、日本東京、創文社昭和三十三年（1958年）。

　井島勉:『芸術の創造と歴史』、日本東京、弘文堂昭和二十二年（1947年）。

　吉岡健二郎:『近代芸術学の成立と課題』、日本東京、創文社昭和五十年（1975年）。

　吉岡健二郎編:『美学を学ぶ人のために』、日本京都、世界思想社昭和五十六年（1981年）。

　山本正男:『美の思索』、日本東京、美術出版社昭和四十八年（1973年）。

　山本正男:『感性の論理』、日本東京、理想社昭和五十六年（1981年）。

　山本正男:『芸術の森の中で』、日本東京、玉川大学出版部昭和六十一年（1986年）。

　山本正男:『芸術の美と類型——美学講義集』、日本東京、スカイドア平成十二年（2000年）。

　常俊宗三郎編:『日本哲学を学ぶ人のために』、日本京都、世界思想社平成十年（1998年）。

　岩城見一編:『芸術／葛藤の現場——近代日本芸

術思想のコンテキスト』、日本京都、晃洋書房平成十四年（2002年）。

金田民夫:『日本近代美学序説』、日本京都、法律文化社平成二年（1990年）。

京都大学美学美術史学研究会編:『芸術の理論と歴史』、日本京都、思文閣平成二年（1990年）。

卞崇道主編:『戦後日本哲学思想概論』、本間史訳、日本東京、農山漁村文化協会平成十一年（1999年）。

三、论文

西周:「美妙学説」、『日本近代思想大系17　美術』（青木茂、酒井忠康編）、日本東京、岩波書店1989年。

山本正男:「大西克礼先生の美学思想と『東洋的芸術精神』」、大西克礼:『東洋的芸術精神』、日本東京、弘文堂1988年。

小田部胤久:「大西克礼と『文化的ナショナリズム』——東西比較の陥阱」、日本美学会第49届全国大会報告書『美学・芸術学の今日の課題』、日本美学会平成十一年（1999年）。

岩城見一：「植田寿蔵『芸術論撰集』解説」、植田寿蔵：『芸術論撰集——东西の対話』、岩城見一編、日本京都、灯影舎平成十三年（2001年）。

岩城見一：「視覚の論理——植田寿蔵」、常俊宗三郎編：『日本哲学を学ぶ人のために』、日本京都、世界思想社平成十年（1998年）。

フィードラー（K. 费德勒）「芸術活動の根源」（山崎正和、物部晃二訳）、『近代の芸術論』、山崎正和責任編集、日本東京、中央公論社昭和五十四年（1979年）。

〔**中文文献**〕

一、译著

1. ［希腊］亚理斯多德：《诗学》，罗念生译，《诗学·诗艺》，北京：人民文学出版社，1982年。

2. ［德］康德：《判断力批判》（上），宗白华译，北京：商务印书馆，1985年。

3. ［德］黑格尔：《美学》第一、二、三卷，朱光潜译，北京：商务印书馆，1979—1981年。

4.［丹麦］克尔凯郭尔：《论反讽概念——以苏格拉底为主线》，汤晨溪译，北京：中国社会科学出版社，2005年。

5.［德］谢林：《艺术哲学》（上、下），魏庆征译，北京：中国社会出版社，1997年。

6.［法］丹纳：《艺术哲学》，傅雷译，北京：人民文学出版社，1963年。

7.［德］尼采：《悲剧的诞生》，周国平译，北京：生活·读书·新知三联书店，1986年。

8.［瑞士］沃尔夫林：《艺术风格学》，潘耀昌译，沈阳：辽宁人民出版社，1987年。

9.［德］海德格尔：《诗·语言·思》，彭富春译，北京：文化艺术出版社，1991年。

10.［美］威莱克：《西方四大批评家》，林骧华译，上海：复旦大学出版社，1983年。

11.［美］托马斯·芒罗：《东方美学》，欧建平译，北京：中国人民大学出版社，1990年。

12.［波兰］塔塔尔凯维奇：《西方六大美学观念史》，刘文潭译，上海：上海译文出版社，2006年。

13. ［日］高山林次郎:《近世美学》,刘仁航译,上海：商务印书馆,1920年。

14. ［日］黑田鹏信:《美学纲要》,俞寄凡译,上海：商务印书馆,1922年。

15. ［日］黑田鹏信:《艺术学纲要》,俞寄凡译,上海：商务印书馆,1922年。

16. ［日］本间久雄:《新文学概论》,章锡琛译,上海：商务印书馆,1925年。

17. ［日］厨川白村:《苦闷的象征》,鲁迅译,北京：北新书局,1925年。

18. ［日］黑田鹏信:《艺术概论》,丰子恺译,上海：开明书店,1928年。

19. ［日］青野季吉:《艺术简论》,陈望道译,上海：大江书铺,1928年。

20. ［日］平林初之辅:《文学与艺术之技术革命》,陈望道译,上海：大江书铺,1928年。

21. ［日］金子筑水（马治):《艺术论》,蒋径三译,上海：明日书店,1929年。

22. ［日］本间久雄:《文学概论》,章锡琛译,上海：开明书店,1930年。

23. 〔日〕藏原惟人:《新写实主义》,之本译,上海:现代书局,1930年。

24. 〔日〕藏原惟人:《新兴艺术概论》,冯宪章译,上海:现代书局,1930年。

25. 〔日〕青野季吉:《新兴艺术概论》,王集丛译,上海:辛垦书店,1933年。

26. 〔日〕甘粕石介:《艺术学新论》,谭吉华译,上海:辛垦书店,1936年。

27. 〔日〕高濑、甘粕:《艺术史的问题》,辛苑译,上海:质文社,1937年。

28. 〔日〕竹内好:《鲁迅》,李心峰译,杭州:浙江文艺出版社,1986年。

29. 〔日〕竹内敏雄:《艺术理论》,卞崇道等译,北京:中国人民大学出版社,1990年。

30. 〔日〕今道友信:《美的相位与艺术》,周浙平等译,北京:中国文联出版公司,1988年。

31. 〔日〕今道友信:《存在主义美学》,崔相录、王生平译,沈阳:辽宁人民出版社,1987年。

32. 〔日〕今道友信:《关于美》,鲍显阳、王永丽译,哈尔滨:黑龙江人民出版社,1983年。

33.［日］今道友信:《关于爱》,徐培、王洪波译,北京:生活·读书·新知三联书店,1987年。

34.［日］今道友信编:《美学的方法》,李心峰等译,北京:文化艺术出版社,1990年。

35.［日］今道友信编:《美学的将来》,樊锦鑫等译,南宁:广西教育出版社,1997年。

36.［日］今道友信:《东方的美学》,蒋寅等译,北京:生活·读书·新知三联书店,1991年。

37.［日］今道友信:《东西方哲学美学比较》,李心峰等译,北京:中国人民大学出版社,1991年。

38.［日］山本正男:《东西方艺术精神的传统和交流》,牛枝惠译,北京:中国人民大学出版社,1992年。

39.［日］岩城见一:《感性论——为了被开放的经验理论》,王琢译,北京:商务印书馆,2008年。

二、中文原著

1.《宗白华全集》(1—4卷),合肥:安徽教育出版社,1994年。

2.《朱光潜全集》(1—20卷),合肥:安徽教育出版社，1987—1993年。

3. 朱光潜：《西方美学史》上、下卷，北京：人民文学出版社，1979年第二版。

4. 蔡仪：《新艺术论》，重庆：商务印书馆，1943年。

5. 蔡仪：《新美学》，上海：群益出版社，1946年。

6. 蔡仪：《蔡仪美学论文选》，长沙：湖南人民出版社，1982年。

7. 李泽厚：《美学论集》，上海：上海文艺出版社，1980年。

8. 李泽厚：《美的历程》，北京：文物出版社，1981年。

9. 李泽厚：《批判哲学的批判——康德述评》（修订本），北京：人民出版社，1984年。

10. 李泽厚：《华夏美学·美学四讲》（增订本），北京：生活·读书·新知三联书店，2008年。

11. 李泽厚、刘纲纪：《中国美学史》第一卷，北京：中国社会科学出版社，1984年。

12. 李泽厚、刘纲纪：《中国美学史》第二卷，北京：中国社会科学出版社，1987年。

13. 李泽厚：《中国近代思想史论》，北京：人民出版社，1979年。

14. 李泽厚:《中国古代思想史论》,北京:人民出版社,1985年。

15. 李泽厚:《中国现代思想史论》,北京:人民出版社,1987年。

16. 朱狄:《当代西方美学》,北京:人民出版社,1984年。

17. 朱狄:《当代西方艺术哲学》,北京:人民出版社,1994年。

18. 钱念孙:《朱光潜与中西文化》,合肥:安徽教育出版社,1995年。

19. 王德胜:《宗白华评传》,北京:商务印书馆,2001年。

20. [日]铃木正、卞崇道:《日本近代十大哲学家》,上海:上海人民出版社,1989年。

21. 卞崇道、[日]加藤尚武编:《当代日本哲学家》,北京:社会科学文献出版社,1992年。

22. 卞崇道主编:《战后日本哲学思想概论》,北京:中央编译出版社,1996年。

23. 中国社会科学院哲学研究所美学研究室编:《美学译文》(1),北京:中国社会科学出版社,1982年。

24. 中国社会科学院哲学研究所美学研究室编:《美学译文》(2),北京:中国社会科学出版社,1982年。

25. 中国社会科学院哲学研究所美学研究室编:《美学译文》(3),北京:中国社会科学出版社,1984年。

26. 李心峰:《现代艺术学导论》,南宁:广西教育出版社,1995年。

27. 李心峰:《元艺术学》,桂林:广西师范大学出版社,1997年。

28. 李心峰编:《国外现代艺术学新视界》,南宁:广西教育出版社,1997年。

29. 李心峰主编:《艺术类型学》,北京:文化艺术出版社,1998年;北京:生活·读书·新知三联书店,2013年。

后　　记

《日本四大美学家》这本小书，作为国家社科基金2007年度立项的一般课题"日本近现代美学研究"的结项成果，终于要和读者见面了。

需要说明的是，该项课题成果直接脱胎于我2002—2007年在北京大学中文系在职攻读文学理论方向博士学位研究生期间完成的博士学位论文。当时我提交给答辩委员会的学位论文标题为《在东方与西方、传统与现代之间——日本现代四大美学家研究》。在大体完成初稿的写作、等待送审和答辩的2007年初，我以该学位论文为基础，扩大了研究的范围，调整了研究的计划，申报了该年度国家社科基金一般项目"日本近现代美学研究"。在我的博士学位论文于2007年5月30日顺利通过答辩后不久，我便收到了课题立项通知书，项目编号为

后　记

07BZX068。之后，我在学位论文着重对日本现代最为重要的四大美学家大西克礼、植田寿藏、竹内敏雄、今道友信在美学和艺术理论上的突出成就进行较为集中的概括、阐释的基础上，对"引言　研究日本近现代美学的意义"和"第一章　日本近现代美学历程与代表性美学家"等部分的内容做了改写和增补，增加了第四章"日本战后（昭和后期）美学概况"和第七章"日本平成时代美学研究的新动向"，主要是对日本近现代以来大西克礼、植田寿藏、竹内敏雄、今道友信这四大美学家各自所处的几个显著不同的时代总体上的美学、艺术学研究的面上的一些情况，做了简要的概括与理论总结，从而力图实现对于日本近现代美学点面结合、有详有略的立体的描述与阐释。

其实，我的这项成果，其间接的源头，则可以追溯到我1992年和1999年两次赴日本京都大学文学部美学美术史研究室做访问学者、进行共同研究的经历。其中，1992年10月至1993年10月，我受中国国家教委的派遣，赴日本京都大学美学美术史研究室，以"日本近现代美学艺术学研究"为题做学者访问研究。指导我进行这项共同研究的合作导师是该研究室的岩城见一先生。那时，他是该研究室的副教授。当时我即已制定了写作一本《日本近现代美学艺术学史》的研究计划。只是这短短一年的时间，能够搜集到一些必不可少的、基础性的第一手原文资料及其他相关的学术研究资料，对其做初步的阅读，写出部分研究笔记和阶段性成果，在时间上已经捉襟见肘，十分紧张匆促。因此，在那一年之内，我写作《日本近现代美学艺术学史》的计划可以说远未实现。到了1999年8月，为了继续完成当初制定的研究计划，经岩城见一先生推荐，我受日本学术振兴会的邀请，再一次来到京都大学大学院文学研究科美学美术史研究室（即京都大学原文学部美学美术史研究室），继续以"日本近现代美学研究"为题，开展相关研究。这时，我的合作导师仍是岩城见一先生，他早已成为该研究室的主任教授。我这一次仅有10个月的访学研究，取得了比前一次访学明显得多的收获：搜集到了更多的第一手研究资料，特别是日本近代以来各个时期代表性美学、艺术理论家们的主要著作，以及相关的一些研究成果；参加了由岩城见一先生主持和主编的一项研究课题"艺术/葛藤的现场——近代日本艺术思想的语境"，用日语完成了其中的第IV部"日本艺术在亚洲"的第一章"日本近代美学、艺术思想对中国的影响"；翻译了岩城见一先生一篇颇具前沿性的学术讲演稿《"常规"之病》;在《文艺理论与批评》杂志及《文艺研究》杂志的"研究之窗"栏目等学术平台,发表了近10篇研究、介绍日本在世纪之交的美学与艺术理论学术思潮、前沿动态、研究成果的学术随笔与文章。然而,我再一次痛苦地意识到,试图用这10个月的时间,来完成1992—1993年访学期间未能完成的写作《日本近现代美学艺术学史》的任务,在时间上仍然远远不够。我对于自己这样的效率低下深为不满。可是,面对日本近现代美学艺术学这样一个巨量的存在和硬骨头般难啃的研究对象,却是一点也着急不得。我还需要寻找新的时机,创造新的条件,来圆这个久久萦绕心头的学术之梦。

不久,2002年9月,我获得了到北京大学中文系在职攻读博士学位的宝贵机会,导师是著名文学理论家董学文教授。那时,我刚刚申报一个全国艺术科学"十五"规划重点课题"20世纪中国艺术理论史"并获得立项,项目编号为01AA01。对于该课题,我制定了一个堪称"庞大"的研究计划:"将本课题分解为两个既相对独立又具有内在逻辑联系的部分,分别进行研究。一个部分是'主题史':计划选择若干个艺术理论'主题',分别进行史的描述;另一个部分是'发展史',计划将20世纪中国艺术理论的发展过程分为几个大的历史时段，进行整体的历史描述。"我的课题于2001年下半年立项，紧接着我便痛下决心报考北大中文系的博士（彼时我已经40多岁，获得正高职称也已有多年，读博对于我似已无多大意义），并于翌年参加并通过了北大的博士入学考试，于9月份入学，在硕士研究生毕业18年后，重新走进校园，开始了一段在职读博的崭新学习生活。

　　回想当初为何急切地想要重新"回炉"、"充电"在职读博？当然会有各种各样的因素。比如，想借此机会圆一个所谓的"博士梦""北大梦"等等。不过，当时有一个非常现实的动机起到了关键作用。这就是想借此摆脱一些日常的琐碎事务，走进北大这样一个在师资条件、学术氛围、治学环境尤其是北大图书馆的馆藏学术资源等方面均令人艳羡不已的高校校园，为更加顺利地完成自己所主持的全国艺术科学"十五"规划重点课题，争取到更加有利的客观条件。因此，我从一入学开始，就打算把攻博与课题研究结合起来，将我攻博期间的学位论文的选题确定为"20世纪早期（1900—1927）中国现代艺术理论的发生与发展"，而这正是我计划中的《20世纪中国艺术理论发展史》全部四个历史时段中的第一个时段，也是我打算

后　记

由我自己执笔完成的部分。

应该说，我在北大读博期间所获得的便利的科研条件与文献、资料上的优势，的确对我主持的"20世纪中国艺术理论史"国家重点课题的工作进展，起到了显著的促进作用。但这种作用，主要体现在该课题的"主题史"部分。在2002—2004年大约两年左右的时间里，我与课题组各位专家集中时间与精力，经过极为慎重严格的选择，从20世纪中国艺术理论发展进程中，挑选出10个"核心概念"、11个"重要论题"和11个"基本学科"，将它们都作为20世纪中国艺术理论的基本"主题"，倾力完成了一部近60万字的《20世纪中国艺术理论主题史》。期间，北大图书馆丰富的民国及"文化大革命"以前的艺术类文献资料，包括美学与艺术理论类的文献资料，真是帮了我们的大忙！在这里，我查找到了相当数量的、在别处很难找到的稀有文献资料，对我们的课题研究给予了很大的帮助。

不过，当我将这部"主题史"书稿按齐清定的要求交付出版社时，蓦然意识到，我们刚刚完成的这部"主题史"，尽管只是整个课题任务的"一半"，但其规模已够庞大；我们为它所耗费的时间、精力早已超出负荷，如要继续去完成计划中的另"一半",即完成《20世纪中国艺术理论发展史》这一在难度上可能更大的部分,估计至少还需要好几年的时间。再重新审视一下自己的博士学位论文写作计划,我突然发现自己对于20世纪早期的中国现代艺术理论,尽管搜集到了一批相当可观的珍贵的文献资料,但我的写作却踟蹰不前,几无进展。而这时,距离提交论文的日子已所剩无几,距离三年博士生活即将结束的日子也已经为期不远。我只好考虑向导师和学校提出申请,将读博的时间再延长一年。可是,即使再延期一年,如果继续按原计划进行20世纪早期中国现代艺术理论的发生与发展的研究,在时间上仍然远远不够。怎么办?在当时唯一实事求是的选择,恐怕只能是知难而退、改弦更张——赶紧换个博论的题目吧。就是在这个时候,我想到了日本近现代美学艺术学,想到了我1992年和1999年两度到日本京都大学美学美术史研究室所进行的"日本近现代美学研究"这个题目。对于这样一个研究对象,尽管我也知道并不那么容易,但毕竟过去有一定的积累,产生过不少前期的研究成果。我可以暂时不去做面上的叙述,而只抓住几个代表性的人物,比如,聚焦于日本现代四大美学家,探讨他们的业绩与学术贡献。——假如换成这样

后 记

一个题目，是不是比重起炉灶、从零开始做"20世纪早期中国现代艺术理论的发生与发展"更容易把握、更有可能在延期一年的情况下大致予以完成呢？更为重要的是，可以借此完成一个过去一直想完成却没有足够的时间精力去完成的计划。对此，我首先说服了自己，给予了肯定的回答。然后，向导师董学文教授汇报，得到他的理解与认可。于是，董学文老师以及北大中文系文艺理论教研室，再一次就我新确定的博士学位论文选题，组织开题会（在我入学的第三个学期即2003年秋冬季节，董学文老师及中文系文艺理论教研室，已经为我最初确定的博论选题举行过一次开题会）。这便是我后来以《在东方与西方、传统与现代之间——日本现代四大美学家研究》为题完成的博士学位论文的由来。

只是后来我又一次痛苦地发现，希求在原来三年学制的基础上仅延期一年，即使是对"日本四大美学家"这样一个过去有过较多的积累和部分阶段性成果、相对于"20世纪早期中国现代艺术理论的发生与发展"这个题目来说更易于把握、更有可能较快完成的题目来说，圆满完成的设想仍过于乐观，就是说，在时间上仍然不够充分。怎么办？我一直认为自己有一个"优点"，就是心态比较好，从来不着急——延期一年不够，那就再延一年！这样，到了2007年春夏交替的答辩季，我终于拿出了一篇总字数超过十万字的博士学位论文送审。接着，是预答辩、答辩……

我清楚地记得，我在换了现在这个题目后，文艺理论教研室为我举行第二次论文开题会，是在2006年11月1日，我的导师董学文教授坐镇，参加开题的老师有文艺理论教研室方锡德教授、卢永璘教授、杨铸教授、金永兵副教授，还有比较文学教研室陈跃红教授。到了2007年4月15日和5月30日，文艺理论教研室分别为我举行预答辩和正式答辩时，导师董学文教授因赴澳门大学做客座教授未能出席，由卢永璘教授代行导师之责参加答辩。预答辩时，参加的老师与开题时一样，除卢永璘教授外，还有方锡德教授、杨铸教授、陈跃红教授、金永兵副教授。正式答辩时，答辩委员共有七位，他们分别是：中国人民大学章安琪教授、北京师范大学马新国教授、清华大学罗钢教授，以及北大中文系方锡德教授、杨铸教授、陈跃红教授、金永兵副教授，卢永璘教授则以导师的身份陪着我一起接受答辩委员们的严格审核。

在历经北大中文系那几位可敬又可爱的审读与评议

后 记

老师严苛的审视和答辩委员们犀利猛烈的语言"暴力"拍砖之后，在正式的答辩会上，我总算顺利通过了答辩！到了这时我才体会到，北大中文系这些可敬可爱的教授们，他们在评议你的论文时所给予的严厉的批评、重重的质疑，几乎要让你怀疑是不是论文根本无法通过，内心里一时甚至会萌生出严重的挫败感：我花了好几年的心血完成的这篇文字，真的那么不堪？而当到了答辩委员们开始投票、最后由答辩委员会主席宣读决议的时候，他们会让你又一次大感意外：他们几乎相当一致地给予了高分，并对论文给予了充分的肯定和较高的评价！到了这时，你才会在心里对自己说：这整整五年的时间，没有白白浪费；你的所有付出，均物超所值！至少，我两次赴日本京都大学访学想做的这项课题，即研究日本近现代美学的计划，现在终于有了一个初步的成果。这也为我之后申报国家社科基金课题、完成现在这样一部专著，打下了较好的基础。在这里，我要向我的博士导师董学文教授，向北大中文系文艺理论教研室卢永璘教授、方锡德教授、杨铸教授、金永兵教授，比较文学教研室陈跃红教授等，表达我由衷的敬意与感谢！对海纳百川、博大包容的北京大学，表达我的敬意与感谢！向参加我的博士学位论文答辩的答辩委员会主席章安琪教授、答辩委员马新国教授、罗钢教授及其他各位答辩委员表达由衷的敬意与感谢！

如果要继续再往前追溯的话，我对于日本近现代美学的关注与研究，其实早在我1992年首次赴日本访学之前即已持续了许多年。最初是在1982—1984年在桂林广西师范学院（后更名为广西师范大学）中文系，师从林焕平教授攻读文艺学专业硕士学位研究生期间，我受导师林焕平教授之命，独立完成了翻译日本现代著名思想家、鲁迅研究家竹内好先生的鲁迅研究代表作《鲁迅》的工作；与古典文学专业的研究生同学蒋寅一起，参与林焕平先生组织翻译日本现代著名马克思主义艺术理论家藏原惟人的艺术理论与批评文集《藏原惟人评论集》的初译工作；承担林焕平先生交给蒋寅和我等人合译日本当代著名美学家今道友信的东方美学研究代表作《东方的美学》的工作；等等。自1985年初硕士研究生毕业到中国艺术研究院专职从事艺术理论研究工作后，陆续翻译了竹内敏雄《美学方法论的确定》《艺术类型论序论》；主持翻译了今道友信比较哲学与美学代表作《东西的哲学》、今道友信主编《美学的方法》；合译竹内敏雄《艺术理论》、今道友信主编《美学的将来》，选编译文集《国外现代艺术学新

后 记

视界》;在《文艺研究》"研究之窗"专栏及《民族艺术》《民族艺术研究》《艺术广角》《理论信息报》等发表介绍、评述日本信息美学、民族艺术学、比较艺术学、艺术与文化人类学、艺术与技术的关系等研究情况及美学艺术学的译文。我还在 1990 年《文艺研究》第 5 期发表《日本当代美学思潮概观》长篇论文;为卞崇道、加藤尚武主编《日本当代哲学家》撰写"今道友信"一章;作为中国社科院哲学所卞崇道先生主持国家社科基金"七五"规划重点项目《战后日本哲学思想概论》课题组成员之一,为该书撰写第七章"美学研究与日本人的审美意识";等等。这些研究与翻译的工作,既是推动我选择以"日本近现代美学研究"为主题赴日本京都大学做访问学者的主要动因,也是我这些年来以日本现代四大美学家为基本骨架对日本近现代美学展开研究的最初的基础与前期的积累。

整体来看,我现在这部篇幅并不算长的成果,对于我来说,无异于一场长达 30 余年、时断时续、绝不轻松的马拉松长跑。在这里我还想解释一下的是,这项成果之所以用了这么久的时间,有一个主要的原因,是我一直把当下中国的艺术学知识体系,包括其学术体系、学科体系、话语体系的建构,作为自己的"主业"、最主要的研究方向，而对于日本近代以来的美学艺术学的译介与研究，在我这里，一直被我当作为上述"主业"服务的辅助性的科研工作。也就是说，我并不是个职业翻译者，未能把翻译日本美学、艺术学成果作为自己的中心工作；我也不是专门研究日本近现代美学、艺术学的外国美学研究专家。不过，这绝不意味着我对于日本美学、艺术学的关注、译介、研究，仅只是一时的兴之所至、随机性的偶尔为之，而是为此耗费了相当多的时光与精力，且贯穿了我数十年艺术学与美学研究的始终。甚至在某几个年份，对于日本美学、艺术学的研究或译介工作，还成为我工作的重心之所在。在这一点上，我必须承认，我受到了我的恩师林焕平教授深深的影响。林先生在指导我们学习的时候，总是在强调：作为一位当代的学者，一定要搞懂至少一门外语，密切关注国外的学术研究前沿，对外国与各自研究相关领域的那些代表性的学者及代表性的学术成果，应及时地有所了解、有所研究，予以跟踪观察，努力获得国际性的视界，这样才能使自己的研究不至陷于坐井观天、封闭落伍、自说自话的窘境、困境，才能取得较大的成果。而林先生一生的治学经历及经验，也有力地证明了这一点。林焕平先生是20世纪30年代左联老作家，早在

后　记

30年代之初便去日本留学，熟练掌握了日语。自此以后，对于日本文学理论、艺术理论，特别是左翼的、马克思主义的文学理论、艺术理论的关注、译介，便贯穿于他整个学术生命之中。在我和蒋寅等同窗在桂林广西师大读书期间，林老实际上已经进入了古稀之年。但他对日本当时的文学、艺术及美学研究的一般情况与前沿动态，一点也不隔膜、不陌生，所以才能够给我们推荐日本学界对于鲁迅、茅盾、郁达夫等的最具代表性的研究成果，以及像今道友信那样的日本当代美学的硕学大家的代表作，指导我们予以译介和探讨。他在平日的授课或与我们的交谈中，也时常给我们讲学好外语、用好外语的重要性，讲如何处理自己的研究与学术翻译二者之间的主次关系及良性互动关系。今天，我在写这篇"后记"的时候，不由得深深怀念起不仅在文艺学、艺术学研究上引导着我逐步走上了专业研究的道路，而且在专业翻译及对于日本美学、艺术理论及文学研究的关注、研究方面将我引导到金光大道上的硕士研究生导师林焕平先生。林先生于辛亥年八月初四日（西历1911年9月25日）诞生于广东省台山县西湖村，于2000年12月19日在他工作、生活了半个世纪、山水灵秀甲天下的桂林仙逝，享年90岁。他的灵魂，已融入那片如仙似梦般令人沉醉向往的山水之间。位于桂林王城内那座拔地而起、傲然直立、高耸入云的"南天一柱"独秀峰，在我们这些弟子心中，常让我们不禁想起导师林焕平教授那挺拔伟岸的身姿。今年是林老诞生110周年，也是他老人家驾鹤西归20周年。我想借此机会，表达我对他无尽的感恩之情与终生难忘的怀念。

在这里，我还要对岩城见一教授表达我由衷的谢意。1992年和1999年我两次来到日本京都大学美学美术史研究室，以"日本近现代美学研究"为题做访学研究，岩城先生都是我的合作导师。岩城先生不止在我的课题研究上给予我许多指导与帮助，对我的研究提供资料方面的索引与目录线索，还曾给我提供过一笔约40万日元的研究经费，专供我购买课题研究所必需的图书资料。正是由于他给予的大力支持，我才得以购买到数百余册日本自明治以来美学与艺术理论方面的有价值的新旧图书，让我至今仍受益匪浅。我清楚地记得，我两次访学结束从日本回国时，都要在国际航空旅行的行李所允许的分量限度内尽可能多地把那些宝贵的图书资料托运回来；每一次还要将那些超重的图书资料装进箱子，通过邮局寄回国内，而每一次的邮费都有五、六万日元。这对于当时的我而言，可真

后　记

不是个小数目。

岩城先生给予我的帮助当然远远不止这些。其中，我认为对我影响最大的还是岩城先生的学问与治学态度。在我访学期间，岩城先生正在给研究生开一门有关黑格尔《美学讲演录》的课程。他对黑格尔美学的讲法，与我以往所接触过的讲法有显著的区别。那是一种或可称之为文本细读的讲授方式：课程进行得很慢，但讲得十分精细、深入。尤其让我惊叹的是，他的讲义，把黑格尔当年讲授《美学讲演录》时几个不同年度、由不同的学生分别记录下的不同的德文原文都拿过来，加以相互的参照、比较，以图更准确、完整地理解、阐释黑格尔的美学思想及其内在的理路。这种回到文本、充分利用第一手原文文献的研究方法，可谓是一种最吃力的方法，同时也是一种最能见出学术功力、实力、能力的研究方法。几次旁听这门课程，让我对岩城先生产生了深深的敬意。而当我更深入一步地了解先生的治学轨迹，读到他在京都大学美学美术史研究室《研究纪要》上连载的《对于艺术哲学之可能性的探索》及《艺术的精神现象学研究》系列论文，更是对他的美学与艺术哲学研究之系统性、前沿性及深广程度深为叹服。

进入21世纪前后的数年间，岩城先生的学术研究出现了两大新的聚焦点：一是高度关注自明治以来的日本近代美学与艺术理论的发生与发展历程，以及它与日本现代性的建构及国家认同等之间的张力关系，编选了日本近代最有代表性的哲学家西田几多郎的《"艺术哲学"论文集》(《西田哲学选集》第六卷)、日本昭和时期京都学派代表性美学家植田寿藏的《艺术论撰集——东西方的对话》、京都学派教育学家木村素卫的《美的实践》，并分别为这几部文集撰写了权威性的"解说"，为读者理解这些日渐远去、渐被遗忘的近代经典架起沟通的津梁；还主持编撰了《艺术／葛藤的现场——近代日本艺术思想的语境》，总结艺术与艺术理论的近代历史。二是倾心于"感性学"的美学研究，包括从精神病理学独特视角所做的"病的感性论"的研究，发表了系列学术论文，出版了系列的研究成果，如岩城见一编《感性论——作为认识机制论的"美学"的今日的课题》，以及个人专著《感性论（埃斯特惕克斯）——走向开放的经验的理论》《"误谬"论——康德走向〈纯粹理性批判〉的感性论的路径》等。我第二次在京都大学访学时的2000年春夏，得知岩城先生要做一个题为《"常规"之病》的学术讲演。这是岩城

后　记

先生正在做的"病"的感性论研究系列中的一个最新的思考成果。我敏锐地意识到该讲演内容的前沿性、重要性，便向岩城先生要来尚未正式发表的讲演稿，先睹为快。此时，我所在的中国艺术研究院一家重要学术杂志《文艺研究》当时的主编柏柳先生正在约我撰写有关日本美学与艺术理论最新成果的稿子。于是，我写信给柏柳先生，向他介绍了岩城先生这篇讲演稿的内容及价值，表示可由我把它译成中文在《文艺研究》上发表，得到柏柳先生的全力支持。当我把这一设想告诉岩城先生，希望他的这篇讲演稿能作为一篇学术论文，以中译文的形式，在中国北京的《文艺研究》杂志上首发时，岩城先生非常高兴，积极支持。这篇译文后被刊发于该杂志 2000 年第 4 期，产生良好反响。通过研读或翻译岩城先生的这些成果，不只了解了日本美学与艺术理论最新的动态与成果，更是在观念上、方法上、思维上受到了许多宝贵的启发。而他对日本近代美学、艺术哲学的研究成果，则对于我的日本近现代美学研究课题给予了直接的启示与影响。比如，本书有关植田寿藏的艺术哲学这一章，就参考了岩城先生为植田寿藏编选的《艺术论撰集——东西方的对话》所写的"解说"，以及岩城先生为常俊宗三郎所编《为了学习日本哲学的人》一书所写的第六章"视觉的逻辑——植田寿藏";等等。

在这里,我还要对日本当代几位老一辈的美学家、艺术学家表达我衷心的感谢和敬意。我首先想到的是今道友信先生。他是日本当代一位真正具有国际影响的美学大家,也在本书中列入"日本四大美学家"之一。我在1992—1993年以及1999—2000年两次赴日访学期间,都专程从京都乘坐新干线到东京,去今道友信所在的国际哲学美学比较研究中心拜访他。有一次他还让助手为我和他拍了一张合影,成为今日弥足珍贵的纪念。自此以后,每当今道先生有新的大著问世,往往都要亲手签名寄赠一册给我,如由他主编的西方美学史著作《西方美学精粹——西方美学理论的历史与展开》、西方音乐美学史论文集《精神与音乐——西方音乐美学的流变》等。我印象最深的是今道先生于2007年5月24日签名寄赠的他的新著《美的存立与生成》。他特意在扉页上郑重写下了如下的留言:

后　记

　　李新风君

　　　致以感谢

　　　　　　今道友信

　　　　　　二〇〇七，五，二四

　　自《美的相位与艺术》①以后，历经约四十年的思索，在该书中，我的美学的体系大致完成。

　　我已记不清今道先生在这里缘何对我表示感谢，从时间上看，2007年的四、五月间，正是我的博士学位论文初稿大体完成、等待答辩的时间，或许我曾致信今道友信先生介绍我的学位论文写作的有关情况，请教有关他的学术成就与学术思想的某些问题吧。从今道先生的上述留言来看，他对自己刚问世的这部《美的存立与生成》定位甚高，视之为他的"美学体系大体得以完成"的总结性著作，也可以说是他晚年在其美学体系建构方面最重要的代表作。我在收到这部厚重之作的时候，曾计划对该专著加以认真研读，重新改写或补充我这部《日本四大美学家》

---

　　①《美的相位与艺术》是今道友信早期的一部代表性美学著作，由日本东京大学出版会于1971年出版发行。中译本《美的相位与艺术》（周浙平等译）1988年由中国文联出版公司出版。

中有关今道友信美学思想研究的这一章。让我深感遗憾的是，自那以后，我被种种集体课题及行政事务所制约，再也无法集中时间与精力去认真阅读日文原著，再也无法从容地去改写或充实这一章的内容了，于是就想暂且保持原有叙述结构与思路的完整性，先将课题成果结项、出版，留下的遗憾等以后有合适的机会再好好弥补吧。

另一位令我非常感念的日本老一辈艺术学家，是日本民族艺术学会原会长、日本大阪大学原教授木村重信先生。他是我结识的第一位日本当代著名的艺术理论家和美术史家。我在20世纪80年代后期，注意到日本有一个民族艺术学会，其学会的机关刊物为图文并茂、印制精美的大型学术年刊《民族艺术》，其学会的创会会长及杂志主编皆为木村重信先生，而且我还看到了由木村先生主编的一部学术论文集《民族艺术学——它的方法序说》。彼时，我正在思考民族艺术的普遍性存在问题、艺术的民族性与世界性及个体性的逻辑关系问题，中国民族艺术的继承、发展及未来出路问题，以及中国民族艺术理论的建构问题等。看到日本学界关于民族艺术的这些前沿成果，喜不自胜，便开始撰文，向国内的学术界介绍日本的民族艺术学这一新兴艺术学科，介绍日本的民族艺术学会及其机

后　记

关刊物《民族艺术》，并着手翻译木村重信等人有关民族艺术学方面的代表性成果，如木村重信《何谓民族艺术学》、石田正《民族艺术学基础的确立》、阿部年晴《文化人类学与艺术》；还邀请我的朋友、研究生同学蒋寅翻译木村重信与日本著名人类学家梅棹忠夫的对话《以全人类巨大的艺术基因库为目标》、水尾比吕志《工艺学与民族艺术学》等。在译介的过程中，我致函木村重信先生请教相关的问题。木村先生不仅及时给予了回复，还利用来中国进行学术考察的机会专程来北京，约我到他下榻的北京饭店会面，进行学术上的交流，并对我提出的问题一一答疑解惑。他还送给我多部他早期的学术著作，如《对于人类，艺术是什么》《形象初现——原始美术诸相》《维纳斯以前》等，并留下了珍贵的合影。自那次见面以后，每到新年元旦的时候，我总是会收到一张木村先生从东瀛寄来的精美的明信片，上面印着经典的民族艺术的图片，写着温馨的问候语。1999年，八卷本的《木村重信著作集》的第一卷《美术的始源》问世，他又在第一时间把这部精装的著作寄给了我。

说起日本老一辈的美学家、艺术学家，我还想到了山本正男和吉冈健二郎这两位先生。山本正男先生是东京艺术大学原校长，曾任日本美学会的会长，在美学基础理论、比较艺术学、艺术教育学等方面成就不凡，是日本比较艺术学和艺术教育学方面的代表性学者和领军人物。我与他有过通信往来。在1999年于日本金泽市举办的日本美学年会上，曾与他有一面之缘。而仅此一面之缘，他就数次把他的大著寄赠我，如《感性的逻辑》《在艺术的森林中》《通往美术教育学的道路》《通往生活美学的道路》等，最后寄给我的是他晚年总结性的学术著作《艺术的美与类型——美学讲演集》。吉冈健二郎先生是京都大学原名誉教授、美学美术史研究室原主任教授，也是岩城先生的恩师。我在第一次去日本东京大学访学之前，便了解到他有一部代表作《近代艺术学的成立与课题》，他还译有弗莱的《比较艺术学》。我也翻译过吉冈先生有关艺术史的重要论文《现代艺术史学的基本课题——艺术、历史与风格》。由吉冈先生主编的《为了学习美学的人》，是一部在日本深受欢迎的美学入门书。记得我第一次赴日访学，第一次应约到岩城先生的办公室交流我的学习与研究的计划，就有关问题向他请教时，岩城先生就送给了我一本吉冈先生主编的这本《为了学习美学的人》，对该书给予了很高的评价。吉冈先生著述不多，但他的每一部著

后 记

作、每一篇论文，都会让你敬服赞叹。我 1999 年在金泽市参加日本美学大会期间，也曾与吉冈先生有一面之缘。

以上几位日本当代老一辈美学家、艺术理论家，今道友信、木村重信、山本正男、吉冈健二郎，他们既是我的研究对象，也是我进行日本现代美学、艺术学研究的良师。我对于他们给予我的启迪与帮助，怀有深深的敬意与感激。令人深感痛惜的是，这几位日本美学、艺术学的前辈学者，如今皆已作古。过去我与他们的点滴交往，竟已成为日渐远去的记忆。这也意味着，我从事日本近现代美学艺术学的研究，已有足够长的时间。

是的，这段时间的确已经够长。假如按日本现代的年号来计算，我最初接触并开始译介日本文学研究、艺术理论与美学的 20 世纪 80 年代之初，日本尚处于昭和的后期（战后昭和时期），而今天，日本已经经历了长达 31 年的平成时期，进入了令和时期。恰是在去年的五一这一天，日本由平成进入了令和。今天是 2020 年的 5 月 5 日，立夏。日本进入令和时期已有整整一年。这让我不由想起《论语》里的一句话："子在川上曰：'逝者如斯夫？不舍昼夜。'"我的这部以日本四大美学家为核心、对日本近代以来美学历史予以大纲式勾勒的小书，实在不应该再拖延下去了。不管它还存有多少不足，留下多少遗憾，都应该公之于众，接受大家的批评指正，以俟将来有更多的时间，真正写出一部少留下些遗憾的日本近现代美学艺术学史的著作。

2020年这个刚刚过去的春天颇不寻常，充满了魔幻。一种叫作"新冠病毒"的小小的、看不见、摸不着的东西，给整个世界带来了巨大的灾难与无尽的变故。大难的突然降临，让这个世界上演了太多的悲剧、闹剧与荒诞剧。不过，让我们感到十分欣慰的是，中日这两个关系微妙的近邻，在这次抗击疫情的进程中，却能够风雨同舟，和衷共济，相互支持，共同抗疫，出现了一幕幕令人动容的画面。一句"山川异域，风月同天"的古诗，拉近了两国人民之间的感情，重续了文化上的因缘联系，让我们看到了一束来自古老而又年轻的东亚的文明之光。我希望我的这部小书，也能够为增进中日两国人民之间的相互了解和友谊，起到有益的作用。

李心峰

2020年5月5日，立夏

于北京奥运村仰山居

后　记

　　【补记】今年8月25日，恰逢中国传统节日七夕节。我在微信朋友圈浏览时，偶然看到"艺术学人"公众号上推送的一篇短文《日本美学研究》，三千余字，作者署名林木森。该文原载汝信、陈筠泉主编《20世纪中国学术大典·哲学》，福建教育出版社2002年出版。初看此文，既觉得有些面熟，又觉得有点陌生。待晚上夜深人静时，我把该文下载到电脑桌面，将文字放大，一字不落地又仔细读了一遍，最后得出结论：此文的作者可以肯定就是我自己！可是，它怎么会出现在这本《大典》里呢？在我记忆中，好像并没有接到过该"大典"的约稿，也不曾给这部"大典"投过稿。再仔细回忆，隐约想起一个细节，对这件事似乎有了结论。为了庆贺这篇"逸文"的失而复得，次日一早，我于微信朋友圈转发了此文，并写下了这样一段"导语"，记下了我当时的欣喜之情：

　　　　每遇七夕
　　　　总有奇迹
　　　　我的一篇"佚文"
　　　　赫然现身眼前
　　　　"艺术学人"公众号

发掘出这篇三千余字短文

我发现作者竟然是俺本人

虽然刊载本文的《大典》哲学卷

零二年初版至今已近二十年

我却从未见过此书

更不知道自己写的一个辞条

收入该《大典》哲学卷

存在了已经十八年

我昨天初见此文

一度疑心作者究竟为何人

下载下来逐字阅读

确定作者非我莫属

仔细回忆

应为当年卞崇道先生约稿

他是社科院哲学所东方室老主任

国内治日本哲学之大家

我与他八九十年代多有交往

估计后来对该辞条都淡忘了

署名"林木森"

亦是我多次用过的笔名之一

后 记

与此接近的笔名
我还用过"林森""陆木夫"等
陆木（六木）即来自"林木森"
之所以喜用木、林、森
盖缘自多位恩师之大名
也是由于
俺本木之子耳
感谢"艺术学人"慧眼发掘
令此"佚文"失而复得

现在想来，当初卞崇道先生约我写这篇《日本美学研究》短文，一定说过该文将用于何处，只是我当时并未听清或并未特别留意，之后更是渐渐完全忘却了。鉴于该文文字并不多，且其内容与本书密切相关，现谨抄录于兹，以为备忘，亦可作为本书之有益参照。

日本美学研究

在20世纪中国美学研究中，对于日本美学的翻译、介绍和研究，取得了一定成果，并曾对近现代中国美学的诞生和发展起到一定的积极影响。

中国近代美学的诞生，无疑是19世纪末20世纪初西方学术思潮大量涌入之际，按照西方近代美学学科形态建立起来的。但是，在它的初建阶段，曾通过日本美学这一重要的中介环节的影响和催化而加快其发展步伐。汉语中"美学"这一学科名称，便是从日本直接引进的。日本近代美学诞生的标志，是著名启蒙思想家西周（1829~1897）写于1872年的《美妙学说》。他当时尚未使用"美学"这一学科名称。最早使用"美学"学科名称的是日本当时另一著名启蒙思想家中江兆民（1847~1901）出版于1883年的翻译著作《维氏美学》。我国近代著名学者、中国近代美学开山人物王国维曾于1901年留学日本，研究哲学、艺术史，接触到日本近代美学，于1904~1912年间，发表《孔子之美育主义》、《〈红楼梦〉评论》、《古雅在美学上之位置》、《人间词话》等重要美学论文、论著，从日本引入大量美学、艺术理论概念术语，如"审美"、"美术"（美的艺术）、"艺术"、"写实的"、"理想的"等等，促进了我国近代美学学科的形成。中国近代美学另一重要奠基者

后　记

梁启超在1898年戊戌变法失败后逃亡日本，专心致力于学术，于1898年发表《译印政治小说序》，于1902年发表《论小说与群治之关系》，后又发表《美术与生活》、《趣味教育与教育趣味》、《美术与科学》、《中国韵文里头所表现的情感》等重要美学、艺术理论文章，其中也明显受到日本当时文学艺术思潮、观念、概念术语等的影响。在中国近现代美学、艺术理论的建立和发展过程中不同程度地发挥了重要作用和影响的鲁迅、郭沫若、茅盾、冯雪峰、胡风、周作人等早年都曾有过留学日本的经历。其美学、艺术思想的形成和发展，均不同程度受到日本美学、艺术理论的影响。其中，鲁迅曾翻译日本著名美学家、文艺理论家厨川白村《苦闷的象征》，1924年12月作为未名丛刊之一出版，后改由北新书局出版。

本世纪上半叶，我国美学界和艺术理论界还曾翻译介绍日本一些美学、艺术学方面的教科书或概论性的著作，如日本学者高山林次郎《近世美学》（侯毅译）、黑田鹏信《艺术学纲要》（俞寄凡译，上海商务印书馆，1922）、《美学纲要》（俞寄凡译，上海商务印书馆，1926年第3版）、甘粕石介《艺术论》（林焕平根据该书编译为《艺术科学的根本问题》，广州新民图书公司，1938）、高冲阳造《艺术学》上册（林焕平译，由广东国民大学香港分校于1938年印作教材）等。

二三十年代，日本左翼艺术理论家如藏原惟人、片上伸、中野重治、升曙梦、青野季吉等人有关马克思主义艺术理论的著述，受到中国左翼文艺理论界的欢迎和重视，纷纷被翻译、介绍到中国来。

真正对日本学科形态的美学展开介绍和研究，主要是在新时期80年代初国内兴起"美学热"并广泛引进、介绍国外美学新方法、新领域后才真正开始的。《美学译文》第一辑（中国社会科学出版社，1980）在介绍欧美及苏联美学成果的同时，刊登了日本当代美学家今道友信的论文《美学的现代课题》；第二辑（中国社会科学出版社，1982）则刊登了三篇日本美学家的研究成果。其中，《孔子的艺术哲学》、《研究东方美学的现代意义》译自今道友信《东洋的美学》一书；另一篇为增成隆士的论文《美学应该追求体系吗？——作为系统的艺术品、作为系

后　记

统的美学》；第三辑又刊登了两篇日本美学论文，一是今道友信《人的存在及其可能性——人与技术》；一是笠原仲二《"美"在〈说文〉中的本义和审美意识的起源》。这可以看做新时期国内美学界开始关注日本美学研究成果并把它翻译、介绍过来的起点。自此以后，不断有日本当代美学成果被翻译出版，如《关于美》(今道友信著，黑龙江人民出版社，1983)、《美的相位与艺术》(今道友信著，中国文联出版公司，1988)、《存在主义美学》(竹内敏雄主编，原书名为《艺术的实存哲学》，辽宁人民出版社，1987)、《古代中国人的美意识》(笠原仲二著，三联书店，1988)、《东西方艺术精神的传统和交流》(山本正男著，中国人民大学出版社，1992)、《艺术理论》(竹内敏雄著，中国人民大学出版社，1990，该书为著者《美学总论》一书中的"续篇"部分)、《东方的美学》(今道友信著，三联书店，1991)、《东西方哲学美学比较》(今道友信著，中国人民大学出版社，1991，原书名为《东西方的哲学》)、《美学的方法》(今道友信主编，文化艺术出版社，1990)、《美学的将来》(今道友信主编，广西教育出版社，1997)

等，其中，今道友信是被国内翻译、介绍最多的日本当代美学家。除上述著作被翻译介绍过来以外，还有一些日本当代美学家如木村重信、吉冈健二郎、水尾比吕志、川野洋、石田正等的部分美学、艺术学论文也被翻译过来，刊登在一些文艺理论刊物上。另外，竹内敏雄主编的《美学事典》作为六七十年代日本美学研究成果的总汇和研究水平的体现，在80年代末，曾分别由黑龙江人民出版社和湖南人民出版社出版两种中译本（中译本书名均改为《美学百科辞典》），受到中国美学界的欢迎。

在翻译、介绍日本美学成果的同时，一些有关日本美学方面的研究成果也开始陆续产生。如铃木正、卞崇道等著的《日本近代十大哲学家》（上海人民出版社，1989）一书对于日本明治初期著名启蒙思想家西周、中江兆民在建立日本近代美学上的贡献便给予了简明的介绍和充分的肯定。卞崇道、加藤尚武编《当代日本哲学家》（社会科学文献出版社，1992）一书中为日本当代著名美学家今道友信专列一章（作者李心峰），对今道友信在美学上的多方面的贡献作了初步的探讨。徐远和、卞崇道主编《风

后 记

流与和魂》("东方哲学与文化丛书之二",沈阳出版社,1997)一书中《近代日本学院哲学的开拓者——大西祝》一文(作者卞崇道),专列一节,讨论了大西祝在美学上的贡献。

国内对日本美学、艺术学较为全面、系统、宏观的研究,开始出现于80年代末和90年代初。其中,李心峰于1990年《文艺研究》第6期上发表的论文《日本当代美学思潮概观》是国内第一篇从宏观上比较全面、系统地研究和介绍日本战后美学成果的专论。文章分别从哲学美学、科学美学、艺术学特别是艺术类型学、民族艺术学、比较艺术学等新兴艺术学科以及东方美学等方面,探讨了日本战后美学思想所取得的成果及其发展、演变的基本线索。该文既注意从面上介绍日本战后美学研究领域的一般概况,又有选择、有重点地对几位战后在日本美学界取得比较突出的学术业绩、影响比较大的美学家如竹内敏雄、今道友信、山本正男、木村重信、吉冈健二郎、川野洋等人的贡献进行了简单的勾勒和探讨。后此文经作者修改与补充,作为卞崇道主编《战后日本哲学思想概论》一书的第七章"美学研究与日本人的审美意识"于1996年由中央编译出版社出版。该章对山本正男、吉冈健二郎等的探讨比前文增加了不少内容，还增加一节，对战后在美学上取得一定成就并产生一定影响的美学家井岛勉的学术成就予以探讨。此外，李心峰还曾发表《日本的民族艺术学研究》(《民族艺术》，1989.2)、《日本学者论艺术与技术的关系》(《理论信息报》1989.11)、《日本近年来艺术理论研究掠影》(《艺术广角》，1990.5)等论文，对日本战后美学、艺术学研究中某些具体领域或一定时期所取得的成就与进展作重点的介绍与探讨。

总的说，中国近几十年对日本美学、艺术学的研究还只是初步的，有许多领域如日本古典美学、日本明治到终战前的日本近代美学的发展与演变，日本美学与日本哲学、思想、文化的关系等等，都还有待于开拓或作进一步的研究。即使是对日本战后的美学、艺术学成果的研究，也还要在深入、细致、准确等方面继续努力。（作者：林木森）

后　记

参考文献

李心峰:《日本当代美学思潮概观》,《文艺研究》,1990.6

这篇短文大约完成于世纪之交的2000年之前,可能是在1998—1999年之间,距今已有20年以上。文中所概括的一些情况,在这20年里,已然发生了很大的变化。但作为对于20世纪中国研究日本美学情况的简明概括,对于读者也是有意义的。

在本书即将付排之际,我请言恭达先生为本书题写书名,得到先生慨然允诺。言先生是当代书法大家,是当代中国最有代表性的书法家、艺术家之一。他还是孔门四科之文学一门的代表言子(言偃,字子游)的后人,不止诗书画印兼擅,更重品格修养境界;不仅在书法创作上取得高度成就,而且注重理论思考、哲学思辨,其有关著作中针对艺术、文化、传统、时代等热点焦点问题之哲思睿评,常令艺林折服。2017年3月,为了纪念中日关系正常化45周年,言恭达先生作为中国书法家代表团团长、中国人民对外友好协会国际艺术交流院院长率团访问日本,参加了由中国人民对外友好协会、中国人民对外友好协会国际艺术交流院、日中文化交流协会联合主办的"仁者无疆——中日书法名家作品邀请展",与日本各界人士进行了广泛而深入的交流、对话,产生巨大反响。言先生拨冗为我这本《日本四大美学家》精心结撰、用心书写的七字书名,着实为我这本小书增辉不少。我在这里对言恭达先生表示由衷感谢与敬意,并在今后努力向言先生学习,尽可能地为中日两国人民之间的相互了解、理解、沟通、交流多做一些事情。

最后,我要对本书的责任编辑冯巍博士表示诚挚的谢意。冯巍博士以副教授的资历在北京大学中文系师从董学文教授攻读文艺学博士学位,以优异成绩毕业获得文学博士学位后,又到中国传媒大学博士后流动工作站,跟随文艺评论家、著名学者仲呈祥先生攻读艺术学博士后,以亮眼的出站报告顺利出站后,来到中国文联出版社学术分社从事艺术学专业图书的编辑出版工作。实际上,冯巍博士早已是一位成果斐然的青年学者,不仅出版了艺术理论学术著作,还发表了可观的文学与艺术理论、评论文章。她自2016年初到出版社工作后,因其有深广之专业知识作为基础,又能以求学之执着、治学之谨严、工作之热情,全身心投入编辑工作,短短几年时间,已取得显著

后 记

成绩，经其手编辑加工的专业理论书籍，在业界、圈内收获良好口碑。我去年列入"马克思主义文艺理论论著书系"、由中国文联出版社出版的论文集《为马克思主义艺术学正名——马克思主义艺术学论集》一书，就是由冯巍博士责编。我的这部论文集，别的不说，至少在编校质量上，是我过去已出数十种图书中最好的几种之一。现在这部《日本四大美学家》仍能由冯巍博士责编，让我倍感放心与欣慰。尽管我有时对这位严谨严格严苛的责编几近吹毛求疵般的修改要求几近崩溃得真想找谁发一通脾气，但是平静下来一一按照其要求改好以后，总是感到更加心安气顺。我想，假如所有的责任编辑对自己所经手的图书都能够做到这样认真负责而又专业，我们的图书出版的质量就会得到显著的提高。这对于学术研究，无疑也有积极的意义。

2020年8月28日，补记于深圳南山瞻云居

【再补记】本书自2021年3月初版首次印刷到现在，有幸得到几位学界名家刘成纪、周计武等教授垂青，为之撰写长篇书评，分别刊发于《艺术评论》《艺术学研究》

等杂志，对拙作多有心契，但更多的是借此阐发了他们对相关问题的真知灼见，给我带来新的启迪。另外，本书自问世后，陆续获得中国文联、中国评协第六届"啄木鸟杯"中国文艺评论年度优秀作品奖、首届深圳大学十大人文社科成果奖、教育部第九届高等学校科学研究优秀成果奖（人文社会科学）三等奖等，以及该书在出版刚刚4年就获得此次重印的机会，多少让我有些意外。毕竟这是一本有关日本近现代美学艺术学的纯学术性的、内容较为冷僻的著作。

本书是冯巍编审策划的"微风丛书"的第一本。自该书问世后，"微风丛书"又先后推出李一帅《神秘与现实：俄苏美学艺术之思》、冯巍《作为主体的建构：纽约学派文化批评研究（1937—1952）》、张晶《中国古代画论十九讲》、李庆本《跨文化艺术美学》四部，大体以一年一本的节奏出版。其选题之精挑细选，制作之精益求精，内容看似松散实则紧相关联，无不体现出策划者的匠心独运。因此，此"微风"，由早春初起时的一丝丝轻风、细风、清风、和风，渐渐激荡起学术思想上的阵阵风潮乃至头脑风暴，恐也是势所必然吧。

本书首印时，扉页上题有《诗经·小雅·鹤鸣》中的两句名言，现抄录于此："它山之石，可以为错。……它山之石，可以攻玉。"

2025年3月15日，再补记于深圳南山